XIANDAIHUA JIAOXUE
KETANG SHIJIAN ANLI

现代化教学
课堂实践案例

宁波城市职业技术学院 主编

浙江工商大学出版社
ZHEJIANG GONGSHANG UNIVERSITY PRESS
·杭州·

图书在版编目(CIP)数据

现代化教学课堂实践案例 / 宁波城市职业技术学院
主编. —杭州：浙江工商大学出版社，2021.11
ISBN 978-7-5178-4522-5

Ⅰ. ①现… Ⅱ. ①宁… Ⅲ. ①高等职业教育－网络教
学－教案(教育) Ⅳ. ①G718.5

中国版本图书馆 CIP 数据核字(2021)第 106954 号

现代化教学课堂实践案例
XIANDAIHUA JIAOXUE KETANG SHIJIAN ANLI

宁波城市职业技术学院 主编

责任编辑	张晶晶	
封面设计	沈　婷	
责任印制	包建辉	
出版发行	浙江工商大学出版社	
	(杭州市教工路 198 号　邮政编码 310012)	
	(E-mail:zjgsupress@163.com)	
	(网址:http://www.zjgsupress.com)	
	电话:0571－88904980,88831806(传真)	
排　　版	杭州朝曦图文设计有限公司	
印　　刷	杭州宏雅印刷有限公司	
开　　本	710mm×1000mm　1/16	
印　　张	22.5	
字　　数	372 千	
版 印 次	2021 年 11 月第 1 版　2021 年 11 月第 1 次印刷	
书　　号	ISBN 978-7-5178-4522-5	
定　　价	89.00 元	

前　言

　　教育现代化是实现国家现代化的基础工程,课堂是教学的主阵地、是育人的主渠道,构建"现代化课堂"是实现教育现代化的重要内容,《教育部关于进一步推进职业教育信息化发展的指导意见》(教职成〔2017〕4 号)指出:"深化教育教学模式创新。开展信息化环境下的职业教育教学模式创新研究与实践,大力推进信息技术与教育教学深度融合。……推广远程协作、实时互动、翻转课堂、移动学习等信息化教学模式,最大限度地调动学习者的主观能动性,促进教与学、教与教、学与学的全面互动,进一步提高教学质量与人才培养质量。"宁波城市职业技术学院在 450 多门合格课程测评,7 个专业群教学资源库,100 多门精品视频课程、网络资源共享课程、微课程、重点改革与建设课程等网络课程建设的基础上,系统地研究和探索了互联网时代如何借助先进的信息技术手段,高职院校如何全面推进教学形态信息化创新应用工作,如何开展信息化教学资源建设,教师如何创新教学模式、学生如何改进学习模式,如何评价和保障在线学习质量,如何可持续辐射应用信息化建设成果等问题,并逐步形成了"五递进、四维度、三服务"的教学形态信息化创新应用模式。经过近七年的努力,在现代化课堂建设方面取得了一些进展。

一、在线课程建设取得突破

　　宁波城市职业技术学院形成了围绕课堂、课程、专业、专业群"四维度"的在线课程建设模式,建立了"国家、省、市、校"四级的在线课程建设、应用的在线课程管理体系,自 2014 年来建设各级各类在线课程近 1000 门,其中国家级 5 门、省级 17 门、市级 27 门,38 门课程在爱课程、学堂在线等全国性平台开课。学校成为浙江省高校精品在线开放课程共享联盟副理事长单位、宁波市高校慕课联盟理事长单位。

二、教师信息化教学能力得到提升

在职教能力测评"人人通过"的基础上,不断创新教师教学能力培训内容和形式,形成了"1+X"培训体系:面向所有教师开展基础性培训,针对骨干教师开展提升性培训,选拔优秀教师开展示范性培训。将培训与课程授课资格准入相结合,与新教师的合格课程评估相衔接,与课程教学质量诊改相衔接,实现 45 周岁以下教师和现代化教室授课教师教学能力培训的全覆盖。在全国职业院校教学能力比赛中累计获奖 18 项,数量居全国高职院校第 8 名,浙江第 1 名。成为浙江省高职院校教师信息化教学发展中心、浙江省高职院校教师教学能力比赛组委会秘书处。

三、现代化教学环境得以完善

将"以学为中心"理念落实到人才培养的全过程,营造"以学为中心"氛围,课堂教学中教学策略、教学方法、教学实施、学习空间构建、教学资源建设都服务于学生的学习,将学生学习活动作为现代化课堂构建过程的中心。构建了"一平台四端"的现代化教学生态,根据教学新需求对教室、实训室进行改造,完成集无线投屏、激活空间,自主录播、远程观摩,智能物联、集中控制,双屏融合、智能拾音的现代化教室升级改造。基于现代化教室的应用,学校升级优化网络教学平台,对接"学习通""雨课堂""蓝墨云"等课堂教学 App,帮助师生实现"以学为中心"的教与学,涌现了一批现代化课堂应用典型:形成 50 多个优秀案例,开展示范课 30 次,成为浙江省课堂教学创新学校。

四、现代化教学得到应用推广

形成了服务本校学生、服务兄弟院校和服务社会的在线课程"三服务"模式，现代化教学得到有效应用推广。在线课程、混合式教学在校内广泛应用，改变了课堂形式，提升了教学效果；全国在线平台开课选课近80万人次，被200多所兄弟院校引用，10门课程登录"学习强国"；仅2019年就有20所省内外院校来校调研交流现代化课堂创新工作；派出超过200人次到全国各兄弟高校或相关会议进行现代化教学的交流、培训指导。两次在浙江省高职高专院校书记校长读书会上做典型交流，得到教育厅领导的高度肯定。荣获全国高校在线开放课程联席会案例二等奖、中国高教学会信息技术与教育深度融合优秀案例。

突如其来的新冠肺炎疫情，不仅成了现代化课堂的"检测器"，更成了深化现代化课堂的"加速器"。面对疫情，凭借良好的线上资源优势、完善的在线教学平台、便捷的信息化课堂教学工具（"学习通""蓝墨云"等App）、良好的师生信息化素养，学校适时提出线上教学"六有"要求（课程有思政、教学有资源、授课有平台、学业有指导、过程有痕迹、学习有效果），并设计推广了"线上异步＋线上同步"的"新型混合式金课"模式，引导教师探索在线平台教学与网络直播相结合的线上教学模式。2019—2020学年第二学期，线上开课678门，线上开课率达89％；线上教学教师455人，占教师总数的93.6％；线上学习人数6216人，基本达到全覆盖。83.47％的同学表示线上学习的参与度同线下实际课堂参与度持平或更高，77.56％的同学认为线上学习效果与线下学习效果持平或者超过线下实际课堂，线上教学学评教平均成绩达90.75分，实现了"教学任务不减、教学质量不降"。

为此，我们收集了34个疫情期间线上教学比较有代表性的案例，以期给广大教育工作者，尤其是职业院校教师，提供借鉴和参考。在此，向付出艰辛的案例提供者表示感谢！向教务处、质管办、教师发展中心、高职研究中心等部门对案例征集工作的大力支持表示感谢！

由于时间仓促，难免存在许多不足，请批评指正！

序

看见教育的未来

宁波城市职业技术学院院长　史习明教授

　　进入 21 世纪以来,互联网已成为助推世界经济发展和社会进步的重要引擎,渗透到社会各个方面。在教育领域,"互联网＋"带来的颠覆性变革正悄然发生。未来的教育会是什么样? 未来的课堂新生态会是什么样? 未来的老师如何"教",学生如何"学"? 未来的学校如何治理? "互联网＋"让我们插上了想象的翅膀,教育的未来一切都那么令人向往。

一、行百里者半九十:教育现代化正处于冲刺关键期

　　习近平总书记在党的十九大报告中提出:"从 2020 年到 2035 年,在全面建成小康社会的基础上,再奋斗十五年,基本实现社会主义现代化。"2018 年,习近平总书记在全国教育大会上极具前瞻性地提出了"加快推进教育现代化、建设教育强国"的构想。教育现代化是我国社会主义现代化的重要组成部分,既是国家现代化的先导,也是区域现代化的先导。2019 年,中共中央、国务院印发了《中国教育现代化 2035》,对我国教育现代化建设进程做出了全面系统的规划,这是改革开放以来,我国教育领域第五个纲领性的教育顶层规划,为我国教育改革指明了方向。在浙江,原浙江省书记车俊提出了"优先推进教育高质量发展,率先高水平实现教育现代化"的号召,以教育信息化全面推动教育现代化已然成为教育事业改革发展的战略选择。

　　"教育现代化"既是当前社会关注的前沿、热点,也是当前教育领域的难点问题。对其的研究汗牛充栋,观点纷呈,可谓仁者见仁,智者见智。中国教育学会名誉会长顾明远认为,教育现代化就是以现代信息社会为基础,以先进教

育观念为指导,运用先进信息技术促进教育变革的过程。2013 年在宁波举办的主题为"高等教育现代化:改革、质量、责任"的"高等教育国际论坛"上,中国高等教育学会会长瞿振元教授认为:"高等教育现代化要求我们要以先进的教育思想理念为指导,使高等教育与经济、社会的现代化发展相适应,达到现代世界高等教育先进水平,培育出满足现代经济和社会建设要求的新型劳动者和高素质人才。高等教育现代化是宏观与微观的统一,也是目标与过程的统一,要求在思想理念、规模、结构、质量、效益、公平、体制、机制等各个方面全面实现现代化。"[①]荣长海等人认为,可以描述一个现代化的职业教育基本轮廓:在继承中国传统教育优良基因、吸收世界职业教育先进成果的基础上,为中国经济社会现代化提供世界一流的技术服务并在整个教育系统中占有突出地位,全面彰显现代性特征的职业教育。推进这个教育目标实现的过程,就是职业教育现代化。[②] 诸多对"教育现代化"的思考都在相关侧面触及"教育现代化"的应有之义,是理解"教育现代化"的基础。

作为高等职业院校的治理者、实践者,我认为职业教育现代化是以人的现代化为前提,在互联网技术不断成熟和发展的背景下,以信息技术与职业教育深度融合为着力点;以学习方式转变和教学模式改革为核心,以体制机制和队伍建设为保障,以为促进经济社会发展和提高国家竞争力提供优质人才资源支撑为根本目的,是一场以教育理念现代化推动技术运用,以技术迭代推动教师理念的变革。

二、七年磨一剑:教育信息化在城市学院的生动实践

教育信息化是教育现代化的基础,更是教育现代化的动力引擎,可以说,没有教育信息化就没有教育现代化。"化"是一个渐变的过程,即从一个形态逐渐变化成另一个形态的过程。教育现代化不可能一蹴而就,需要不断沉淀

---

① 瞿振元.实现高等教育现代化要理论先行[C]//范笑仙,等.改革·质量·责任:高等教育现代化——2013 年高等教育国际论坛文集.北京:中国人事出版社,2014:7.

② 荣长海,高文杰,赵丽敏.关于职业教育现代化的内涵界定[J].当代职业教育,2019(6):23-27.

和积累。宁波城市职业技术学院早在 2014 年就把教学形态信息化创新列为全校的重点工作,开启了教学信息化之门,以教学信息化带动教育现代化改革。

(一)以"学"为中心,打造优质高效课堂

教育现代化的终极目的是人的现代化,学校创新教学形态信息化,通过在线课程、混合式教学等形式,实现以"教为中心"到以"学为中心"的转变。以教学有效性为目标,优化教学模式和学习模式,提高课堂学生的"抬头率""参与度"和"成就感"。积极探索现代化教学评价,实现基于课堂数据的教学过程性和学生主体性评价模式,广泛开展讨论式、参与式、探究式、合作式教学,让学生成为课堂的主角,打造"以学为中心"的优质高效课堂。经过七年实践,学校教学质量与教学效果逐年提高,学评教平均分从 2015 学年的 87.4 分提高到 2019 学年的 90.5 分。学生实践能力和技能水平明显提高,2019 年,共有 51 名学生获得国家级奖励,384 名学生获得省级奖励;毕业生就业质量明显提高,485 名学生获网络创业/创业实训合格证书,2019 届专科毕业生就业率达 97.5%,起薪 4206 元。

(二)盘活信息化资源,促进教育均衡发展

教育现代化的一个重要标志就是促进教育公平。信息化打破了时间和空间的限制,为优质教育资源的流通共享提供了可能。学校盘活原有精品课、网络课、资源库等信息资源存量,创新构建线上线下相结合的混合式等教学模式,提升资源应用效果;优化增量,树立"用即建"的观念,以课程应用为导向,推动课堂教学管理由外部监控为主向内部控制为主转变,使教学改革持续改进内化为教师自觉行为,形成"盘活存量、优化增量"的有效路径。经过七年实践,38 门在线课程在爱课程、清华大学学堂在线、宁波市慕课联盟等平台开课运行,选课人数近 80 万人次,涌现出一批"一门课万人选"的在线课程,入选首批国家精品在线课程 5 门,认定浙江省精品在线开放课程 17 门,在线课程建设应用全国领先。协同爱课程中国职教 MOOC、学堂在线、宁波市高校慕课联盟、浙江省在线开放课程共享联盟等第三方平台,共建共享,服务社会。共

有 30 多门课程被四川、西安、呼伦贝尔等地的 200 多所兄弟院校引进使用。

(三)依托教育信息化,推动教育治理现代化

以"最多跑一次"改革撬动教育治理现代化建设。截至 2020 年 6 月,校务服务网提供服务 4448 人次,已上线的 89 项事务全部实现了一网通办,其中 80% 实现了"零次跑";3 台自助服务终端设备方便师生 24 小时自助办理业务。通过推动优化流程、精细管理、信息系统建设等方式,为高职院校的"最多跑一次"改革提供了宁波城市职业技术学院样本。以构建内部质量保证体系作为教育治理现代化的重要手段,自 2018 年纳入浙江省 23 所试点院校以来,学校出台《内部质量保证体系推进工作方案》,启动目标链、标准链和考核方案制订。以考核性诊断为抓手,理顺部门职能和人员岗位职责,分解"十三五"规划目标和年度工作目标任务,构建"五纵五横一平台"内部质量保证体系。以数字校园建设为教育治理现代化提供支撑。学校开展"互联网+校务服务"和大数据建设,打破信息壁垒和信息孤岛,加强信息化在教育教学、管理服务中的应用。2020 年,建成校本数据中心、全量数据中心,完成学校数据管理办法,推进信息门户建设。

七年磨一剑,砺得梅花香。2014 年和 2019 年就"课程准入"和"现代化课堂"改革创新成果两次在全省高职高专院校书记校长读书会上做典型交流,得到教育厅领导的高度肯定,学校获评浙江省高校课堂教学示范校和高校教师发展示范中心。浙江教育报、光明网、中国网、浙江省教育厅网站等多家媒体多次报道,学校成为省高职院校教师教学信息化教学发展中心、省高职院校教学能力比赛组委会秘书处及承办单位、省精品在线开放课程联盟副理事长单位、宁波市高校慕课联盟工作组组长单位。相关工作获教育部在线教育基金优秀项目、全国高等职业教育改革发展成果展优秀案例、中国高教学会信息技术与教育深度融合优秀案例,入选教育部"职业院校数字校园建设实验校"典型案例,相关老师的课堂教学模式创新获得全国高校在线开放课程联席会首批案例评比二等奖,理论成果和实践经验在省内外兄弟院校中发挥了很好的辐射作用。

三、疫情是"加速器"：教育以看得见的变化走向未来

一场疫情，一轮反思。这次新冠肺炎疫情不仅是教育现代化的"加速器"，也是我们每个教育工作者的"思过崖"，它促使我们停下脚步，审时度势，思考未来教育。疫情是一面镜子，照出了传统学校在信息化建设及迈向教育现代化中的短板与不足。线上教学硬件不能满足现实需求、教师线上授课适应性不够、师生之间的有效互动欠佳，学校线上管理、居家办公有效性不强……看到这一系列问题的同时，也要充分意识到，疫情是把"双刃剑"。

（一）疫情是教学方式从传统走向现代的"摆渡船"

疫情当前，对教育教学来说确实是一次巨大的挑战，但也激发了高校变中求进和改革发展的新动力。教育部先后发布"延期开学""停课不停学"通知，出台《关于在疫情防控期间做好普通高等学校在线教学组织与管理工作的指导意见》，指出各高校应充分利用线上的慕课和省、校两级优质在线课程教学资源，积极开展线上授课和线上学习等在线教学活动。

1. 催生了互动教学"新生态"

通过信息技术支持、资源优化配置等，实现教学"线上与线下融合、课内与课外融合"，打破了传统"面对面"现场教学的课堂模式。从过去注重教师"我教了什么"到更加注重学生"我学到了什么"，引导学生探究式与个性化学习，从单纯的知识传递向知识、能力、素质的全面培养转变。一种契合信息化时代，更加高效、生动的教学方式应运而生，教育进入一种"新生态"。

2. 激发了教师转型"新动能"

疫情打破了传统教育思维和教学模式，催促育人路径的升级和学习方式的变革，促进教师职业认知和专业素养的提升。我们的老师通过在线上开展"小组学习、自主学习"，从原来单向的"教授"向"指导"转变；不断顺应新环境、担当新角色，产生了一批深受学生喜爱的"网红课程""网红教师"。根据相关调查："90后""00后"的大学生被称为"网上的原住民"，他们对"互联网＋"新

时代学习的新特点更易接受、更加适应,大家对线上教学满意度高,甚至超过了传统教学。

(二)疫情是教育管理从治理走向"智理"的"加速器"

疫情发生以来,习近平总书记多次强调,这次抗击新冠肺炎疫情,是对国家治理体系和治理能力的一次大考。党的十九届四中全会审议通过的《中共中央关于坚持和完善中国特色社会主义制度、推进国家治理体系和治理能力现代化若干重大问题的决定》对提高教育治理体系和治理能力现代化水平明确新方向、提出新要求、做出新部署。疫情当前,更迫切地要求各高校在各部门、各环节主动提升理念,完善运行机制,及时补齐短板,形成治理合力。

1. 助推了教育管理"新发展"

为了适应疫情防控这一特殊时期,各高校创新管理模式,产生了许多富有成效的新方法、新手段,助推了教育管理"新发展"。比如视频会议、每日打卡,突破了时空上的局限,实现了精细管理。与此同时,在疫情防控期间,各个大学为了有效管控校园,频出高招、巧招,充分运用信息技术,借助"钉钉"等工具,实行每日打卡制度,有的推出了微信二维码验证系统,还有部门开发了门禁人脸自动识别系统,这些探索为精准管理提供了新案例。另外,有的高校创新了校园招聘形式,开办了毕业生"云上"招聘会。

2. 促成了服务改革"新突破"

在疫情防控期间,为了方便居家办公、师生办事,各高校实时更新"最多跑一次"校务服务平台,争取做到从"最多跑一次"转变为"一次都不跑"。如在日常工作中,针对教职工在财务报销过程中流动性较广、接触密集的问题,为了不影响正常工作,各高校加快财务报销网上审批改革,甚至实现了在手机上即可进行审批和财务核销申请。同时,各高校推出课题申报、教职工考勤报送等流程;支持线上办公。面向学生,学校还陆续推出了课程免听、课程免修、毕业生推荐表审签等系列"一次都不跑"服务事项。

四、变与不变：新时代"美好教育"的未来想象

当前,人类正在步入一个"互联网＋人工智能"的时代,我们的社会正在悄然地经历着一些变化。如果说以蒸汽技术驱动的第一次工业革命延伸了人的肢体,拓展了人类的力量,那么,以新一代人工智能技术为驱动的新一轮科技革命和产业变革将拓展人类的智能,极大提升人类智力所能创造的价值。比如青岛港的无人码头,拥有全球领先的智能生产控制系统,在那里看不到一个工人,只有自动化导引车、全自动化轨道吊等各种机械设备在"行云流水"地高效运转。远程操控,9个人干80人的活儿像玩一样,节省了70%的工作人员。再比如,就在前不久,阿里巴巴集团攻克心血管识别,比传统心血管识别速度快百倍。我们知道,心脑血管疾病是致死率极高的病种之一,由于血管系统复杂而又难以判别,给医生的诊疗造成了极大的困难,很多病人在治疗过程中苦不堪言。马云说过这样一句话:"要让天下没有难看的病,医院不改变,我们就改变医院。"人工智能在医疗领域的应用将为老百姓提供更高质量的服务。可以说,人工智能时代让我们插上了想象的翅膀,一切都那么令人向往。

"凡事预则立,不预则废。"面向未来教育,我们该如何谋划,如何应对? 歌德说:"最重要的不是你站在何处,而是你将走向何方。"不明未来,就会失去未来。德鲁克在《卓有成效的社会管理》一书中提出:"高层主管如果不甘于只是做一个懒散的人才管理员,就应该承担开创未来的责任。"作为一名高等职业教育的治理者、实践者,我想对未来教育可能的变与不变,谈点自己的期待。

(一)未来教育的形式和内容发生变化

现代社会瞬息万变,互联网、信息技术将颠覆传统教育教学形式和内容,对课堂形态、教学内容、学习方式、评价方法和管理模式等方面产生深远的影响。

1.课堂形态会变——"互联网＋"课堂现代化的设想

随着信息技术的发展,课堂形态实现技术赋能的课堂教学模式变革与生

态重构,推动传统沉默单向的课堂变为碰撞思想、启迪智慧的"现代化课堂"。打造"现代化课堂"是未来教育趋势——围绕加强学生交互、开展灵活性的教学活动与学习活动,更好地提供适应学生个性特征的学习支持和服务。"现代化课堂"更加适合"数字原住民"学习需求,利用多媒体技术、人工智能、虚拟现实等技术建设的虚拟实验实训室,将成为学习的重要场所。未来学校,虚拟现实的互动为学生提供逼真的互动模式和学习环境,不仅能提供简单合适的实践机会,降低实践成本,而且能运用现代信息技术开展"课堂革命",打破传统课堂教学的物理空间,由固定不变的教室拓展到真实现场,将课程内容与真实现场紧密联系,教学将变得更加直观、生动。技术实现的移动学习等更加注重将教学活动、课程内容与真实现场相联系,让学生在真实的现场学习、实践、解决问题。

2.教学内容会变——"互联网十"教学内容的设想

一方面,更加适应信息社会的需求。未来社会是信息的社会,信息社会最基本的生产力要素是信息。[①] 美国麻省理工学院教授 Negroponte 在《数字化生存》一书中指出:"数字不再只和计算有关,它决定我们的生存。"从这个意义上来说,在信息社会中,学生的信息素养将同传统文化基础的"听、说、读、写"一样重要。例如,通过面向全体学生开设"智能信息技术"等课程,培养学生的信息素养和创新思维。另一方面,更加满足学生个性化的需求。信息技术的发展使得教学内容个性化成为可能,教学内容将同时满足不同学生对同一门课程教学的不同需求,学生可以追求自我个性,而不是被迫与他人"统一"。不同学科的课程、同一课程不同老师的教授等各类资源为学生提供了更多选择的机会,学生可以在网络上自由选择适合自己个性发展的课程。从另外的角度来看,信息技术打破了传统课程无法大规模实施的局限,课程、教师将面临被选择,优质课程、优秀教师将更受学生的青睐。

3.学习方式会变——"互联网十"教学体验的设想

一方面,移动学习、泛在学习的方式将日趋流行。学生能在任意时间、任何地点通过移动设备和无线网络获取学习资源,与人沟通、协作,实现学生个

---

① 何克抗.论现代教育技术与教育深化改革——关于 ME 命题的论证(一)[J].管理信息系统,2001(5):3.

体知识建构。比如，每一位学生都拥有一台计算机或是移动智能设备，学生可以开展"自主学习"，课堂上每个学生都是积极学习的参与者，提升了课堂的深度、广度和参与度。另一方面，学生借助互联技术的优势，脱离传统教室的束缚，实现在真实的体验和实践的情境中，解决现实问题，最终达到"学"与"做"的统一。比如，近年来，敦煌推进文化的数字化，实现全球共享。以"数字敦煌"为代表的一大批科技创新成果，让敦煌文化"飞入寻常百姓家"。未来，我们的学生通过智能终端设备，观看学习历史遗迹，足不出户就可感受敦煌文化的魅力，满足学生实时可学的需求。

4.评价方法会变——"互联网＋"教育评价的设想

利用"大数据"测量和评价学习过程。未来学校将充分利用技术设备收集"教"与"学"，以及教育管理过程中累积的大量数据，根据一定的标准和指标体系，对数据进行深入分析，全面、客观地对学习过程进行评价。利用成熟的技术可以准确掌握学生线上课程的学习动态，不仅可以记录如学习时长、测试成绩等简单变量，还可以通过大数据进一步分析学生的学习态度、效果等细节信息。这些信息为后续开展针对性培养提供了依据，同时可以帮助教师调整个性化教学的课程设计。比如，开展基于大数据的体质健康评价。通过基于信息技术的智能穿戴设备，实时监测学生健康运动、能量消耗、身体状况等各类数据，通过将数据导入体质健康分析管理系统，便于教育管理部门和学校管理人员能够及时掌握学生整体体质情况，有针对性地改善培养方案，促进学生健康成长。

5.管理模式会变——"互联网＋"治理现代化的设想

未来学校将实现从管理走向"智理"，管理业务数据全面数字化、可视化，招生就业、设备资产、人事档案等教育管理业务都将通过互联网实现无缝整合与共享，实现校园人、财、物等各方面状态的可视化。比如，未来学校的管理者可以利用智能数据分析手段，获得"第一手"全面、准确的信息，有利于实现科学决策，实现高效管理。再比如，班主任能够更加及时掌握有关学生的学习、生活等多方面的信息，通过大数据分析，可视化分析结果，使问题能够直观地呈现。动态分析学生学习、生活态度和心理发展状况，有利于班级管理。实时监控、及时预警。技术发展为实时监控教育运行状况、预警教育危机提供了可能。比如，实施课程预警，通过采集学生课程学习的过程性数据，分析预测每一位学生课程学习成功的概率,根据分析结果形成预警,教师有针对性地推荐学习资源,提高其课程通过率。

(二)未来教育的初心和本质始终不变

未来教育在变化中也有不变,就是教育的本质不变,立德树人的根本目的不会变;教育的初心和基因不变,教育传承文化、创新知识功能不会变;教育提倡过幸福完整的教育生活,满足人们对美好教育向往的目标不会变。

1.学校立德树人的根本任务,不变

推进教育现代化是一个系统工程,《中国教育现代化 2035》提出了十项战略任务,其中的关键环节在于全面落实立德树人根本任务。何为"根本"任务?根就是树根,本也是根,根本就是最基础、最本质、最不可或缺的。《大学》有言,"大学之道,在明明德,在亲民,在止于至善","自天子以至于庶人,一是皆以修身为本"。"明明德""修身",就是为学之道、为人之本。党的十八大报告首次把"立德树人"明确为教育的根本任务,党的十九大报告提出"落实立德树人根本任务"。习近平总书记在全国教育大会上强调,要把立德树人融入思想道德教育、文化知识教育、社会实践教育各环节,贯穿基础教育、职业教育、高等教育各领域。如今国家提出"要把立德树人的成效作为检验学校一切工作的根本标准",可以说是正本清源、回归正道,特别是在人工智能时代,更需要培养品行端正、个性鲜活、符合时代发展、能够融入世界的人。①

2.教师传道育人的职业使命,不变

随着信息技术、互联网不断革新变化,新技术在改变了教育环境和方式后,紧随而来的是教师教育观念、教学方式方法等的转变,但教师培养人才的职责没有变,传道育人的职业使命没有变。在今天,很多的知识可以上网查到;在未来,更多的知识机器会帮你查到,教师的知识优势正在不断遭遇挑战。人工智能支持下的未来教师角色将发生极大转变:教师知识性的教学角色,将会被人工智能所取代,教师的育人角色将越来越重要。《礼记》上有句话:"经师易得,人师难求。"在未来的人工智能时代,只懂得教授知识的"经师"一定会

---

① 文东茅.立德树人是每个人的根本任务[N].中国教育报,2019-8-4(03).

被替代;德行学问等各方面可以为人表率,能与学生同行,和学生有情感交流的"人师"则更受欢迎。我们的老师要努力让自己成为一名有理想信念、有道德情操、有扎实学识、有仁爱之心的"四有"好老师。

3. 学生精神交流的需求天性,不变

在学校教育中,如果没有师生关系的建立,孤立的教和学都是不存在的;师生之间如果没有真实情感和思想的交流,就不存在真正意义上的师生关系。美国教育家杜威在《民主主义与教育》中开篇即提出,不顾他人的情感和理智倾向的师生关系,不是真正的社会化关系,只能是一种工具性的关系。把教育的目的理解成培养完整自主的人,并不意味着人可以在孤立于他人的环境中发展。相反,人是一种关系性存在,人的发展不能离开他人而单独实现。[①] 一个学生能够遇到好老师是人生的幸运,学生的成长需要有理想信念、有道德情操、有扎实学识、有仁爱之心的教师的指导。借助互联网,纯粹知识性的课程学习很有可能集中由最优秀的老师通过网络或是通过人工智能来完成,但是机器替代不了老师对学生精神世界的影响,学生精神交流需求的天性,必须由教师来完成。

以互联网为代表的新一代信息技术在未来学校各项主流业务中扩散应用,将实现资源共享、数据融合、智能管理,给我们的学校带来了无限可能,尤其是在高等职业教育中,更将被广泛地应用。未来我们需要更好地使用互联网的思维来改进教育管理治理和教学方式方法,推动教育的"互联网+",从而真正实现教育现代化。

---

① 朱旭东.现代教师该有怎样的情感教育能力[EB/OL].(2014-10-17)[2020-7-6]http://edu.people.com.cn/n/2014/1017/c1053-25857873.html.

目 录

停课不停学 五"xin"助教学

——以"旅游日语口语"课程为例

国际学院 柯 璐①

一、案例背景

空中课堂,居家学习,已成为防疫延迟开学期间的特殊教学模式。如何通过线上教学真正做到"离校不离教,停课不停学"是每位教师当前着力思考的问题和努力挑战的方向;同时,此次"互联网+教学"线上教学新模式的探索也是进一步推进信息技术与教育教学深度融合,促进教育理念、方法和手段全面创新的一次契机。

如何确保线上教学开展的有效性? 如何把握高职院校理论与实践并重的教学特点? 如何做好教学质量保障和教学效果监控? 这些都是值得探讨的问题。本案例将以我校公共选修课"旅游日语口语"作为经验分享的样本,结合外语类课程特点,以教学过程顺序为轴,从教学设计理念、教学分析、课程教学、质量保障、特色与创新五个方面展开。

---

① 柯璐,毕业于日本一桥大学教育社会学专业。研究方向为高等教育学,自 2017 年以来教授日语类课程。曾获 2020 年宁波市"创新视角下的教育现代化"论文评比一等奖。曾主持 2018 年浙江省教育厅科研项目。

二、具体举措

(一)教学理念与模式:教学设计理念——用"辛"备课堂

本课程为外语类选修课程,因此采用对世界各国语言教学产生重要影响的 CEFR[①] 提出的"语言多元化"和"面向行动"教学理念。如图 1 所示,在教师主导的基础上,以学生为主体,一方面,结合线上教学的特点,在学情分析的基础上,利用"语言多元化"理念对教学内容进行相应的调整;另一方面,利用"面向行动"理念,充分利用移动端学习工具的智慧功能,按照"交际任务"教学法重构课程模式,完善教学方式。

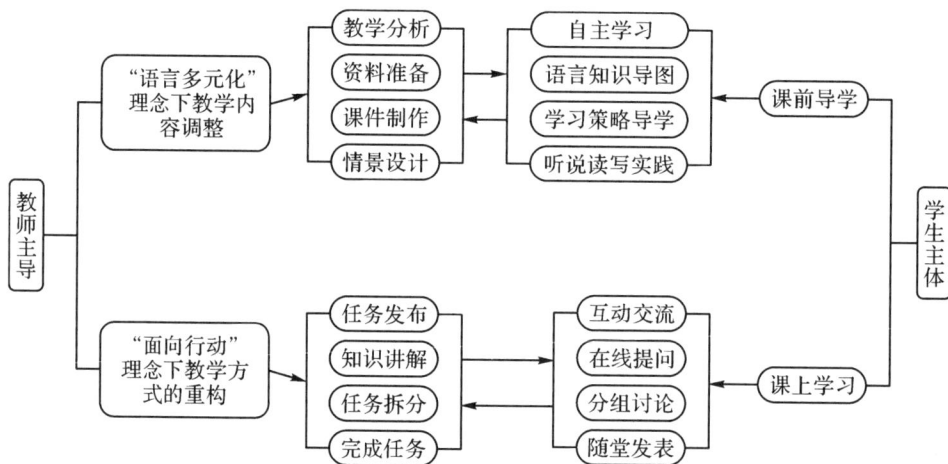

图 1　教学设计理念示意图

本小节将对"语言多元化"与"面向行动"教学理念进行简单阐释,具体实践将在接下来的教学分析与课程教学部分进行分享。

---

①　欧洲理事会于 2001 年正式出台了 CEFR,即欧洲共同语言参考标准。CEFR 是关于语言学习、教学及评估的整体指导方针和行动纲领,是对欧洲语言教学几十年来理论与实践的系统总结,对世界各国的语言教学产生了重要影响和启发。

1. 将"语言多元化"的理念贯穿于课堂的始终

和"多语言化"不同,"语言多元化"强调随着个人的语言阅历在生活的文化环境中不断增加,个人不会将这些语言及其文化分隔开来,而是构建起一种交际能力。因此,从"语言多元化"理念出发,语言教学的目标是要培养具备各种语言交际能力的综合语言素质。在国际化日益深化的今天,外语教学不仅仅是"跨语言交际"能力的培养,更应当是"跨文化交际"能力的综合体现。

2. "面向行动"教学理念指导教学实践

"面向行动"的含义在于把语言使用者和学习者首先定性为社会人,他们需要在某一具体的社会行动范围内,根据特定的条件和环境,完成包括语言活动在内的各项任务。在本案例探讨的日语选修课程中,不妨将"社会人"定义为"可以用日语进行沟通的国际化人才",把"社会行动"定义为"用日语进行沟通的行动范围"。以此为教学目标,运用适合外语教学的"交际任务"教学法进行线上教学。

(二)教学组织与实施

1. 教学分析:以学生为"芯"

(1)授课对象学科背景多样性:避免授课形式统一化。

与以行政班级为教学单位的专业课程不同,公共选修课授课对象通常来自全校不同年级不同专业。本案例课程学生人数为 46 人,按照年级划分,全部来自 2019 级即大一;按照专业划分,如图 2 所示,其中信息与智能工程学院 25 人,商学院 13 人,旅游学院 3 人,景观生态学院 3 人,国际学院 2 人。

由此可见,授课对象来自全校 5 个学院不同专业,学科背景多样。且 2019 级学生多为"00 后",他们有想法,有创新,容易接受新鲜事物,对于互联网、移动智能终端等信息平台富有兴趣且操作熟练。被称为"互联网原住民"的"00 后"学生们对于线上教学接受程度较高,这对于在线课程的开展是一个良好的基础条件。因此,教师应当利用好这一"先天优势",丰富教学手段和教学内容,避免在线授课形式化与统一化。

(2)授课对象学习目的丰富性:对教学内容进行柔软性调整。

本案例课程为面向零基础学生开设的初级日语类选修课,如何使高职学生在短短几个月时间内有效地学到自己所需的知识?首先通过超星学习通的

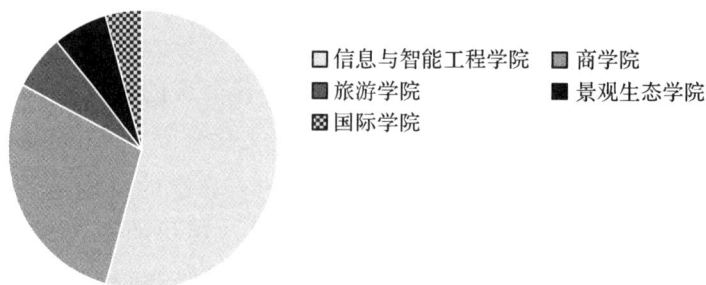

图 2　授课对象学科背景图

问卷(多选题)功能来了解学生的学习目的和动机。如图 3 和表 1 所示,从动机类型反映出学生期望通过对日语、日本社会和文化等的关注来提高学习日语的主动性,并达到提高自身能力的目的。

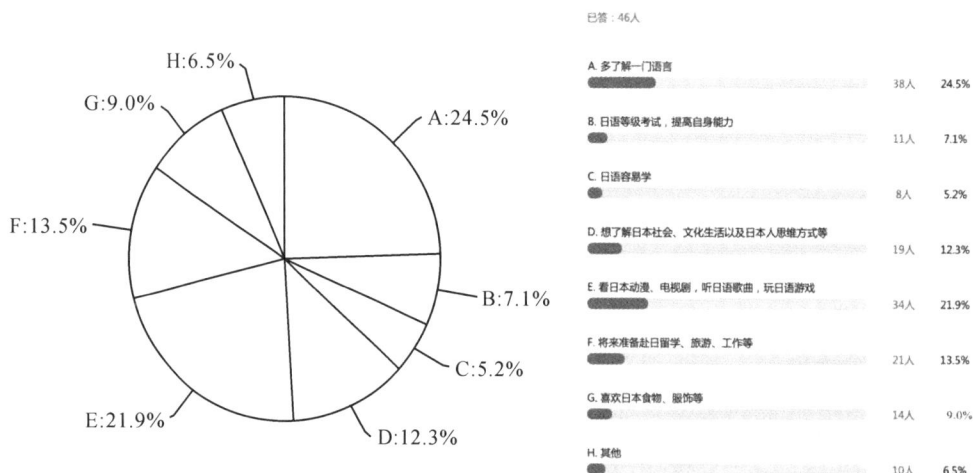

图 3　授课对象日语学习目的图

表 1　授课对象日语学习动机归类表

序号	动机类型	动机内容	所占比例
1	娱乐型动机	歌曲、游戏、动漫	21.9%
2	文化型动机	了解日本人的生活和思维方式	12.3%
3	实用型动机	留学、旅游、工作	13.5%
4	竞争型动机	多了解一门语言	24.5%
5	信息考试型动机	考级,提高自身能力	7.1%

序号	动机类型	动机内容	所占比例
6	可行性动机	日语容易学	5.2%
7	体验性动机	喜欢日本食物、服饰	9.0%
8	其他		6.5%

这一结果反映出本课程的"语言多元化"教学理念与学生的学习需求相一致。外语学习者在掌握母语的基础上,并且不同程度地掌握其他语言,丰富不同的文化阅历,在这一过程中这些语言和文化的学习并不是互不联系的,而是在跨文化的语言交际中表现出复杂的、合成性的语言能力。尽管每个人的语言阅历不同,语言能力的构成也有所区别,但学习外语的经历都是在重构交际语言能力。在国际化日益深化的今天,日语选修课程在培养学生日语语言能力的基础上,更应当将文化类知识的传授贯穿整个教学过程,使学生在具有对不同文化的理解能力的同时,增强作为本国人的身份认同感,从而构建起跨文化交际能力。

对此,教师对教学内容以及配套资料和课程设置上都要做出柔软性的调整。教学内容的选择差异对于能否积极引起学生学习兴趣十分关键。疫情期间线上教学导致师生空间隔离,学生容易失去学习兴趣的问题更为突出。为此,将课堂前半程设置为"日语语言学习"板块,后半程设置为"日本社会文化"板块,丰富学习内容;同时,在讲解日语语言知识时,以穿插讲解、背景渲染等方式使两个学习板块有机融合,丰富语言学习的文化背景,使学生从中更加了解日本人的思维方式与语言表达的重要关系。例如,在学习"自我介绍"的句型时,搭配"日本人交换名片的礼仪"的文化学习,构建起"自我介绍"语言文化应用场景,使"自我介绍"的学习不再言之无物、枯燥无味。

2. 课程教学:精"心"授知识

"面向行动"教学理念倡导的"交际任务"教学法,即交际语言教学法和任务型教学法的有机结合,它强调以学生为中心,以任务为导向,尽可能地在课堂教学中运用真实的交际场景,在课堂中通过各种途径组织学生进行交际活动,注重培养学生综合语言运用能力,激发学生的学习兴趣,在教师的指导下让学生有独立思考、积极参与的机会,有利于保持学生学习的积极性。

以课堂前半程"日语语言学习"板块为例,全面采用"交际任务"教学法,以"教师提出任务—教师分解任务—学生承担任务—学生完成任务"为轴开展教学,将语言学习的目标巧妙代入任务式的情景之中,最大程度提高学生学习兴趣;同时,充分利用线上教学以移动端为载体的学习工具和平台,穿插整个教学过程,丰富智慧教学形态,激发学生线上学习参与度。具体实施步骤如下。

步骤1:教师提出任务,学生充分利用MOOC平台教学资源课前自学。在信息化时代,信息技术的发展给我们带来了丰富的教学资源,在线上教学过程中可以加以有效的利用,这样既能丰富授课内容,也能引导学生利用现有资源培养自主学习的能力。本案例选用中国大学MOOC平台上的"实用日语(上)"作为课前自学、预习的资源。每周课前在学习通平台上发布本周学习目标和任务表(图4)。

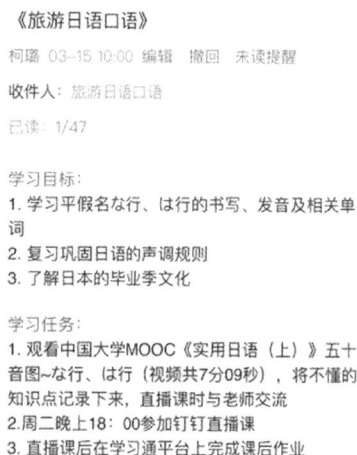

图4 学习通平台课前发布学习任务截图   图5 学习通抢答功能的使用截图

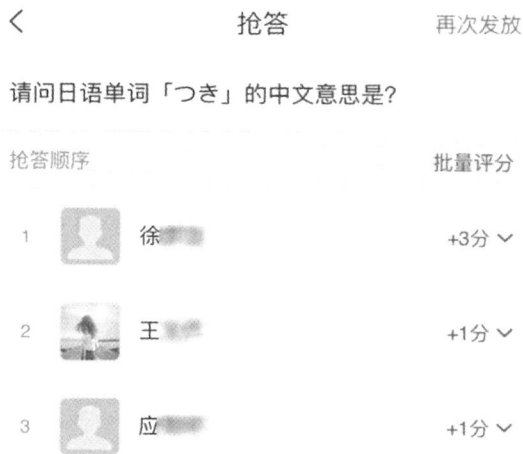

通过MOOC平台视频学习,学生对于课堂上需要完成的任务、任务设定的背景,以及任务应用的场景有了更直观、更全面的了解。借助信息化手段,师生之间更易明确任务的发布与接收,形成良性循环。例如,在进行"自我介绍的讲解"这一课时,在学生观看相应的MOOC视频后,教师向学生明确这一课任务设定的背景是"当你刚转学到日本的学校",需要完成"向你的日本同学介绍自己"这一任务。这种任务式的代入感更能激发学生的学习兴趣和学习积极性。

与此同时,MOOC让学习没有了围墙,学生自主观看学习视频进行课前预习,从被动的知识接受者,变成主动的知识探求者。例如,在传统的日语教学中,对于五十音图的讲授以教师反复书写、领读为主,过程较为枯燥。本案例选取的MOOC资源中,以动画书写的形式展示五十音图的写法,并通过展示关联图片,加深学生对五十音图的记忆。此举极大地提高了学生的课前自学的趣味性,提高了学习的效率。

步骤2:教师分解任务,使学生通过课堂互动掌握完成任务所需的基本知识。教师通过课堂基本知识讲授拆分任务,引导学生作为主体进行互动式教学。考虑到线上教学空间隔离的特殊性,为了切实做到线上教学"标准不降低,效果不打折",充分调动学生的在线参与度是重要前提条件之一。为此,教师应积极引导,将在线日语课堂变成师生共同学习、共同完成任务的场所。

调整课堂时间分配方式,每课所列单词不超过8个,句型不超过2个。单词要求学生能书写,会朗读,句型的讲解也力求简洁,将更多的课堂时间留给学生互动参与,以期为任务的完成打好知识基础。本案例利用钉钉、超星学习通等智慧教学工具,补充与完善传统课堂教学中的互动表现,调动学生的课程参与度与热情。例如,在进行日语词汇教学时,利用超星学习通中的抢答功能设置单词的中日文表达测验,并以此按比例计入平时成绩(图5)。

步骤3:学生承担任务,进行分组练习。本案例利用学习通中的分组学习功能,把学生分成几个小组。以与任务相关的单词学习为例,让各小组分别就日语单词的读音、书写、中文意思及用法展开讨论,并进行归纳总结。这种方法一方面能够充分调动学生的课程参与积极性,激励其主动思考;另一方面也为教师对教学效果进行实时检测提供了强大助力。

步骤4:学生完成任务,轮流发表。本案例每周在钉钉直播时,在学生发表环节,将视频会议主讲人设置为本周发表小组学生成员,学生通过屏幕共享的功能,将PPT或其他材料与全班同学共享,并通过实时视频语音讲解完成发表。发表结束后,由教师及不发表的同学对发表小组的任务完成情况进行简单点评。以"五十音图趣味记忆法"任务为例,发表小组学生由被动听教师讲解五十音图,转变为主动寻找学习资料向其他同学教授五十音图记忆法,完成了从"听讲者"向"教授者"的转变。由图6可知,"交际任务"教学法促使的这一转变使学生学习内容平均留存率大大提高。

(三)教学评价与考核:质量保障——凭"新"助教学

1. 课后不下线,差异化辅导

每周课后,学生通过超星学习通平台完成并提交作业,教师批改作业并打

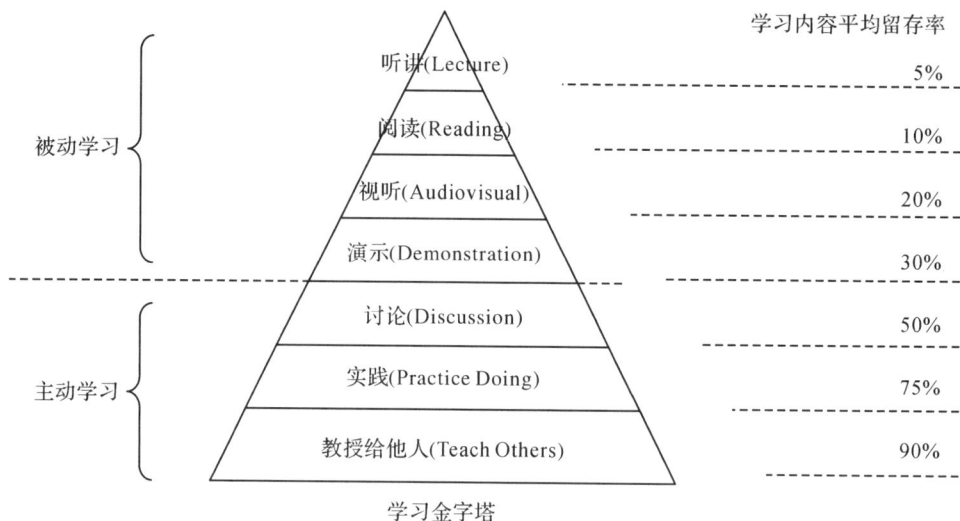

图 6 学习内容平均留存率金字塔示意图

分。对于错误率较高的题，在下次授课中集中进行讲解（图 7）。

图 7 线上教学第二周作业集中讲解示意图

　　对于错误率较低的题，以及讲解后仍有疑问的同学，通过企业微信群聊或者私聊的形式进行一对一的辅导和讲解。例如，在进行假名听写练习的时候，有的学生对于自己书写的假名规范与否不自信，通过图片方式将练习发在群里，教师对其进行个别指导和纠正。这种基于学生不同的学习效果进行差异化课后辅导的方式能够保证每位学生都得到教师的关注，线上教学也能够"跟紧不掉队",从而切实保障线上授课的教学质量。

2. 巧用信息化,教学效果全监控

与传统的面对面教学不同,线上授课存在节奏感强、内容紧凑等突出特点,对学生的学习自觉性和自律性要求较高,并高度挑战学生的注意力是否集中,各个平台的不同任务能否及时完成。同时,线上授课师生之间存在物理空间的隔离,教师很难在第一时间对学生的学习状态、教学效果进行把握和确认。

对此,本案例充分利用各个智慧教学平台的功能以即时监控学生的学习进度和学习状态。例如,借助超星学习通的签到、作业发布、问卷调查、资料上传等功能对教学中的考勤签到、互动表现、作业监督、过程考核、成绩汇总等各个教学环节进行全过程监督和把控,提醒学生完成相关的教学任务要求(图8)。

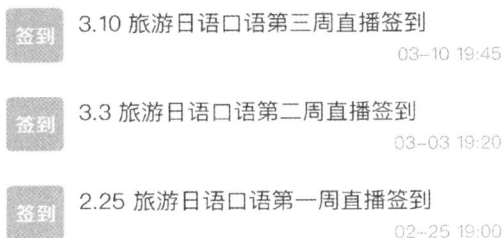

签到　3.10 旅游日语口语第三周直播签到
03-10 19:45

签到　3.3 旅游日语口语第二周直播签到
03-03 19:20

签到　2.25 旅游日语口语第一周直播签到
02-25 19:00

图 8　学习通每周直播签到截图

三、实施效果

本文以疫情背景下高职院校日语公选课线上教学的展开为案例,分享了以信息化推动职业教育教学现代化的创新实践,一方面有助于丰富信息化推动职业教育现代化的理论;另一方面有助于讲好中国职业教育现代化故事,有助于促进我国信息化助力职教教学现代化更好地发展。

本教学案例首先利用"语言多元化"理念对教学内容进行调整,其次根据"面向行动"理念对教学方式进行重构,在教学内容和教学方式两方面均体现了以学生为主体的模式。与此同时,网络空间是信息化教学中学习和获取知识的新型载体,一方面,学生可以自主选择学习资源,摆脱时空的束缚;另一方面,教师可以通过平台数据伴随式收集和大数据分析,记录和发现在线学习过程中的规律。

本案例紧密结合线上教学的特点,充分利用移动端智慧教育手段,以MOOC平台为教学资源,以直播授课为师生互动桥梁,以实操平台为教学效果监控媒介,着力提高线上教学的质量与趣味,取得了较好的教学效果。

此次疫情期间"停课不停学"的教学方式倒逼高职院校开展"互联网＋教学"的创新实践,对高职院校进一步发展教育信息化提出了更高的要求。职业教育作为我国教育体系的重要组成部分,承担着培养大量高素质劳动者和专业技能人员的重任,是我国社会发展和国民经济的重要基础。深入探讨教育信息化 2.0 时代职业教育创新发展,有助于职业教育发展理念和建设方式的跃升,有助于加速信息技术对职业教育系统产生系统性变革。

"路漫漫其修远兮,吾将上下而求索。"疫情背景下以"互联网＋教育"为主要方式展开的教育信息化对于教育管理者、一线教师来说既是一次挑战,更是一次成长的机会,如何在教育信息化 2.0 时代通过"互联网＋"与教育教学领域的不断融合创新职业教育之路是今后努力的方向。

四、特色创新

(一)隔离病毒不隔离爱

由于疫情期间学生的学习不是在现实课堂,而是依托网络平台进行在线课程学习,个人点击慕课网页、参与钉钉直播课、在学习通提交作业……教学过程中冰冷的屏幕使师生之间存在明显的情感距离。为了解决这种困扰,在钉钉直播时师生坚持"5—10分钟互动1次"的原则(图9),所有同学都可在讨论区随时发言,与课堂内容无缝衔接地展开小讨论,这拉近了老师和学生的心理距离。针对发言内容教师即时反馈,以此来掌握学生的听课情况并做调整,课后也随时和同学们展开互动沟通,并根据上课数据与学生单独谈话,希望电脑屏幕隔离病毒不隔离爱,消除屏幕隔离的冰冷感受,使学生积极地参与线上课程学习。

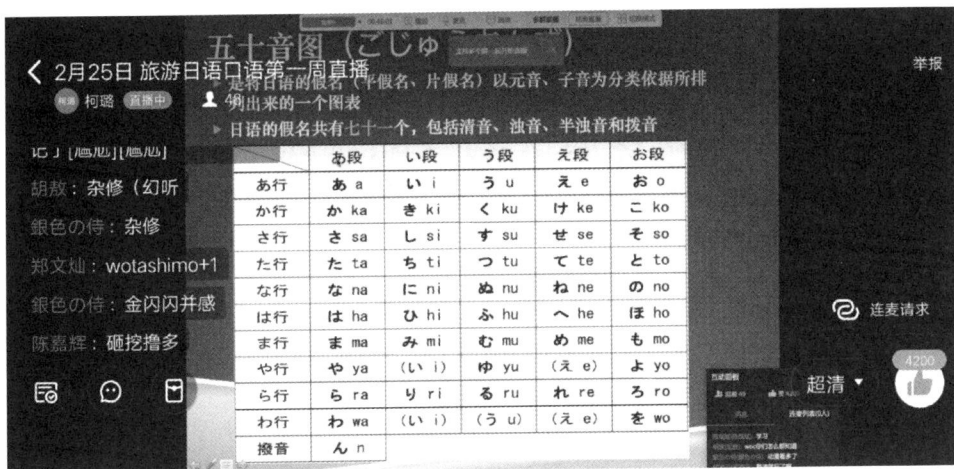

图 9　钉钉直播课师生互动截图

(二)积极将课程思政融入线上教学

大学课堂不仅仅是传授知识,更是德育渗透的重要阵地。在疫情还未完全解除的大背景下,如何将抗疫和思政融合起来丰富学生的爱国情感,如何将抗疫作为提升学生问题解决能力的切入点,成为本案例课程思政的重点。

结合日语课教学内容特点,本案例将疫情下中日两国的友好互助进行课程思政。在每堂课"学习日语语言＋了解日本社会文化"的授课大架构中,以疫情新闻报道中涌现出来的中日友好互帮互助为素材,一方面讲解其中涉及的日语单词,例如,讲解"口罩""新型冠状病毒""试剂检测"等新闻高频词的日语表达,增加学生的日语词汇量,提升学生日语学习的积极性;另一方面讲解日本社会的风土人情,使学生更加全面地了解日本,对日语语言的学习形成助力。当前国内外疫情发展变化迅速,正是我们党和国家的全力以赴才在短短两个月的时间里,由日本物资支援中国转为中国支援日本和其他国家。在这个过程中,增强学生对国家的认同感及自身作为新一代时代主人的使命感。

线上抛锚体验式教学的实践与研究

——以"劳动关系实务操作"课程为例

商学院 刘 毅① 陈 波 李 昊

李 歆 王银海 姜 轩 俞海平

一、案例背景

一场突如其来的疫情,让大家措手不及,随着复工复产的进行,劳动关系受到多方面因素的冲击。"劳动关系实务操作"课程团队成员利用校企合作优势,以自己的行动在疫情期间为和谐劳动关系做出自己的贡献。

"劳动关系实务操作"课程是高职高专、工商企业管理专业人力资源管理岗位课程。课程实务操作的核心在于建设和谐劳动关系,劳动关系的和谐稳定是社会和谐的基础。因此,课程不仅要讲授劳动关系具体实务操作技能与方法,更重要的是向学生传授、教导、落实"和谐"劳动关系理念、职业道德、思想信念,这是学生成才的基础。

---

① 刘毅,博士研究生。主要研究方向为农林经济与政策、人力资源管理,多年来一直从事人力资源管理相关课程的教学工作,曾获学校首届学生"我最欢迎老师"称号。

二、具体举措

(一)教学理念与模式

劳动关系涉及面广,又直接关系到企业和职工的切身利益,鉴于目前疫情使企业的领导者和劳动者都面临较大的压力,"劳动关系实务操作"课程依据建构主义学习理论,考虑培养目标及课程特点,通过信息化平台的建设,支持完成抛锚体验式教学法下劳动关系情境的创设,探索体验式、合作型学生学习模式,优化教学过程,提高教学效果。

1. 内化职业道德的教学理念

课程按企业劳动关系运行的流程,即劳动标准实施、劳动关系建立、履行与变更、解除与终止、劳动争议等,分项目任务编排相关业务技能、实操演练的内容,采用真实事件改编的情景引导案例,师生互动式讲解,一线从业人员和资深律师、劳动人事仲裁员访谈等方式完成慕课制作,实现学习者掌握企业劳动关系流程、落实劳动关系源头治理具体技能的双重目标。

(1)深化和谐理念,强化职业责任。

和谐劳动关系工作主要涉及用人单位与劳动者,学习者应具备良好的职业责任,即通过落实职业责任,把责任融入职业道德,化为职业能力的提升。

(2)提升操作思路,内化职业意识。

通过学习"劳动关系实务操作"课程,学习者培养和谐劳动关系理念与事务处理操作的能力。通过挖掘疫情中涉及的劳动关系元素,将职业道德、职业守则、爱国家、爱企业、爱员工的情怀、社会责任和文化自信等德育要素融入课程教学中。

2. 抛锚体验式教学

在行为主义理论和认知主义理论基础上形成与发展而来的建构主义理论认为,知识是学习者在一定的情境下,借助他人(包括教学与合作学习伙伴),利用必要的学习资源,通过意义建构的方式而获得的。

课程在疫情期间,对社会学习者,采用平台线上抛锚体验式教学,增加政策解读、讨论和专题讲解;对专业学习的在校大学生,采用平台＋异步 SPOC ＋直播的混合抛锚体验式教学模式,通过慕课中以真实劳动关系案例编写的情景剧为引导,即"锚",模拟公司、线上合作学习小组讨论和实操演练来获得劳动关系业务操作能力。

此教学模式(图 1)把增强学生的自主学习能力放在首位,通过"情境"传授学习技能,教学过程贯穿"协作交流",充分利用网络各种资源促进学生能力的"构建"。

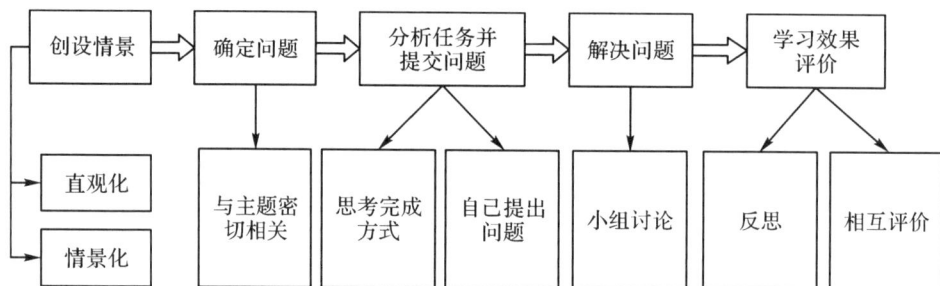

图 1 抛锚体验式教学设计图

(二)教学组织与实施

1.结合疫情进行教学设计和组织

(1)结合疫情设计教学。

在遵循课程建设规律的基础上,把"建立和谐劳动关系"作为课程引领性因素,课程内容结合疫情,组织教学内容,如"特殊工时批复到期,能否顺延?""复工后企业可否延长工作时间?""延迟复工,工资如何计算?"等热点问题,和指导办理宁波市双职工子女看护补贴的实操问题,满足不同类型学习者的实用性、认知的需要。

课程组成员李昊律师代表课程组与宁波市职工发展中心在"甬工惠"微信公众号推出抗疫普法系列劳动关系微课,服务宁波市的广大企业和员工。录制的课程,都及时地添加到了慕课平台上,让学生可以第一时间接受最新的知识。

(2)强调居家实践演练。

落实教育部关于疫情期间"停学不停教"的要求,通过线上平台发布＋异步

SPOC＋直播授课,组合课后法条读书笔记,联系宁波市鄞州区劳动人事仲裁院的庭审公开日活动和线上庭审直播加强学生现实体验,在线上教学过程中,通过学生组成的在线团队合作学习小组,开展任务的讨论与实践,如为家人计算延迟复工的工资等居家实践教学方式,体现学以致用的实践功能。

2.疫情期间的教学实施

"劳动关系实务操作"课程利用中国大学 MOOC 平台,完成了全部慕课和SPOC 多维构建。根据国家、省市出台的劳动关系政策,及时读解分析,为学员们进行答疑,避免冲突,共抗风险。课程根据企业劳动关系运作的流程,结合疫情下劳动时间、特殊工时的申报,休息休假,工资报酬等热点问题增加了答疑、讲解、讨论的内容。课程针对两部分学习人员。

（1）社会学习者。

对于想了解劳动关系的社会学习者,课程可从中国大学 MOOC 联盟平台、宁波市高校慕课联盟平台、智慧职教 MOOC 平台、微信平台四个学习渠道获得,整体已经形成了一定的覆盖面。前三个在线平台已经有全国近 4000 多名社会学习者正在线学习,另外,课程组成员李昊律师在宁波"甬工惠"微信公众号于 2月下旬开设抗疫普法系列微课,社会影响较大,有 10 万次的点击学习次数。

（2）高校专业学生。

对于高校专业学生,采用异步 SPOC＋直播的混合抛锚体验式的教学。课程教学过程具体教学实施分为课前、课堂和课后三个阶段(图 2)。

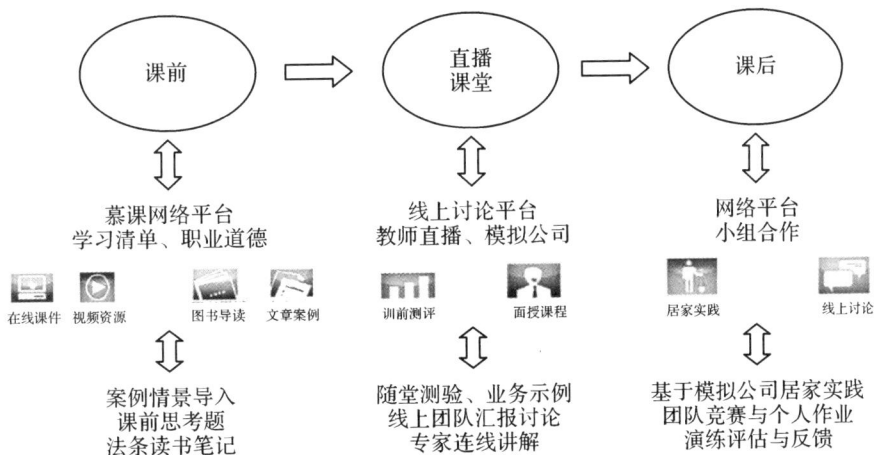

图 2　教学实施图

3. 高校专业学生疫情期间的具体培训教学实施步骤

(1)课前线上网络课堂。

①增加职业认知学习：课程在具体业务学习之前，增加了线上职业道德学习内容，采用企业 HR 现场访谈的形式，现身说法表达从业人员承担的职业责任。帮助学生们将职业道德、职业守则融入业务操作的学习中去。

②情景案例引导的课前自主学习：课程情景案例是以劳动关系实践中真实的事件为基础，以一名企业普通员工"大轩"和新入职的 HR"小玫"为主人公，以其在工作中遇到的各种劳动关系事件为线索，通过提炼、改编和完善，拍摄为情景剧，破解传统教学方法引不起学习者共鸣的困境。

③提前下发课前学习清单：课程以公告形式下达课前学习任务单。学生通过线上微课学习，完成相应的在线测试，平台后台对课前各个环节中学生的学习轨迹、学习进度、学习时间和测试成绩等过程进行详细记录，师生可以随时登录查看课前学习的过程性记录和评价。

(2)"钉钉直播"中的"团队合作学习"线上课堂。

疫情期间，鉴于"钉钉"智能移动强大的功能和相对的稳定性，通过"钉钉直播"，线上学习沟通高效安全。直播前的签到提醒，直播中的连麦互动、图片对话、实时的直播监控、直播情况反馈及回放功能，便于老师掌握学生线上学习情况。

①基于模拟公司的线上团队合作学习模式：在线上教学过程中，学生通过组成线上学习团队，结合模拟公司制的翻转课堂，相互带领完成学习任务。为了使学生对劳动关系处理有更深的实践体验，课程组设计了线下组织的实践体验，即课程共建单位——宁波市鄞州区劳动人事仲裁院为同学们开设了线上"庭审公开日"活动，使学生有机会近距离感受对劳动关系的仲裁。鄞州区劳动人事仲裁院通过"鄞响"的直播平台，使大家在线上也感受到了劳动关系庭审仲裁。

②直播教学手段的灵活运用：在线上直播教学时，注意工具、载体或中介教育手段运用，如结合疫情实践的劳动关系，运用正反并举的示范榜样手段；设置责任两难情境，对学生进行考验与锤炼的情境手段；创造并利用有效的氛围的环境手段；有计划地向学生提供"庭审公开"等一些体验手段。

③及时清楚反馈的评价体系：通过线上及时反馈学习进度、签到、问卷、投

票完成情况,使学生能够在第一时间了解自己与团队的学习情况,便于及时调整自己的学习行为,通过自律、自省等内化办法来贯彻实施,实现学生之间认知、情感、理性和行为等方面的相互认同。

（3）形式多样的课后线下学习。

课后,学生通过移动终端课堂 SPOC 多维模式中的移动式学习模块,进行居家实践活动,落实进一步的学习和讨论。组合采用课后法条读书笔记、为家人计算延迟复工的工资等居家实践教学方式。

①课后法条读书笔记团队竞赛:本课程的学习要求学生熟悉相应的系列劳动法律法规与社会保障的规章制度,进行"法条读书笔记"团队竞赛、课前笔记的照片展示等活动,通过团队竞争,团队小组成员之间相互鼓励,相互竞争,强化同学们的劳动保护法治观念。

②劳动关系居家实践活动:从 2020 年 2 月 17 日开始,课程上线后就开展了课后的居家实践活动。通过指导学生了解"家人是否提供了劳动就是劳动关系"开始,到了解家人的劳动时间、劳动工时,到为家人计算延迟复工的工资等居家实践教学方式,体现学以致用的实践功能。

③人手一册《业务实操演练汇编》:学生在劳动关系业务示例学习后,在课后必须根据模拟公司的劳动关系情形,对相关劳动关系业务处理进行实操演练,并上传网络平台,最终形成××公司劳动关系业务汇编。通过这样的手段,提升学生建立和谐劳动关系、员工互利共赢的理念,以破解教学难点。

（三）教学评价与考核

1.社会学习者评价与考核

基于社会学习者学习时间安排,教学目标在于普及,进行过程性考核。百分制计分,包括单元测验、论坛讨论、考试。

2.在校学生评价与考核

在校学生考核为过程性考核＋终结性考核。考核结合团队合作学习、相关法律法规自主学习(课后读书笔记)、线下劳动仲裁院庭审公开活动等形式进行。

（1）过程性考核主要是平台的学习记录与课堂学习情况,其中包括团队合作的综合评价,即通过对各团队合作学习小组进行综合考核、各小组组长对本组成员进行考核、互评、自我评估等综合方式,考核学生的知识、能力、团队协作的努力程度。

（2）终结性考核为通过网上题库进行考试。

（四）教学反思与改进

在线上抛锚体验式教学中,我们发现教师教学需要不断解决传统教学方式与现代教学技术结合的问题。如何有效利用现代教学技术,激发学生在居家自主学习、居家实践中的积极性是必须不断探索的问题。

学生方面,主要有"搭便车"的现象,团队合作学习小组情况往往会呈现"马太效应",好的团队越来越好,落后的团队得过且过,实践中通过强制分组、教师市场激励、组内互评等方式进行消减差距,以达到课程劳动关系无小事,构建和谐劳动关系,争取企业和员工互利共赢的目标。

三、实施效果

课程采用了抛锚体验式的社会学习者与高校学生的教学。尤其是高校学生的线上异步 SPOC＋直播的混合教学模式,结合课程设计与教学手段,根据疫情劳动关系情境,增加体验,破解了传统教学方法引不起学习者共鸣的困境。

根据我校教务处开展的线上教学调查,了解同学们线上学习的情况,给同学们提供更好的线上学习体验,有 83.28％的同学认为"线上学习的参与度比实际课堂参与度更高","异步 SPOC＋直播"＋线上答疑＋作业任务的线上教学模式最受同学们欢迎。

从"劳动关系实务操作"学生的留言和反馈和近期随堂发放的教学效果调查情况来看(表 1),这种结合时下疫情,紧扣国家、省、市劳动关系政策文件,采用现代信息化教学技术、针对学生思想特点,用"和谐"理念引领设计的抛锚体验式教学环节,有的放矢地完善教学内容、选择教学方法、制定评价标准,从课程的实用性、利益相关性出发,使学生更喜欢上专业课,也取得了良好的教学效果。以下为高校学生随堂下发的问卷，共收到有效问卷 128 份，以下为抛锚体验式教学的学习效果调查情况。

表 1　学习效果调查情况表

项　目	不满意	一　般	很满意
1.总体教学效果	1%	18%	81%
2.学习目标明确	0	10%	90%
3.激发了学习兴趣	3%	17%	80%
4.提高了业务处理中的沟通能力	3%	12%	85%
5.提高了业务处理中的分析能力	0	13%	87%
6.培养了职业道德理念	1%	8%	91%
7.团队合作有助于练习业务的处理能力	1%	8%	91%
8.提高了实际劳动关系解决能力	2%	9%	89%
9.希望继续使用该方式学习劳动关系处理操作	2%	9%	89%

四、特色创新

通过学生的劳动关系居家实践，使学生了解劳动关系源治理的重要性。课程组成员能够取长补短，相互配合，结合国家、浙江省、宁波市政府出台的相关政策和文件进行讲解、讨论、答疑，取得了一定的效果。

（1）结合实际，及时开课。2020 年 2 月 17 日，"劳动关系实务操作"就在中国大学 MOOC 平台开课，授课过程中结合疫情，进行实操讲解，如对"特殊工时批复到期，能否顺延？""复工后企业可否延长工作时间？""延迟复工，工资如何计算？"等相关问题进行讲授和解答。

（2）简单易行，居家实践。落实教育部关于疫情期间"停课不停教"的要求，采用"异步 SPOC＋直播"的抛锚体验式混合教学方式给 18 个人力资源管理岗位的学生进行授课，及时反馈，线上面对面答疑，组合采用课后法条读书笔记与宁波市鄞州区劳动人事仲裁院组织的庭审公开日和线上仲裁直播为直接体验，学生组成在线团队进行讨论学习，开展如为家人计算延迟复工的工资等居家实践教学方式，体现学以致用的实践功能。

（3）紧跟政策，讨论落实。根据国家、省市出台的劳动关系政策，及时解读分析。通过对政府政策讨论与讲解，为学员们进行答疑，避免冲突，共抗风险。如指导办理宁波市双职工子女看护补贴。

（4）团队合作，服务大众。课程团队校企合作，专业性强，各自发挥优势，课程组成员相互配合，取长补短。课程组成员李昊律师代表课程组推出线上抗疫普法系列劳动关系微课，服务宁波市的广大企业和员工。

"劳动关系实务操作"课程通过抛锚体验式的教学着重创设情境和解决实际问题，作为一种教学改革途径取得了一定的效果。课程明确引导学生树立"和谐劳动关系"的价值取向。课程团队不断立足于课程与广大企业和员工的利益密切相关的特色优势，理解课程学术内涵和传承脉络，将建立和谐劳动关系、企业员工互利共赢的源头理念融入课程教学及改革中，将社会主义核心价值观教育内容融入课程教学过程，以实现立德树人、润物无声。

参考文献

［1］高凯.基于翻转课堂的课程教学模式研究［J］.高教学刊,2018(15):97-101.

［2］修俊山,魏功祥.光电检测原理与技术课程考试改革研究与实践［J］.教育教学论坛,2016(6):85-86.

［3］刘斌.基于在线课程的混合式教学设计与实践探索［J］.中国教育信息化,2018(11):81-84.

任务型的线上混合式教学设计案例

——以"跨境 B2C 网店运营"课程为例

商学院　蔡文芳[①]

一、案例背景

跨境电商是新时期中国经济发展的新引擎、产业转型的新业态和对外开放的新窗口,跨境网店运营需要围绕供货商、渠道商、物流服务和商品营销等各环节展开工作。本案例课程"跨境 B2C 网店运营"是电子商务专业跨境模块岗位方向课程,在大二下学期开设。周课时为 6 课时,每周 1—2 次直播,每次直播课时间为 90 分钟。

本课程的前修专业课有电子商务基础、电商美工基础、网店装修与页面设计、国际贸易实务、跨境 B2B 网店运营等课程,后续课程就是岗前综合实训和顶岗实习等实践类课程,因此这是连接学生从学校到企业顶岗实习的一门重要的专业课程。

本案例课程是在中国大学 MOOC 异步 SPOC 平台和学校网络教学平台"跨境 B2C 网店运营"的建设基础上,搭建的 MOOC＋SPOC 线上学习框架。课程的线上教学资源已建设完毕,同时配合《跨境网店运营》新形态教材的应用。此外,疫情期间感谢南京步惊云软件有限公司的跨境电商仿真实训系统的支持,为学生提供课程实践的平台。教学工具采用"钉钉直播＋爱课程

① 蔡文芳,副教授,跨境电子商务专业负责人。主要研究方向:跨境电商教学与研究、高职教育等。主持和参与项目十余项,其中国家级 1 项,省部级 2 项;出版专著 1 部,教材 3 部;发表论文 20 篇。主要从事跨境网店运营、跨境电商英语、跨境电商物流等课程的教学和研究工作。

SPOC平台慕课堂＋学校网络教学平台课程资源"，同时以课程微信群等社交工具为辅助。

二、具体举措

（一）教学理念与模式

"跨境B2C网店运营"课程是一门实践性非常强的课程，需要学生通过完成不同的工作任务来实现跨境网店运营的知识和技能的提升。本课程遵循OBE理念（即目标导向教育理念，也称能力导向教育）进行教学设计，按照"FD—QM高等教育在线课程质量标准"运行要求，保证线上教学的质量，通过任务型的教学模式，构成一个阶进式的连续活动，最终让学生通过课程学习后能很好地运营一家跨境店铺。

在新冠肺炎疫情的特殊时期，学生居家学习、教师线上开展混合式教学，就需要在慕课背景下"以学为中心"重构教学内容，在丰富线上教学资源的同时，真正围绕学生的学习进行更适性化和弹性化的学习设计。课程以促进学生有意义学习为目标、以评估与反馈为牵引、以主动学习为载体开展教学活动，让学生善用线上资源，从而达到甚至优于原来线上线下相结合的混合式教学的效果，提高学生的学习效能，培养他们独立思考和娴熟操作的能力。

课程以跨境店铺运营的工作过程为主线，选取典型工作任务设计教学内容，以全球速卖通平台为主，同时兼顾其他主要跨境电商平台，从跨境店铺开通、跨境电商选品、市场营销、视觉设计、数据分析、客户服务、跨境物流等方面让学生掌握跨境B2C店铺的业务模式、运营规则与要求，从跨境店铺基础运营到进阶运营过渡；引进线上仿真实训系统和提供真实店铺等实践手段，通过参与式学习来提升学生跨境店铺运营技能；通过线上多平台、多模式相结合的混合式教学，实施分层教学、多元评价，在提升学生职业技能的同时，将良好的职业素养培养逐步融入工作任务的实施中（图1）。

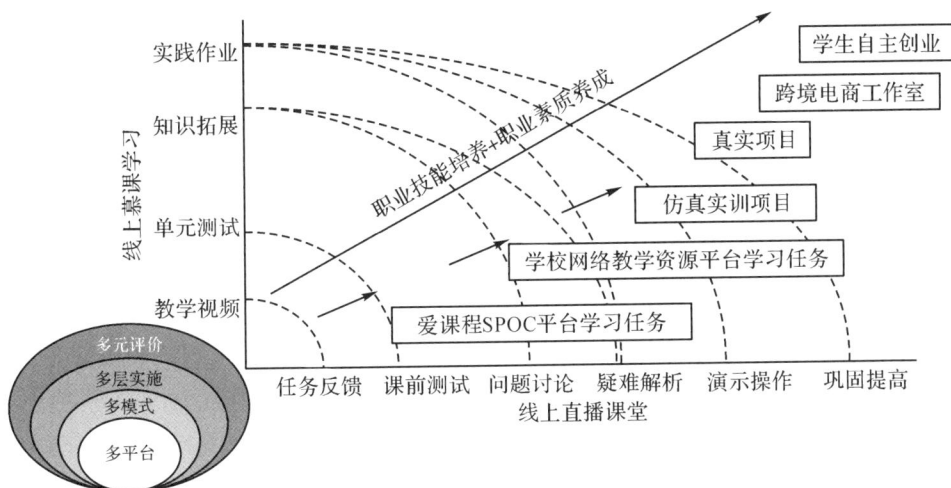

图 1　跨境 B2C 网店运营教学实施示意图

(二)教学组织与实施

教学的组织与实施在教学理念的指导下,围绕教学环境分析、学习目标设定、学习活动设计和学习评测等四个方面展开。

1. 教学环境分析

线上混合式教学将授课模式由传统教室转变为线上"虚拟教室",传统的课件制作转变成教学资源建设。要保证线上混合式教学的顺利开展,需要从硬件和"软件"两方面着手。

学生居家学习、教师线上教学,首先要保证线上教学资源建设的完善和学生学习条件的满足等硬件要求。本课程目前已建成校本慕课(速卖通平台内容已上线中国大学 MOOC 平台),已出版新形态教材,教师已拥有不同跨境电商平台的真实店铺,并已联系跨境电商软件公司在疫情期间提供免费仿真实训系统供学生实训。学生居家学习的条件虽各不相同,但至少可以保证每人有一个智能手机和 4G 以上的网络,只要每天能保证一定的学习时间完成学习任务,那么达到学习目标就不是问题了。

其次要处理好线上教学中的师生关系和制定线上教学规则等"软条件"。在混合式课堂背景下,教师的身份也会随着课程需要在"编剧""导演",甚至是"演员"之间不断进行转换。在线上混合式教学中,传统课堂的讨论形式已经不太适用于在线环境,直播期间教师何时禁言、何时取消禁言,以及教师如何合理设计讨论问题和流程等都需要教师根据课程内容的不同提前设计好。

2.学习目标设定

线上混合式教学要将传统的课程目标改为"以学为中心"的学习目标,根据布鲁姆教育目标分类,把学习目标设置成从学生学习角度出发的可量化的学习目标,并将总的学习目标分散在各个典型工作任务的学习目标中,同时明确说明学习目标与课程活动之间的关系,将学习目标和学习任务设计及其评价方式联系起来,同时帮助学生梳理学习方法(图2),从被动学习过渡到主动学习,从而实现学生学习效能的提升。

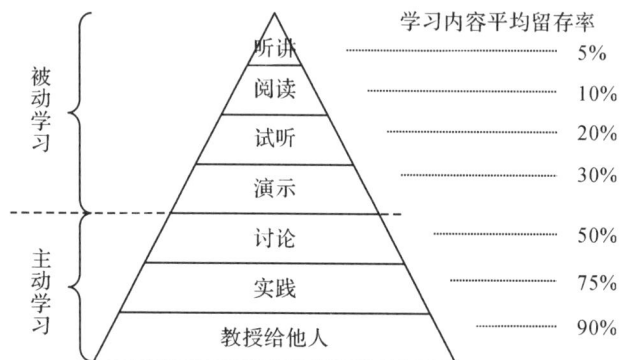

图2　学生学习方法梳理图

"跨境 B2C 网店运营"共分 8 个大的典型工作任务,大任务中又套若干个小的工作任务。以"工作任务 1 跨境店铺的开通"为例(表 1),设定学习目标,融入知识、能力和素质要求。

表 1　工作任务 1 学习目标的设定表

主要工作任务	子任务	目标要求
跨境店铺的开通	1-1 选择跨境电商平台	1-1-1　了解跨境电商平台(盈利模式、运营特点、综合实力、入驻条件、用户流量、服务群体、服务能力等);通过比较、选择,培养发现机会或问题的能力
		1-1-2　明确跨境电商平台的规则(注册规则、发布规则、交易规则、放款规则等),树立规则意识

主要工作任务	子任务	目标要求
跨境店铺的开通	1-2 寻找货源	1-2-1 掌握跨境电商寻找货源的途径和方法,逐步培养想象可替代的解决方案的能力
		1-2-2 会比较各种货源渠道,并根据自身情况进行选择,培养分析批判性思考的能力
		1-2-3 了解如何评价货源并能根据自身情况确定货源,逐步培养制定决策能力
	1-3 组建团队	1-3-1 会根据自己的实际情况组建跨境电商团队,树立团队合作意识
		1-3-2 熟悉团队的岗位职责,培养责任意识、担当意识
		1-3-3 了解跨境电商员工招聘、岗前培训、员工管理的基本流程和内容,培养领导意识和明确领导者的责任意识
	1-4 开通跨境店铺	1-4-1 会根据平台要求完成店铺账号注册和认证,培养执行的能力
		1-4-2 会完成公司工商注册申请、商标注册与申请,培养跨职能整合能力
		1-4-3 会利用各种渠道完成其他资质材料的申请和准备,培养执行能力和跨职能整合能力

本课程实施分层教学(图 3),即根据学生的不同情况设置了三个阶段的学习内容及相应的学习目标。

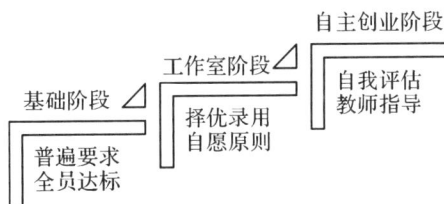

图 3　分层分阶段教学示意图

第一阶段:掌握跨境网店运营的通识类知识和技能,即要求所有学生都必须完成的理论和实践两方面的基础性要求,理论部分通过视频、PPT、文档、富文本等形式发布在 MOOC＋SPOC 平台上,学生通过自主学习方式完成后进行课程中针对该目标设置的单元测试。实践部分在学习 MOOC＋SPOC 平台上的教学视频后进入仿真实训平台各自的店铺中进行实践应用,根据店铺运营情况分别对商品发布能力、物流掌握能力、订单处理能力、营销能力、客户服务能力、店铺运营能力等进行考核。

第二阶段:进入跨境电商工作室,提升跨境电商真实店铺运营能力。这是在第一阶段的基础上的进阶阶段,只有在第一阶段表现良好以上的学生才有机会进入该阶段。真实店铺是由老师提供的,所有的风险都由老师把控和承担,学生在真实店铺中体验到真实的贸易环境和店铺运营操作跟仿真店铺中的体验是不一样的,除了训练和提升他们的店铺运营能力外,更主要的是在真实环境中培养他们的应变能力、团队精神和心理承受能力。在这一阶段,学生不仅自己要学,还要让同伴学习,互相学习,取长补短。根据布鲁姆教育目标分类图,同伴间的互相传授是效果最好的学习方式。

第三阶段:学生自主创业,锻造学生全方位知识能力和素质。经过第二阶段训练后,在自我评估和教师评价通过后进行。这一阶段对学生来说是全方位的锻炼和提升,跨境店铺由学生自己开通,自负盈亏,风险自担。

3.学习活动设计

"跨境 B2C 网店运营"因为是理实一体课程,对理论知识和实践操作都有相应的要求,这就要求教师必须提前把教学资源建设好,并在每周日提前把下一周的学习任务单发布给学生(发布后记得@全体成员,提醒他们查收),线上直播课堂教师利用钉钉群、慕课堂、学习通等手段,针对该任务的重点和难点进行线上课堂教学,开展研讨、答疑等教学活动。课后再对学生一周的学习成果进行总结反馈,完成该任务后再准备下一个任务(图 4)。

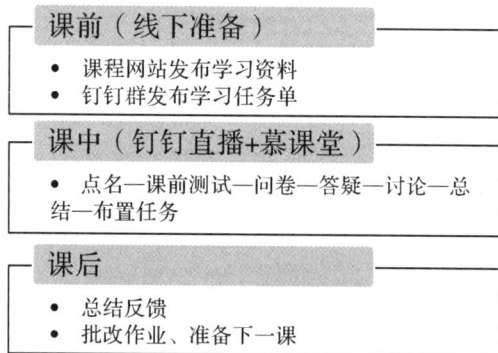

课前(线下准备)
- 课程网站发布学习资料
- 钉钉群发布学习任务单

课中(钉钉直播+慕课堂)
- 点名—课前测试—问卷—答疑—讨论—总结—布置任务

课后
- 总结反馈
- 批改作业、准备下一课

图 4 教学流程设计示意图

直播课堂采用 BOPPPS 教学法(表 2),将学生在线学习考评融入其中,在直播课前先进行课前测试,这样既可以起到检查学生学习效果的作用,又能监督学生自觉完成学习任务,可谓一箭双雕。随后对学生上一周学习在理论知

识和仿真实训操作中遇到的问题进行答疑,接着针对本周学习任务设计一份
调查问卷,将每个学生线上学习和店铺运营操练中存在的问题通过问卷的形
式汇总上来,然后进行讨论/讲解/演示,在这个环节中,教师要对学生普遍存
在的问题做详细的解答,实训操作中遇到的普遍性问题可以进行在线演示,之
后进行总结,让学生对本周学习任务中的重点和难点更深入地理解和掌握,最
后再布置本周要完成的作业。这个作业最好是拓展性的,能帮助学生提高跨
境店铺运营能力和水平的作业(图5)。

表2　BOPPPS教学法示意表

导入	B	Bridge in	5%－10%
目标	O	Objective	5%－10%
前测	P	Pre-assessment	＜20%
参与式学习	P	Participatory Learning	＞50%
后测	P	Post-assessment	10%
总结	S	Summary	5%

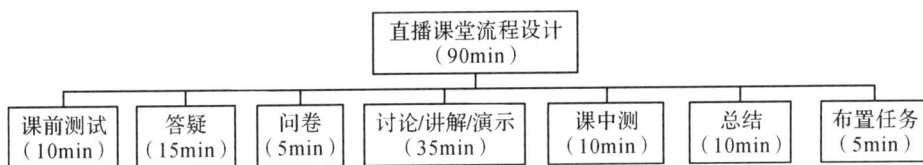

图5　"跨境B2C网店运营"直播课堂设计流程图

(三)教学评价与考核

课程评价是衡量学生是否达到规定的学习目标的重要手段。本课程在开
学第一课就明确跟学生说明了课程的评分规则,具体介绍了学生课业和学习
参与情况的评价标准。本课程采用循序渐进的测评方式,通过多元评价,分阶
段、分周次给学生反馈自己的学习进展和评分结果。

根据课程考核方案,本课程采取过程性考核方式,由线上学习情况、仿真
实训店铺运营情况和线上直播课堂三部分组成课程的总成绩(表3)。

表 3　课程考核要求与占比表

考核项目	占比	考核要求
线上学习情况	30%	视频学习(20%)、线上测试(30%)、线上作业(30%)、线上考试(20%)
仿真实训店铺运营情况	50%	商品发布能力15%,物流掌握能力10%,订单处理能力15%,营销能力20%,客户服务能力15%,店铺运营能力25%
线上直播课堂	20%	考勤5%,参与讨论30%,课堂表现加分10%,问卷5%,课前测与课中测50%
总计	100%	

其中线上学习情况和仿真实训店铺运营情况系统后台会根据学生的学习情况自动赋分,教师只要导出就可以了。学生线上直播课堂的成绩需要教师每次课程进行记录(表4),并于当天反馈给学生,从而更好地督促学生学习。

表 4　线上直播课堂考核表

姓名	第1次线上课堂(2.24)					第2次线上课堂(3.2)					第3次线上课堂(3.4)							第4次线上直播课堂(3.9)					
	考勤	参与讨论次数	课堂表现加分	测试满分60分	问卷	考勤	参与讨论次数	课堂表现加分	测试满分20分	问卷	考勤1-2分	5-6分	7-8分	参与讨论次数	课堂表现加分	测试满分40分	问卷	考勤	参与讨论次数	课堂表现加分	问卷	测试课前测(满分40分)	测试课中测(满分33)

需要说明的是,该评价与考核是针对第一阶段所有的学生实施的,因为只有在第一阶段成绩良好以上的学生才有资格进入第二阶段和第三阶段,因此,进入第二和第三阶段的学生都有不同程度的额外加分。

(四)教学反思与改进

1.教学理念是实施线上课堂翻转顺利的轴心

遵循 OBE 教育理念,需要教师着重解决这四个问题:本课程想让学生取得的学习成果(学习目标)是什么? 为什么要取得这样的学习成果? 如何有效地帮助学生取得这些成果(达到学习目标)? 如何掌握学生已经取得了这些成果(评价方式)? 因此教师在课程设计、教学实施、教学评价等方面都要围绕这四个问题开展。遵循 OBE 教育理念,需要围绕每个典型工作任务的学习目标和教学内容,聚焦批判性思维、问题分析与解决、沟通交流等核心因素的培养,以学为中心,用任务作驱动,融入课程思政元素,最终实现学生价值、知识、能力、素质"四位一体"得到提升的课程目标。

在重构教学内容时,教师要时刻提醒自己:以学为中心设计课程任务,任务核心是解决问题,真正做到让学生在"做中学",不能为了训练而训练。从学生角度设计活动,要让活动有明确的目标,构成一个有梯度的连续活动。这种任务型的学习方式非常适合于现在疫情期间的学生居家学习,因为学生有大量的时间用来完成学习任务。但是课程任务的设计实施对老师的教学能力和教学水平要求较高,授课教师不仅要非常熟悉仿真实训系统的操作,还必须有运营过真实跨境店铺的经历,这样才能够处理仿真店铺和真实店铺中出现的各种问题。

根据布鲁姆教育目标分类金字塔图进行分层教学时,需要把握几个要点:直播前,提前发布学习任务单给学生,通过视频学习、阅读文档、富文本等方式掌握基础性内容,从而达到基础目标;直播时(在线翻转课堂),通过检测、讨论、精讲、演示、互动答疑等手段来提升认知、解决学习任务中的重难点,从而达到高一级的学习目标;直播后,通过拓展作业、仿真实训、在线答疑等达到激发学生思维,培养学生批判性思维、举一反三的学习能力、自我评价等,从而达到学习的高级目标。

需要注意的是,电子商务专业学生可能因为专业特质等原因,内敛型学生偏多,因此在直播翻转课堂上,在线互动时教师要多用弹幕少连麦,多鼓励少批评。

2."高质量的在线课程+仿真实训"是实施在线教学的法宝

结合多年在线课程建设的经验,根据"FD—QM高等教育在线课程质量标准",在原来MOOC的基础上,以学为中心,完善SPOC内容,结合"慕课堂",对照标准,对接国家线上混合式"金课"建设要求,优化学习目标、评价体系、学习活动、课程技术等,改善学生学习体验,更好地发挥线上课程的作用。

参与性学习非常重要。跨境网店运营课程这种实践性非常强的课程必须让学生参与进来,通过参与学习才能真正提高学生的店铺运营技能,也只有在参与中才能真正提升学生的职业素养,课程思政才有落地和评价的抓手。但是,需要注意的是,学生在实践之前一定要先完成MOOC+SPOC平台上的学习任务后再进入仿真实训平台完成店铺的相关操作,效果才能显现。

教师监督不能放松。课程完全实行线上教学后,如何提高学生的学习效能是考验课程教学质量的非常重要的指标。这就要求授课教师在相信学生自觉学习的同时,加大课程任务监督、反馈、检测的力度,在课程考核项目中一定要加大测评的占比。

此外,因为学生分散在各地,每人的作息时间各不相同,学生在完成实践任务的过程中会遇到形形色色的问题,他们会随时在线求助于教师,有时甚至是接近凌晨还会给教师发信息寻求帮助,因此,需要提前制定一个规则,让学生既能及时得到回复又能保证不打扰教师的正常休息。

三、实施效果

大数据是观察在线混合式教学(翻转课堂)实施效果的有力工具。通过爱课程慕课堂、超星学习通和仿真实训平台在线学习大数据分析来实现教学的实时反馈、监督与管理,通过微信、钉钉等即时聊天工具督促学习计划滞后的学生,使其养成良好的学习习惯和学习行为,大大提高了学生的学习效率。经过 6 周的在线教学后,对这种在线授课模式有 95.4% 的学生表示适应,59.1% 的学生满意,40.9% 的同学比较满意,90.9% 的学生认为这种教学模式对自己的自主学习能力的提升帮助大,100% 的学生认为这种教学模式有助于提高自己分析问题的能力。

截至第 6 周,MOOC+SPOC 平台线上教学数据(图 5)显示,学习通上课程的浏览量已达 32 万多,大部分同学能按时完成线上学习任务,师生互动参与度高,生生互动还有待加强。

仿真实训平台店铺运营情况(图 6),截至第 6 周,有 23% 的同学店铺运营综合能力达到了当前阶段学习目标的优秀水平,23% 的学生达到了良好,36% 的学生达到了中等,14% 的学生为及格,4% 的学生还没有达到目前的学习目标。

从钉钉直播进行线上翻转课堂的学生课堂表现情况(图 7)来看,学生基本适应了线上翻转课堂,课堂互动活跃度以及课堂表现情况也越来越好,已经完全适应了翻转课堂的课前测和课中测,学习效能有了明显提高。

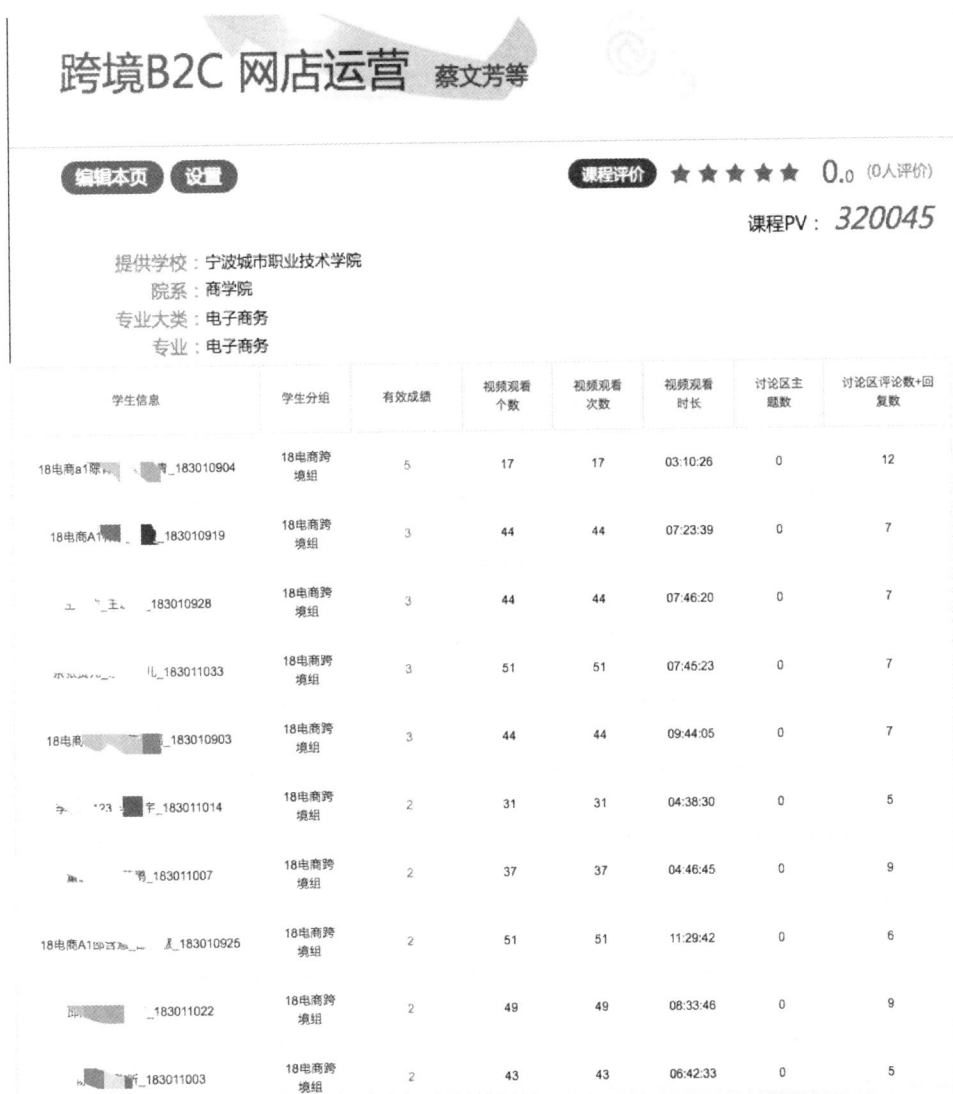

跨境B2C 网店运营 蔡文芳等

编辑本页 设置   课程评价 ★★★★★ 0.0 (0人评价)

课程PV：*320045*

提供学校：宁波城市职业技术学院
院系：商学院
专业大类：电子商务
专业：电子商务

学生信息	学生分组	有效成绩	视频观看个数	视频观看次数	视频观看时长	讨论区主题数	讨论区评论数+回复数
18电商a1际　　商_183010904	18电商跨境组	5	17	17	03:10:26	0	12
18电商A1　　_183010919	18电商跨境组	3	44	44	07:23:39	0	7
主、_183010928	18电商跨境组	3	44	44	07:46:20	0	7
不　　儿_183011033	18电商跨境组	3	51	51	07:45:23	0	7
18电商　　_183010903	18电商跨境组	3	44	44	09:44:05	0	7
子23平_183011014	18电商跨境组	2	31	31	04:38:30	0	5
商_183011007	18电商跨境组	2	37	37	04:46:45	0	9
18电商A1　　_183010925	18电商跨境组	2	51	51	11:29:42	0	6
_183011022	18电商跨境组	2	49	49	08:33:46	0	9
_183011003	18电商跨境组	2	43	43	06:42:33	0	5

图5 "跨境B2C 网店运营"MOOC＋SPOC 平台学生学习数据统计图

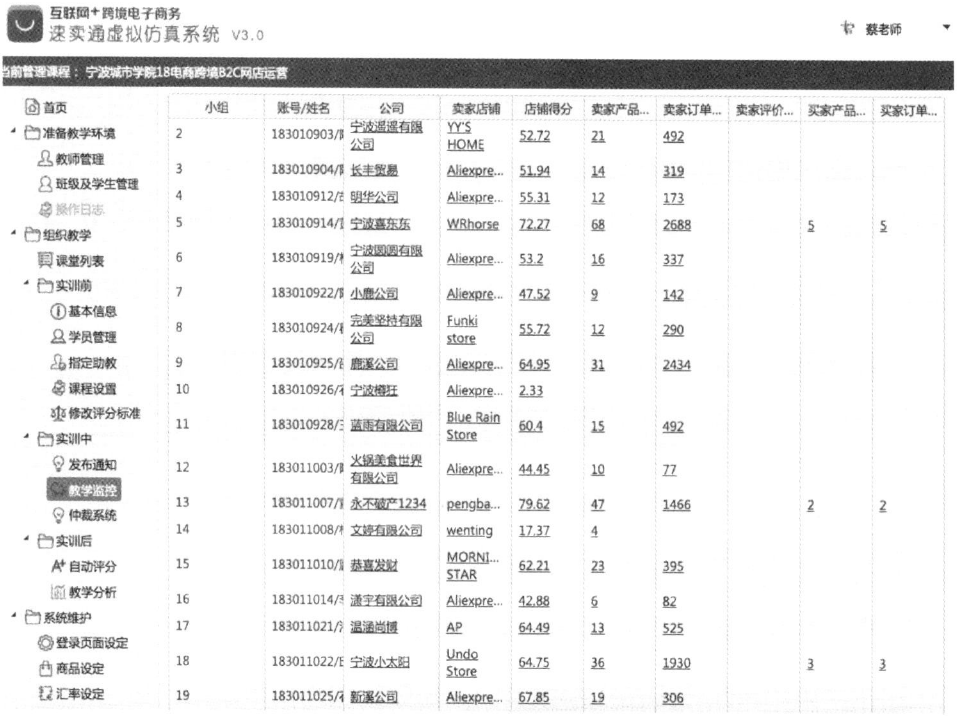
互联网+跨境电子商务
速卖通虚拟仿真系统 V3.0
蔡老师
当前管理课程：宁波城市学院18电商跨境B2C网店运营
首页
准备教学环境
教师管理
班级及学生管理
操作日志
组织教学
课堂列表
实训前
基本信息
学员管理
指定助教
课程设置
修改评分标准
实训中
发布通知
教学监控
仲裁系统
实训后
自动评分
教学分析
系统维护
登录页面设定
商品设定
汇率设定

小组	账号/姓名	公司	卖家店铺	店铺得分	卖家产品...	卖家订单...	卖家评价...	买家产品...	买家订单...
2	183010903/	宁波遥遥有限公司	YY'S HOME	52.72	21	492			
3	183010904/	长丰贸易	Aliexpre...	51.94	14	319			
4	183010912/	明华公司	Aliexpre...	55.31	12	173			
5	183010914/	宁波喜东东	WRhorse	72.27	68	2688		5	5
6	183010919/	宁波圆圆有限公司	Aliexpre...	53.2	16	337			
7	183010922/	小鹿公司	Aliexpre...	47.52	9	142			
8	183010924/	完美坚持有限公司	Funki store	55.72	12	290			
9	183010925/	鹿溪公司	Aliexpre...	64.95	31	2434			
10	183010926/	宁波榴珏	Aliexpre...	2.33					
11	183010928/	蓝雨有限公司	Blue Rain Store	60.4	15	492			
12	183011003/	火锅美食世界有限公司	Aliexpre...	44.45	10	77			
13	183011007/	永不破产1234	pengba...	79.62	47	1466		2	2
14	183011008/	文婷有限公司	wenting	17.37	4				
15	183011010/	恭喜发财	MORNI... STAR	62.21	23	395			
16	183011014/	潇宇有限公司	Aliexpre...	42.88	6	82			
17	183011021/	温涵尚博	AP	64.49	13	525			
18	183011022/	宁波小太阳	Undo Store	64.75	36	1930		3	3
19	183011025/	新溪公司	Aliexpre...	67.85	19	306			

图 6　仿真实训平台上学生店铺概括截图

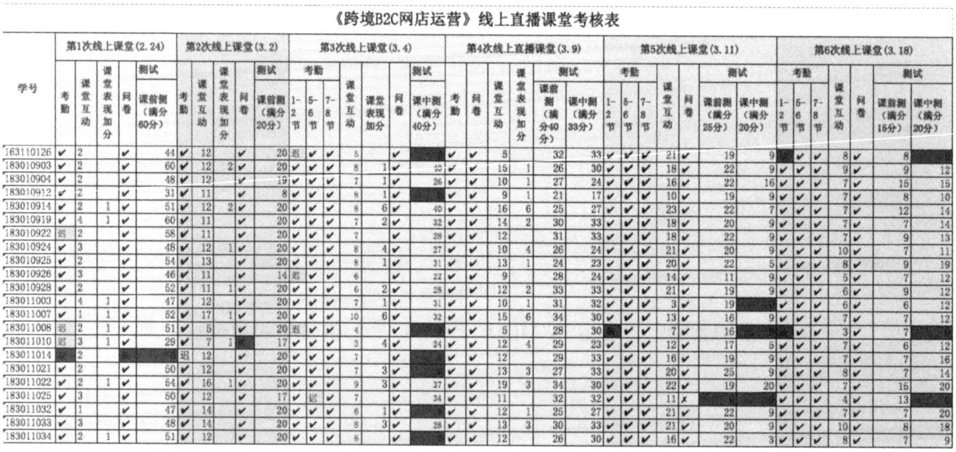

《跨境B2C网店运营》线上直播课堂考核表

学号	第1次线上课堂(2.24) 考勤	课堂互动	课堂表现加分	问卷	测试 课前测（满分60分）	第2次线上课堂(3.2) 考勤	课堂互动	课堂表现加分	问卷	测试 课前测（满分20分）	第3次线上课堂(3.4) 考勤 1-2节	5-6节	7-8节	课堂互动	课堂表现加分	问卷	测试 课中测（满分40分）
163110126	✔	2		✔	44	✔	12		✔	20	迟	✔	✔	5		✔	[illegible]
183010903	✔	2		✔	60	✔	12	2	✔	20	✔	✔	✔	8	1	✔	40
183010904	✔	2		✔	48	✔	12		✔	19	✔	✔	✔	7	1	✔	26
183010912	✔	2		✔	31	✔	11		✔	8	✔	✔	✔	8	1	✔	[illegible]
183010914	✔	2	1	✔	51	✔	12	2	✔	20	✔	✔	✔	8	6	✔	40
183010919	✔	4	1	✔	60	✔	11		✔	20	✔	✔	✔	7	2	✔	32
183010922	迟	2		✔	58	✔	11		✔	20	✔	✔	✔	7		✔	28
183010924	✔	3		✔	48	✔	12	1	✔	20	✔	✔	✔	8	4	✔	27
183010925	✔	2		✔	54	✔	13		✔	20	✔	✔	✔	8	1	✔	31
183010926	✔	3		✔	46	✔	11		✔	14	迟	✔	✔	6		✔	22
183010928	✔	2		✔	52	✔	11	1	✔	20	✔	✔	✔	6	2	✔	28
183011003	✔	4	1	✔	47	✔	12		✔	20	✔	✔	✔	7	1	✔	31
183011007	✔	1	1	✔	52	✔	17	1	✔	20	✔	✔	✔	10	6	✔	32
183011008	迟	2	1	✔	51	✔	5		✔	20	迟	✔	✔	4		✔	[illegible]
183011010	迟	3	1	✔	29	✔	7	1	[illegible]	17	✔	✔	✔	3	4	✔	24
183011014	[illegible]	2		[illegible]	[illegible]	迟	12		✔	20	✔	✔	✔	7		✔	[illegible]
183011021	✔	2		✔	50	✔	12		✔	20	✔	✔	✔	7	3	✔	[illegible]
183011022	✔	2	1	✔	54	✔	16	1	✔	20	✔	✔	✔	9	3	✔	37
183011025	✔	3		✔	50	✔	12		✔	17	✔	迟	✔	7		✔	34
183011032	✔	1		✔	47	✔	14		✔	20	✔	✔	✔	6	1	✔	[illegible]
183011033	✔	3		✔	48	✔	14		✔	20	✔	✔	✔	8	3	✔	28
183011034	✔	2	1	✔	51	✔	12		✔	20	✔	✔	✔	8		✔	[illegible]

学号	第4次线上直播课堂(3.9) 考勤	问卷	课堂互动	课堂表现加分	测试 课前测（满分40分）	测试 课中测（满分33分）	第5次线上课堂(3.11) 考勤 1-2节	5-6节	7-8节	课堂互动	问卷	测试 课前测（满分25分）	测试 课中测（满分20分）	第6次线上课堂(3.18) 考勤 1-2节	5-6节	7-8节	课堂互动	问卷	测试 课前测（满分15分）	测试 课中测（满分20分）
163110126	✔	✔	5		32	33	✔	✔	✔	21	✔	19	9	[illegible]	✔	✔	8	✔	8	[illegible]
183010903	✔	✔	15	1	26	30	✔	✔	✔	18	✔	22	9	✔	✔	✔	9	✔	9	12
183010904	✔	✔	10	1	27	24	✔	✔	✔	16	✔	22	16	✔	✔	✔	7	✔	15	15
183010912	✔	✔	9	1	21	17	✔	✔	✔	10	✔	19	9	✔	✔	✔	7	✔	8	10
183010914	✔	✔	16	6	25	27	✔	✔	✔	23	✔	22	7	✔	✔	✔	7	✔	12	14
183010919	✔	✔	14	2	30	33	✔	✔	✔	18	✔	20	9	✔	✔	✔	7	✔	7	14
183010922	✔	✔	12		31	33	✔	✔	✔	18	✔	22	9	✔	✔	✔	7	✔	9	13
183010924	✔	✔	10	4	26	24	✔	✔	✔	21	✔	20	9	✔	✔	✔	10	✔	7	11
183010925	✔	✔	13	1	24	23	✔	✔	✔	20	✔	22	5	✔	✔	✔	8	✔	9	19
183010926	✔	✔	9		28	24	✔	✔	✔	14	✔	11	9	✔	✔	✔	5	✔	7	12
183010928	✔	✔	12	2	33	33	✔	✔	✔	21	✔	19	9	✔	✔	✔	6	✔	9	12
183011003	✔	✔	10	1	31	32	✔	✔	✔	3	✔	19	[illegible]	✔	✔	✔	6	✔	6	12
183011007	✔	✔	15	6	34	30	✔	✔	✔	13	✔	16	9	✔	✔	✔	7	✔	7	12
183011008	✔	✔	5		28	30	[illegible]	✔	✔	7	✔	16	[illegible]	[illegible]	✔	✔	3	✔	7	[illegible]
183011010	✔	✔	12	4	29	23	✔	✔	✔	12	✔	17	5	✔	✔	✔	7	✔	6	12
183011014	✔	✔	12		29	33	✔	✔	✔	16	✔	19	9	✔	✔	✔	7	✔	7	16
183011021	✔	✔	13	3	27	33	✔	✔	✔	20	✔	25	9	✔	✔	✔	8	✔	7	14
183011022	✔	✔	19	3	34	30	✔	✔	✔	22	✔	19	20	✔	✔	✔	7	✔	15	20
183011025	✔	✔	11		32	32	✔	✔	✔	11	✗	[illegible]	[illegible]	✔	✔	✔	4	✔	13	[illegible]
183011032	✔	✔	12	1	25	27	✔	✔	✔	21	✔	22	9	✔	✔	✔	7	✔	7	20
183011033	✔	✔	13	3	30	33	✔	✔	✔	21	✔	20	9	✔	✔	✔	10	✔	8	18
183011034	✔	✔	12		26	30	✔	✔	✔	16	✔	22	3	✔	✔	✔	8	✔	7	9

图 7　钉钉直播翻转课堂学生考核情况截图

四、特色创新

(一) 在慕课背景下按照 OBE 理念重构课程内容

课程按照"FD—QM 高等教育在线课程质量标准"运行要求,保证线上教学的质量,构建了基于工作过程的"工学结合""产教融合"的课程体系;通过任务驱动,构建"课前线上学习＋课中直播翻转＋课后总结反馈"的线上混合式教学模式,直播翻转课堂融入 BOPPPS 教学法,构成一系列有梯度的连续活动,最终让学生通过课程学习后能很好地运营一家跨境店铺。

(二)搭建了"以学为中心"的个性化学习空间

课程有效地利用爱课程慕课堂、超星学习通、钉钉直播、课程微信群等网络平台贯穿于在线课程教学,搭建"学、问、思、练"系统化流程,使学生真正参与到学习过程之中。根据布鲁姆教育目标分类,把学习目标设置成从学生学习角度出发的可量化的学习目标,并将总的学习目标分散在各个典型工作任务的学习目标中,将学习目标和学习任务设计及其评价方式联系起来,实践"学生中心、目标导向、持续改进"的在线课程学习。

根据学生的不同情况实施分层教学,设置了三个阶段的学习内容,采用基础学习模块＋拓展学习模块,实现"1＋X"自由分层选择,同时也设置了相应的学习目标;设计了适合分层分类教学的学习资源,通过渐进式教学结构,形成了"仿真实训＋跨境电商工作室实战训练＋学生自主创业"的分层分类培养模式。对于学有余力的学生,提供"真店、真货、真交易"的机会,有效锤炼了学生的职业技能和提升了他们的职业素养。

(三)制定了多元化考核评价方式

课程采用循序渐进的测评方式,通过多元评价,分阶段、分周次给学生反馈自己的学习进展和评分结果。"学生自主学习＋教师时时提醒＋课堂及时反馈＋平台随时查询"的考评体系和学习监督模式,提升了学生居家学习的学习效能。注重学生职业素养的提升,融入课程思政元素,最终实现学生价值、知识、能力、素质"四位一体"全面提升的课程目标。

"SPOC 平台＋线上智慧课堂"在线教学设计和实践

——以"应用文写作"课程为例

思想政治理论课教学部/基础课教学部　陈　洁①

一、案例背景

随着互联网技术的发展,教育迎来了全新的挑战。高校中,数据时代来临,互联网原住民入学了,对高校的课堂教学也提出了新的要求。为此,我们提出了新的教学改革命题:"互联网＋教育",其实质就是利用以 MOOC 为代表的教育信息技术,实现从以教师为中心的传统教学模式向以学生为中心的混合式教学模式进行转变。在线教育也在"互联网＋"大潮的推动下发展迅猛,以 MOOC 为代表的在线教育模式已经逐渐成为学生学习的重要方式。

那么,我们离线上课堂有多远呢? 其实,真的不远。2020 年春,我们迎来了特殊的开学季。因为一场来势汹汹的疫情,教育部下达了延期开学的通知,要求各高校积极开展线上授课,实现"停课不停学、停课不停教"。在特殊情况下,如何开设线上课堂、用何种形式组织线上教学、如何保障线上课程的实效性,成为摆在我们面前的当务之急。针对这些问题,我们以"应用文写作"课程为例进行了实践和探索,充分利用雨课堂线上教学工具,打造线上智慧课堂,创新了混合式在线课程教学的新形态,上好了这门课。

---

① 陈洁,讲师,毕业于浙江师范大学,获文学硕士学位。主要研究方向为文学和写作,多年来从事语文素质类相关课程的教学工作,如"大学语文""应用文写作"等课程,曾获全国职业院校信息化教学大赛一等奖、浙江省大学生中华经典诵读竞赛优秀指导老师等奖项。

二、具体举措

(一)教学理念与模式

(1)根据"应用文写作"课程的教学内容特点和教学情境需求,结合当前线上课堂教学组织的要求,形成了新的课程教学模式,即"SPOC 平台＋线上智慧课堂"教学模式。课程教学依托职教云平台和丰富的慕课资源创建 SPOC 班级,完成线上自主学习和成果提交;利用雨课堂线上教学工具,打造线上智慧课堂,通过完备的教学活动设计和雨课堂强大的直播及互动功能,加强线上课堂的实时交互性和真实课堂代入感,实现和面授教学同样的教学效果。

(2)结合平台和雨课堂,形成课前、课中、课后全过程线上学习模式。学生通过"课前平台自主学习建构知识体系、课中直播实时互动提升认识、课后写作实操内化能力"的立体化教学设计实现信息传递到吸收内化的学习过程,满足线上课堂教学和混合式教学的需求。

(二)教学组织与实施

在课程的实际组织与实施中,做好了"课前、课中、课后"三步走,课前平台学习,课中雨课堂直播,课后平台完成作业提交,形成完整的教学过程。

1. 课前基于 SPOC 平台开展线上自主学习,初步建构知识体系

学生通过在职教云平台观看教学视频、学习提供的教材资料、观摩相关例文、完成线上的客观测试题来达到初步建构知识体系的目标,完成学习阶段的第一步——信息传递。这一步是学习的基础,教学视频是最主要的教学资源,通过富媒体化的教学资源设计和提供,由学生线上自主学习来完成。

(1)教师发布教学任务和资源。

教师在课前将每周的学习任务表以及教学资源发布到课程的 SPOC 平台上,教学资源的形式多种多样,有微课视频、课件、文档资料等(图 1)。教学视

图 1　学生线上自主学习教学资源截图

频由课程主讲教师根据知识点传授的要求录制好微课视频,每个知识点根据需要录制 2—3 个视频,每个视频长度控制在 10 分钟左右。

(2)学生自主学习。

学生首先接收教师的教学任务,通过网络教学平台观看教师提供的教学视频、课件、文档等教学资源进行自主学习,从而完成对理论知识的学习和理解。这个过程学生是在轻松的氛围下学习的,而且可以自己掌握学习节奏,只要有网络的地方均可直接通过手机、平板电脑等终端设施随时随地进行线上学习,大大提高了学生的学习效率和学习效果,也满足了个性化学习的需求。

(3)提问与讨论。

在自主学习过程中,学生可以积极利用各种沟通工具与同学老师讨论解决遇到的问题,从而达到对理论知识的基本理解。同时学生也要积极参与到老师发布的讨论题中,去发表自己的看法和见解。

(4)在线答疑与指导。

教师在学生线上学习过程中,承担在线答疑与指导工作。教师实时解答学生问题,针对性地指导学生学习;同时,针对学生提问,总结出共性问题。另外,在线答疑与指导除了在网络教学平台开展外,还可以通过微信、雨课堂等方式完成。

（5）线上测试。

学生在观看视频后要完成相关单元的客观测试题，学生也能通过网站及时了解自己的得分情况和老师的批阅意见。教师则可以通过作业分析明确学生的知识掌握程度和盲点。

2.课中直播实时互动，架构起线上智慧课堂

在线上课堂教学环节中，课程通过云课堂上的课堂活动设计以及雨课堂在线直播，架构起线上智慧课堂（图2）。直播课堂始终贯穿线上师生互动、生生交流，通过在线测试、弹幕回答提问、主观题分组互评等功能全程互动和参与，增强学生的真实课堂代入感和参与感，提炼知识点，引导学生掌握深化；同时，也让线上课堂充满了趣味性，进一步提高学生学习有效性。

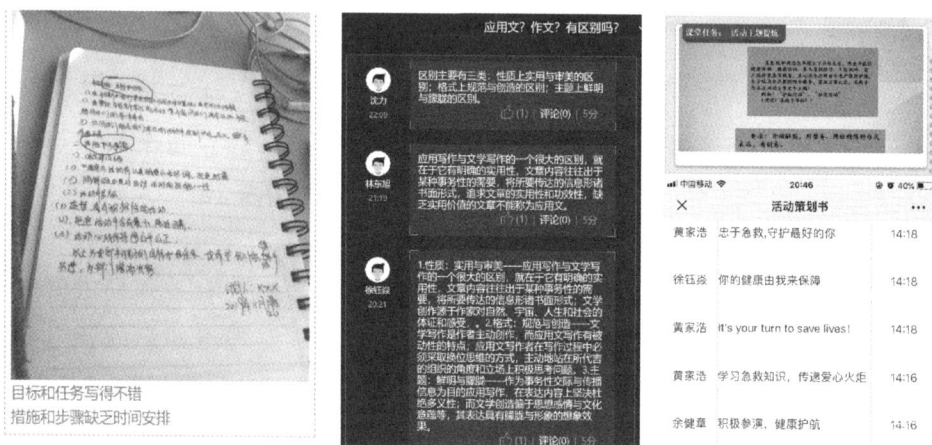

图 2　线上课堂教学截图

在线上直播课堂的学习过程中，还可以成立学习小组，提供学习任务，推出在线讨论主题等，学生通过雨课堂强大的互动功能发表自己的见解和看法，完成线上互动讨论、实时问题反馈、教师点评总结等任务。在此过程中进一步提升认识，帮助信息传递，完成知识体系建构；也可以解答疑问，进一步吸收内化，固化能力。

3.课后写作实操内化能力，线上提交展示成果

学生除了课前需完成教学视频后面的线上客观测试题外，还需在课后按课程的教学进程和要求完成并上传主观题作业，并进行线上最终的能力测评，完成考试。完成主观题作业，即要求结合一定的工作情境完成相关应用文的

写作,并提交至网站平台,通过实际的写作训练对理论知识进行吸收和内化,固化为自己的能力,从而达到提高写作能力的目标(图3)。

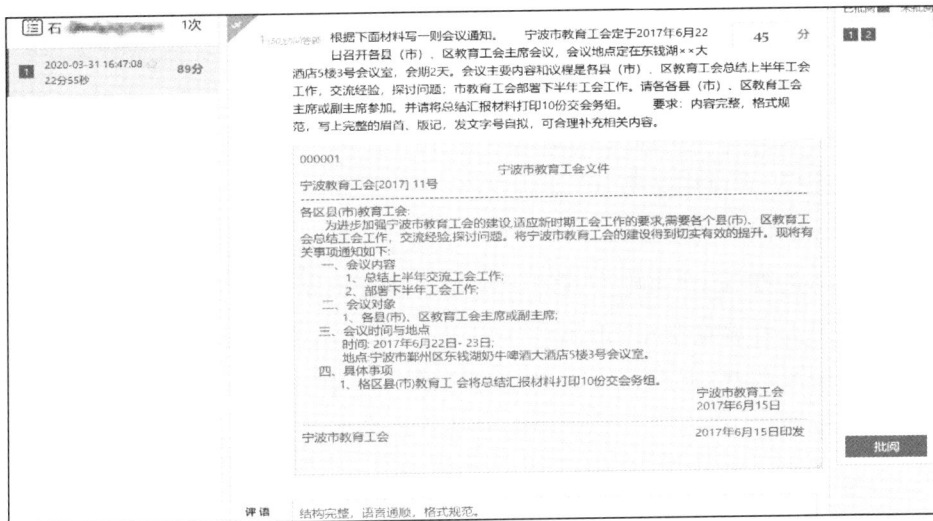

图3 学生线上提交展示成果截图

(三)教学评价与考核

在课程评价和考核方面,则是建立多元化学习评价体系。本课程属于实践性较强的课程,理论性知识点的获取和实际写作能力的训练均需重视;同时本课程也是工作任务清晰明确的课程,需要注重对平时的过程性训练项目的考核。因此,课程考核将结合知识点教学视频学习和测试、雨课堂直播课参与答题情况、主观题作业递交和期末综合性测评情况,综合评价学生成绩,采用线上和线下融合,过程性评价与终结性评价相结合的多元化考核评价模式,促进学生自主性学习、过程性学习和体验式学习(表1)。

表1 课程评价和考核分值表

| 考核环节 | 线上自主学习 | | 雨课堂直播课答题 | 线上写作作业 | 综合性测评 | 总分 |
	视频、课件学习、讨论交流	客观测试题				
分数比例	20%	10%	10%	40%	20%	100%

（四）教学反思与改进

1.做好平台建设是实施线上翻转课堂的基础

完善的线上学习平台和丰富的线上学习资源，是实施线上翻转课堂教学的基础和前提。"应用文写作"课程从线上线下混合式教学的需求出发，着重做好课程教学视频资源的收集和制作，进行合理的教学活动设计，有效解决课程教学中的重难点，为实施在线教学奠定了良好的基础。但在本次疫情期间，一开始由于平台流量暴增，曾出现平台崩溃、数据混乱等情况，因此导致学生无法正常学习和获取分数，在一定程度上影响了教学的效果。平台运行方的软硬件支撑和技术保障，是我们现在实施在线教育应该注意和改进的地方。

2.提高学生参与度是成功实施在线课堂教学的关键

如何提高学生的参与度是在线教学模式的设计关键点所在。在课程教学活动设计中保持全程互动，如在平台上发起头脑风暴，在雨课堂进行实时测试、投稿互评等，这些活动都很好地调动了学生的学习主动性与积极性。对于个别学生的懈怠心理和不积极，也要多鼓励少批评。教师则加大督促、反馈、检测的力度，将参与度和课程考核紧密结合起来。

三、实施成效

（一）线上智慧课堂，让直播课堂"动"起来，给学生高度的参与感

雨课堂实时答题、弹幕互动、主观题投稿等方式的使用，提高了学生学习有效性和课堂的参与感。在线上课堂实时接收教学幻灯片，进行课堂问题回答，教师可以现场统计答题情况，理清知识误区；还可以通过弹幕进行互动，并进行讨论，发言不再是个别同学的独享机会；主观题也可以通过雨课堂的投稿功能和主观题答案提交实现，让每位同学的作品都可以在课堂上投屏共享，进行品评。

（二）智慧课堂的全景式课堂记录，为老师打开"上帝视角"，实时掌握学情及时反馈，进行个性化指导

雨课堂的教师端可以全面记录课堂教学过程，统计教学数据，进而帮助教师掌握学生的学习情况和程度。任课教师可以清楚地看到每位学生的课堂答题情况，这道题有哪几位学生做出了错误回答、答题的正确率有多少，等等。每次课堂教学都有课堂小结推送，使教师能够切实掌握学生的情况，进行个性化指导。

（三）借助 SPOC 平台和雨课堂的大数据，让教学、管理和考核更加科学

在职教云平台上，学生的自主学习情况会自动进行统计，课堂直播过程中同样可以用数据来说话，学生是几点几分进入直播课堂，回答了哪几个问题，哪些学生参与了互动，等等。用数据来说话，让我们的教学从经验驱动到数据驱动，学生的管理更加简便清晰，评价方式也更加科学合理。

四、特色创新

（一）构建了基于慕课的"SPOC＋智慧课堂"混合式教学模式

在课堂教学中，充分利用 SPOC 平台和雨课堂，构建线上智慧课堂，似春风化雨般润泽课堂。线上线下全面联动，通过手机端 App 可实现随时随地掌上自主学习，直播课堂则满足实时双向交流反馈的需求，有效解决了在线课程实时互动性较差、真实课堂代入感较少的问题，提升了 SPOC 教学模式的教学效果，使线上课堂走下了"云"端。

（二）形成"课前自主学习建构知识体系、课中直播实时互动提升认识、课后写作实操内化能力"的立体化教学设计

课程的设计充分体现以学习者为中心的教育理念，高度关注学习兴趣和

学习效果,通过在线测试、单元作业、师生讨论交流、作业互评等教学活动,达到良好的自主学习效果,也有效地促进了师生之间及学生之间进行资源共享、问题交流和协作学习,实现从信息传递到吸收内化的学习过程,满足了课堂教学混合式教学模式的需求。

（三）实施"平台（资源）＋直播（互动）"的线上教学新形态,符合高职学生的学习心理和需求,较好地保证了教学的有效性

课程网络平台资源丰富完善,为学生的自主学习提供了良好的基础;雨课堂直播互动功能强大,真实课堂代入感强,使学生更加投入,也使全程线上的混合式学习获得了较好的学习效果。

综上所述,在本次疫情期间,"应用文写作"课程基于SPOC平台和雨课堂等智慧教学工具搭建了完善的线上智慧课堂,将混合式教学模式的实施全程放到了线上,将在线教育的优势全面发挥出来,取得了较为良好的教学效果。在接下来的教学过程中,我们还将进一步完善线上教学活动设计,继续摸索更有成效的教学方法和方式,进一步提高课程教学的有效性。

"平台＋资源＋直播＋互动"在线混合式
教学模式构建与实践

——以"Photoshop 园林景观效果图制作"课程为例

景观生态学院　黄　艾①

由于新冠肺炎疫情的影响,为实现"停课不停教,停课不停学"的目标,2020 年春季学期初教师们暂别了熟悉的传统教学课堂,不得不采用在线教学方式授课,以确保疫情防控期间的教学进度。但是很多教师没有线上混合式教学的经验,缺乏信息化教学设计能力,多数教师采用直播课的方式把传统课堂教学完全搬到直播课中,但直播课和面对面传统授课是有本质区别的。网络卡顿、师生硬件设备、师生信息素养等不确定因素太多,在线教学效果和教学活动效率大打折扣,如何保证疫情期间在线教学的有效性是当前面临的主要问题。为了确保线上教学的有效性,需要创建一个资源丰富的课程学习平台,应用"互联网＋教育"思维以学生为中心重塑教学内容、重构教学流程、重整教学评价,创新教学方式,从而达到疫情防控期间的教育目标。

在"互联网＋教育"背景下,"Photoshop 园林景观效果图制作"课程团队多年来积极投身课程资源的建设和基于分层教学视角的"五学—六位"线上线下混合式教学实践。该课程为第二批国家精品在线开放课程和职业教育专业资源库建设课程,课程资源相当丰富,已上传素材总数 300 个,素材总量约13.4G,视频总时长 1027 分钟。在疫情防控期间,我们结合课程以往的线上线下混合式教学经验,提出了"平台＋资源＋直播＋互动"的完全线上混合式教

---

① 黄艾,硕士,副教授,景观生态学院骨干教师。主要研究方向:园林景观设计与高职教育研究,主持国家精品在线开放课程建设一门,省部级教研项目多项,发表教研论文 4 篇,出版国家"十二五"规划教材一部。主要从事园林景观效果图制作、CAD 园林工程图制作、园林景观设计等课程的教学。曾获得 2 次全国职业院校教师教学能力大赛一等奖,宁波市优秀课程思政教师、宁波市优秀教师、宁波市优秀班主任、全国首批双师型教师等荣誉称号。

学模式,充分利用成熟的课程在线学习平台、丰富的教学资源,结合钉钉直播和 QQ 群等交流互动,形成了较为完善的线上混合教学方案。

一、教学理念与模式

(一)以生为本,因材施教

认真分析学情,根据居家学习特点和学生不同的接受能力以及学习需求,设计不同的学习任务,布置难易程度不同的考核作业,学生根据兴趣爱好自主选择相应的测试内容,这种以生为本的分层教学方式,可以充分满足分类培养分层教学的人才培养需求,切实提高线上教学的有效性。

(二)翻转课堂,混合式学习

翻转课堂可以让学生自主安排课程学习时间和空间,能有效增加课堂互动,真正实现学生个性化学习需求。混合式学习既能发挥教师引导、启发、监控学习过程的主导作用,又能充分体现学生作为学习过程主体的主动性、积极性和创造性,从而取得最优化的学习效果。另外混合学习可以提供多种学习方式,使不同的学习方式形成互补,有利于培养学生的自主学习能力和终身学习能力。

(三)课程思政,立德树人

"课程思政"理念的提出,为我国思政教育构建了一种全新的教育样态,是破解思政教育与专业教育"两张皮"现象的行动指南。不同课程具有不同特色,也具有不同的课程思政资源,在教学活动中要找准课程的知识点和思政教育的契合点。疫情期间师生"见屏如面",要将疫情变为教材,在关注学生思想动态、提升学生专业知识水平的同时,培养学生拥有一颗感恩的心和坚韧的意志、勇于担当的品格和爱国爱民的家国情怀。

根据教学理念与策略,本课程在疫情防控期间构建了"平台＋资源＋直播＋互动"的完全线上新型混合式教学模式(图 1)。

学习平台
创建高效直观的课程学习平台
爱课程、智慧职教MOOC学院
职教云

直播授课
针对教学重点与难点,钉钉群直播集中授课与QQ屏幕分享个性化辅导相结合。

课程资源
既有必看必学内容,也有选看选学材料,既有视频资源,也有教程、课件、素材库等,为学生提供既丰富多彩又可个性化选择的学习超市。

互动交流
要实时掌握学生学习情况、成效并及时反馈、督促,个别辅导做到更及时有效,重视分层教学。

图 1　"平台＋资源＋直播＋互动"教育教学新形态图

二、教学组织与实施

合理设计在线直播教学与在线学习内容,找准课程的知识点和思政育人的契合点,充分运用在线学习平台优化课堂教学过程,针对重点和难点,创建了碎片化微课教学资源。结合产教融合真实案例,运用任务驱动和头脑风暴,将自主学习和小组合作探究相结合,在教学实施过程中,理论—实践—课程思政环环相扣。

(一)重构课程学习平台,创建"学习超市",让学生能自主选择

根据课程情况,选择合适的在线教学平台,准备丰富多样的课程学习资源是线上教学组织实施的前提条件。课程团队依托园林工程技术国家职业教育专业资源库平台在智慧职教重构了高效直观的在线课程学习平台,为学生提供了既丰富多样又可个性化选择的"学习超市"。课程资源相当丰富,既有必看必学的与课程标准完全配套的微课资源,能满足课程学习目标的需求;也有Photoshop经典效果和婚纱照片特效处理等选看选学材料,可充分调动学生的学习积极性。既有与课程配套的所有视频资源,也有云教程、PPT课件、理论测试习题库、在线作业、学生优秀作业、企业真实优秀设计方案文本、优秀效

果图集和各类型素材库等。课程学习平台构建的"学习超市",学生随时随地都可以根据导学任务单自主学习,在这里,学生可以看课、讨论、交作业、参与各项教学活动;教师可以发布通知、推送资源、组织讨论、答疑解惑、批改作业、实时监督学生的学习进度和效果。师生实施的一切教学活动都会留有记录,方便学生学习、教师监督和教学督导。

(二)组织多维度教学活动,让师生能多互动

根据不同教学内容,设计多维度的教学活动,让学生全程参与教学全过程是保证教学有效性的根本途径(图2)。开学第一课建立平行班微信交流群、班级钉钉群,发布课程学习内容、学习方法、考核评价和课程平台使用指南等信息;教学进度、每周导学任务单以及每周学生学习情况通过课程平台和班级钉钉群多渠道发送,并且结合钉钉群新作业通知定时传达到每一位学生。

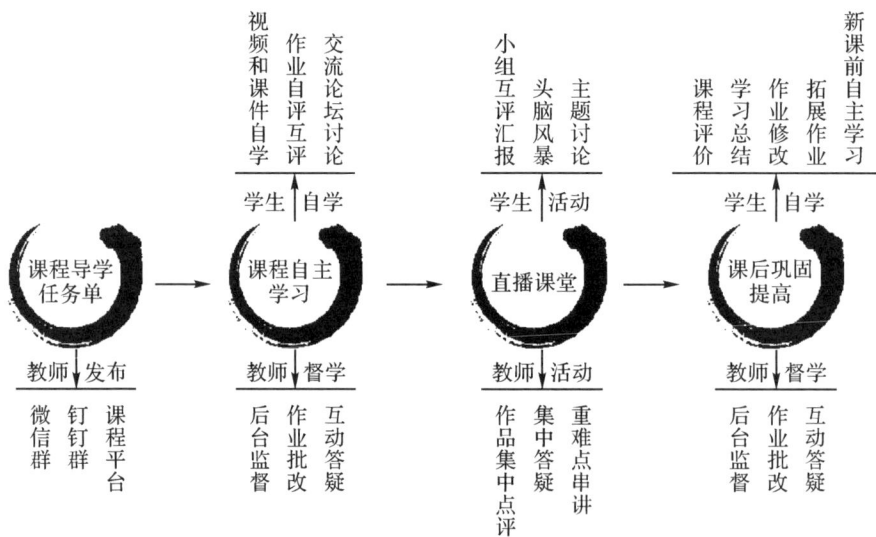

图2 "完全线上"新型混合式教学环节实施关系图

1. 课前自主学习

课前自主学习环节包括任务单导学、学生自学、教师督学、资源辅学和学生互学五个方面。

(1)教师每次课提前一周发布课前自主学习任务单,详细布置自主学习任

务;学生在自学观看微课视频、课件和电子教程时,根据自己的基础知识和学习能力选择性学习,并在线上互动栏目对视频、课件学习及时提问和做笔记,教师监督学生学习进度,并根据学生完成的图纸情况把握学生对知识点的掌握情况。

(2)在讨论区,学生可以根据教师发布的讨论主题,发表自己的观点,推动学生对难点、重点问题的思考和深度学习,学生和教师共同参与讨论、解答学习中的疑问。

(3)课前作业点评采用小组合作点评和教师评价相结合的方式,每次作业随机成组,直播课前学生在规定时间内在学习平台提交作业,教师根据分组随机分派图纸批改任务,要求学生以小组合作的方式点评每一组图纸存在的问题,提出修改意见并进行合理评分,将图纸意见汇总并做成汇报 PPT;同时,教师及时批改学生作业并提出修改意见。小组互评可以很好地调动学生的学习积极性,增强知识运用的能力,小组互评一般在课前完成,可以提高直播授课的效率,提高直播课的师生互动。

2.直播课堂

每周组织一次直播授课,主要使用钉钉视频会议和钉钉直播的方式。课中直播教学环节主要有学生汇报(或分组讨论)、作业点评、头脑风暴、教师串讲、师生互动、课堂提问等形式,根据课程内容的难易程度,主要采取三种模式开展直播课堂。图纸越简单,学生支配权越大,则以钉钉视频会议的形式采用学生汇报和讲解为主;图纸越难,教师主导地位增加,则采用教师直播串讲的方式;内容难度适中时则灵活选用头脑风暴、课堂提问、学生连麦演示等方式(图 3)。直播授课以点评学生作业为主,将教学重点、难点和课程思政贯穿其中。因为学生已经在直播课前完成了在线学习和作业,他们需要更深层次的课堂提升和知识拓展。这种"见屏如面"的在线直播教学接近线下面对面授课,教师在直播过程中要时刻保持与学生的互动,对积极参与、表现较好的学生,及时给予评价与鼓励,这样可以提高在线教学的效率,提升在线学习的效果。

3.课后巩固提高

课后巩固提高环节主要以学生自主学习为主。一般包括三大块的学习任务,首先要求学生及时完成课程平台中的课程评价和学生总结,教师实时了解

难	中	易
· 重难点教师串讲 · 钉钉群直播 · 企业导师连麦 · 占20%	· 分组PK · 讨论汇报 · 问题抢答/摇一摇 · 钉钉视频会议/连麦 · 占40%	· 头脑风暴—优秀图纸赏析/问题图纸纠错 · 投票—评选最优图纸 · 交流讨论—总结经验 · 占40%

图3 直播课教学活动的选择图

学生对课程的评价和对自己学习状态的评价,能及时调整教学设计,确保线上教学的有效性;其次要求学生课后及时完成分层拓展作业和小组作业互评;最后要完成下一次的课前自主学习任务。在整个教学实施过程中,教学案例和拓展作业均为产教融合真实项目,通过邀请企业一线设计师远程指导,能让学生更深入地了解企业文化,培养学生对职业的热爱与敬畏、对技能的执着与求精。

(三)重整教学评价,让学习过程更直观有效

鉴于学习过程的重要性,采用过程性评价和终结性评价相结合、知识技能考核与职业素养考核相结合、教师评价与学生评价相结合的多元化考核评价方式。考核及成绩评定方式主要包括单元项目考核、期中理论考核、期末限时考核和职业素养考核四个方面,使考核评价环节更具客观性、可靠性和全面性。单元项目考核和职业素养考核为过程性评价,期中理论考核和期末限时考核为终结性评价(表1)。

表1 课程考核评价登记表

学号	姓名	过程考核成绩											过程考核成绩75%	期中理论测试5%	期末限时考核20%	总评成绩
		项目一:国内主流风格平面效果图作业5%	项目一:国外清新风格平面效果图作业5%	项目二:手绘风格剖面效果图作业5%	项目二:真实风格断面效果图作业5%	项目二:清新风格断面效果作业5%	项目三:现场照片改造效果图作业5%	项目三:常规透视效果图作业5%	项目三:夜景效果图作业5%	项目三:鸟瞰效果图作业10%	项目四:方案文本和展板的制作10%	职业素养考核15%				

1. 单元项目考核

单元项目考核贯穿于学生的整个学习过程，学生在完成每个学习任务的过程中也完成了整个学习的过程。该项考核采用学生独立完成作品的形式，教师评价和学生互评相结合，包括平面效果图制作考核、立面效果图制作考核、透视效果图后期处理和方案文本制作 4 个单元项目、10 个学习任务的考核。根据每个项目的自身特点和对职业岗位的任职要求又有各自的评价标准。

单元项目考核部分在采用学习任务考核的同时还采用分层次考核方式，学生可以根据自己的学习情况选择适合自己的试题。通过单元项目考核能让学生有不断进步的推动力，营造了良好的赶、比、超的学习氛围。

2. 职业素养考核

该项考核贯穿于学生的整个学习过程，主要考查学生的学习态度与表现。通过直播课堂实际表现以及课程网站自主学习共同考核评价，主要包括学习时长和学习行为两个方面。学习时长包括学生登录课程网站自主学习的次数、在线学习的时间长短、课程资源下载次数等。学习行为主要由学生出勤、课堂纪律、在线提问、发帖回帖、课前、课中和课后各教学活动的参与程度等组成。

3. 期中理论考核

该项考核为终结性评价，目的是测试学生对软件应用的综合掌握以及对常用命令的操作熟练程度。考核方法是在规定的 30 分钟时间内完成给定 PS 理论测试试卷，包括单选、多选和判断三种题型。

4. 期末限时考核

该项考核为终结性评价，目的是测试学生知识的综合掌握、综合应用能力以及操作熟练程度。考核方法是在规定时间内完成给定图纸的效果图绘制。

三、实施效果

本课程在疫情防控期间构建了"平台＋资源＋直播＋互动"的完全线上新

型混合式教学模式,已经完成了 9 周的课程学习任务,实践证明这种完全线上的新型混合式教学模式是切实可行的。在整个教学实施过程中,搭建的高效直观的课程学习平台,为学生提供了既丰富多彩又可个性化选择的"学习超市"。课程资源丰富,既有必看必学内容,满足课程学习目标的需求;也有选看选学材料,调动学生的学习积极性。合理设计的多维度的线上教学活动、在线学习内容和直播课堂,充分运用学习平台优化了课堂教学过程,用直播课代替了传统的面对面授课,直播课针对互动平台学生的提问、学生作业图纸问题和教学难点进行集中串讲,提高了课堂学习的效率和教学的有效性。多元化的考核评价,让学习过程更直观有效,并留有痕迹,营造了良好的赶、比、超的学习氛围。

四、结　语

　　未来教育必然是构建在互联网上的新教育,信息化支撑下的新型教育生态必将形成。为了提升在线教学活动效率,提高在线学习效果,我们要重新审视在线教学的功能价值,提高自身信息技术素养,创新在线教学设计理念、提升在线教学胜任力。要根据课程性质和教学内容选择适宜的教学平台和直播方式;要围绕教学目标精心设计教学活动;要围绕学情精准掌握学生学习情况,不厌其烦地督促学生完成各项学习任务;要及时反馈评价学生学习效果,加强个性化辅导答疑;要多倾听学生的心声,不断改进授课方式,做到关心和督促相结合。

多平台多途径分类分流服务　助力
兄弟院校线上教学

——以"大学生心理健康"课程为例

思想政治理论课教学部/基础课教学部　康海燕①

一、案例背景

浙江省有 40 所高职院校(含专科),完整建设好"大学生心理健康"在线课程的只有 4 所(含专科)。在爱课程、学堂在线、智慧职教及学银在线等全国性在线平台上,正在开课的高职院校"大学生心理健康"仅 9 门,被列为国家精品在线课程的只有 2 门。这对全国 2 千多所高职院校(含专科)的 1000 多万学生开展心理健康线上教学来说,"求"远远大于"供"。

我校的"大学生心理健康"课程作为一门国家级精品在线课程,自 2015 年建课以来在爱课程、学银在线及省精品在线等平台已有 7 期以上 MOOC 和 SPOC 开课经验,特别是在爱课程平台已开设到第 9 期,积累了丰富的开课和管理经验。

为共同应对疫情,满足兄弟院校线上教学的需求,促进我校优质课程资源共享,承担起国家级精品在线课程的社会责任,本课程在多个平台通过多种途径为兄弟院校提供课程教学服务,助力兄弟院校的心理健康线上教学。

---

① 康海燕,讲师,浙江师范大学硕士。主要从事"大学生心理健康"课程的教学工作,主持国家级精品在线课程"大学生心理健康"课程,曾获得全国职业院校信息化大赛三等奖,浙江省教学能力比赛一等奖。

二、具体举措

(一)主动提供课程资源信息,充分了解兄弟院校需求

在教育部提出"停课不停学"后,宁波几所兄弟院校心理健康老师咨询我校课程资源共享事宜。我校心理健康教学团队敏锐地预判到"大学生心理健康"在线课程小数量与线上教学大需求之间的矛盾,立刻开展以下行动。

1.积极发布课程资源提供信息

在浙江省高校心理健康教学 QQ 群和微信群主动发布课程资源信息(图1),并把 51 位兄弟院校的心理健康老师拉入学银在线的第 7 期课程充分了解课程内容。

2.充分了解兄弟院校需求,三方研讨课程引用方案

我校教学团队耐心与兄弟院校老师们进行充分的交流,了解他们的课程引用需求、熟悉的课程平台和常用教学 App;同时,教学团队、学校管理员与平台技术人员三方研讨课程引用方案(图2)。

图1　浙江省高校心理教学群及时发布课程资源信息截图

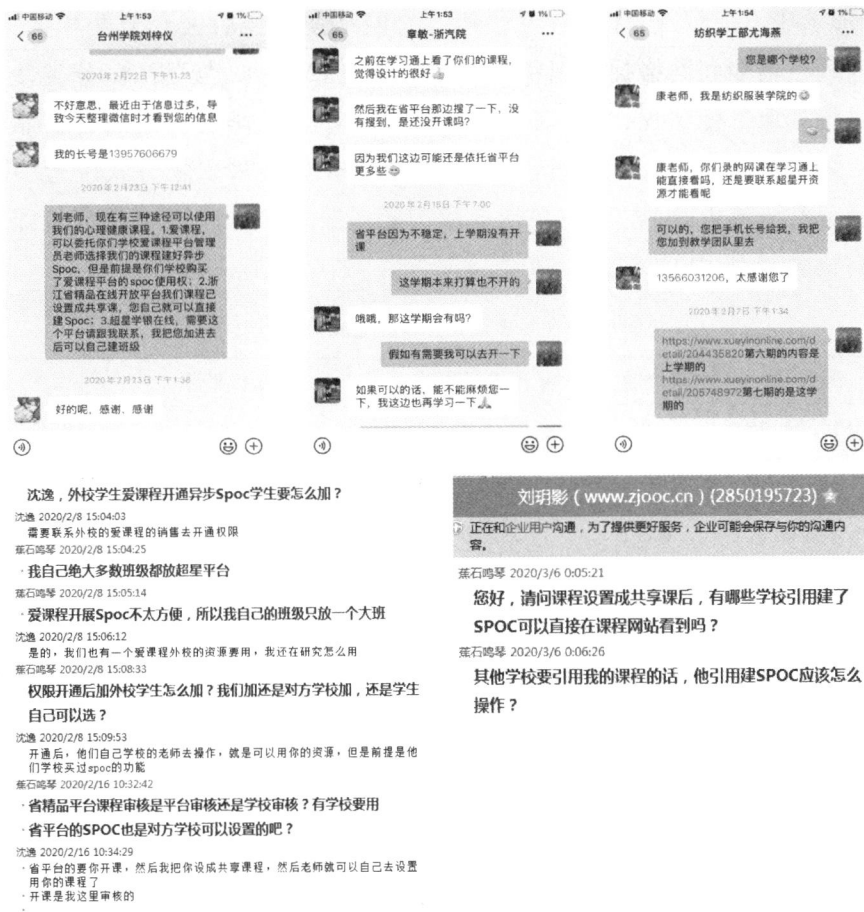

图 2 三方研讨课程引用方案截图

(二)根据需求精选网络平台和服务方式,提供多平台多途径分类分流服务

(1)经过充分分析兄弟院校的需求发现,总体上有以下 6 种方式:
①全盘套用我校 SPOC 模式及资源并熟悉超星平台及学习通;
②部分使用我校课程资源并熟悉超星平台及学习通;
③部分使用我校课程资源并熟悉浙江省精品在线共享平台;
④部分使用我校课程资源并熟悉职教云平台及云课堂;
⑤全部或部分使用我校资源并熟悉爱课程及中国大学 MOOC;
⑥全部使用我校资源且没有使用过任何平台和 App。

（2）鉴于上述情况，优先考虑教师已有网络使用经验配套分配相关平台，充分兼顾疫情期间网络拥堵现状合理分流学生，MOOC 与 SPOC 分类使用课程。最终选取了爱课程、学银在线、智慧职教 MOOC 学院和浙江省精品在线等四大网络平台，MOOC、同步 SPOC、异步 SPOC 三种引用方式进行多平台多途径分类分流供给（表 1）。并授权成为超星公司第一批教学示范包课程供全国高校免费引用（图 3）。

表 1　多平台多途径分类分流服务详情表

需求	班级数	平台使用基础	选择平台	方式
全盘套用我校 SPOC 模式及资源	少数几个	超星网络平台	我校网络平台	同步或异步 SPOC
全部或部分使用我校课程资源	几十或上百	超星网络平台	超星网络平台、示范教学包	异步 SPOC
部分使用我校课程资源	不限	浙江省精品在线	浙江省精品在线	异步 SPOC
部分使用我校课程资源	不限	职教云	智慧职教 MOOC 学院（因第一次 MOOC 开课并进行中，无法在职教云供外校）	MOOC
全部或部分使用我校资源	不限	爱课程且所在校有 SPOC 开设权限	爱课程	异步 SPOC
		爱课程且所在校无 SPOC 开设权限	爱课程	MOOC
全部使用我校资源	不限	无	把几所学校分流到爱课程和学银在线	MOOC

超星"示范教学包"教师授权书

尊敬的康海燕老师：

为响应教育部提出的"停课不停教、不停学"，共同应对疫情，促进优质资源共享，超星集团发起"免费帮助每个教师建设一门网课"公益行动，目前已经建立超过 10 万门次网络课程。

由于很多老师缺乏相关的资源和经验，制作课程内容有较大难度，在建课过程中，老师们特别需要示范教学包的支持和帮助。

鉴于您在教育行业的学术地位和优秀教学能力，我们恳请您同意将您的在线课程内容发布成示范教学包，共享给广大师生参考和使用，一起保证网课顺利。

图 3　示范教学包授权书截图

（三）提供"以学为中心"的个性化智慧教学示范

因部分兄弟院校的课程教师对 MOOC 和 SPOC 比较陌生，信息技术在教学中使用不充分，对开展基于课程平台的线上教学还存在困惑。本教学团队了解到这些问题后从"1＋X"分层教学架构、"课前课中课后"混合式教学过程实施、"SPOC＋智慧课堂"立体教学智慧空间创建、多元化的过程性分层考核等四个方面提供了"以学为中心"的个性化智慧教学示范。

1. 详细介绍"以学为中心"的个性化智慧教学

（1）加强教学理念引领和教学模式介绍。在课程网站的指导性材料中提供教师教学参考资料（图 4），以课程标准、混合式教学案例设计为载体，通过文档和视频两种方式对"1＋X"分层教学架构、"课前自主学习、线上分享讨论、课后行为实践"混合式教学模式、"SPOC＋智慧课堂"立体教学智慧空间创建、多元的过程性分层考核等进行全方位的详细介绍（图 5）。

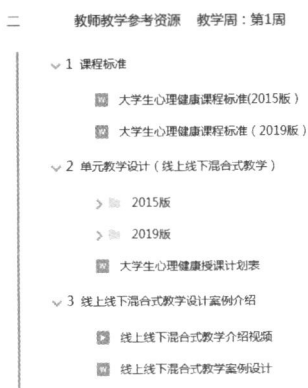

图 4　教师教学参考资料截图　　　　图 5　混合式教学设计案例介绍视频截图

（2）强化教学实操示范。为方便兄弟院校课程教师结合课程平台、平台配套 App 等现代化手段有效开展线上教学，在课程网站还提供了 2015 版和 2019 版新旧 2 套混合式教学单元设计（教案）供兄弟院校课程教师进行教学设计参考，并用 5 个课堂实录视频进行翻转课堂教学演示。

2. 为课程教师提供菜单式选用服务

每个章节内容由基础学习模块与拓展学习提高模块组成，供教师们在引用课程创建异步 SPOC 时进行自由的菜单式选择。同时也为不同需求的学生

进行"1＋X"自由分层学习提供保障,助力兄弟院校教师实行多元化的过程性分层考核。(表2)

表2 教学资源统计表

学习内容资料		用途
基础模块	拓展模块	
微视频42个417分钟	拓展视频17个,课堂实录5个,学生作业视频若干,共435分钟	课前网络学习
视频配套PPT课件38个,辅助理解文本36个	拓展阅读30个	课前网络学习
心理测试9个	拓展心理测试7个	课前网络学习
体验活动18个	拓展体验活动22个	课堂体验内化、课后实践
测验和作业9次共81题	拓展测验和作业10题	课前网络学习、课后知识强化
期末考试2次23题	学校试题库1210题,提供教考分离	形成课程总结性评价
讨论主题数8～10个/期	延伸讨论主题每期视学生学习情况设置	课前、课中、课后互动交流
实践活动7个	拓展实践活动5个	课后实践行为强化养成行为习惯
指导性材料(供教师参考、学生延伸学习)		用途
学期学习任务单	每期1个	课前明确学习任务及学期计划
课程标准	2个	课前、课后延伸学习
单元设计	2套,15个	课堂教学、课前课后延伸学习
课堂公告数	10个每期	控制教学进度、发布学习任务

(四)结合疫情及时调整教学内容开展针对性指导

因疫情待家不能外出,开学延迟又有大量网课,又考虑到使用MOOC选课的兄弟院校教师无内容编辑和发布权限,根据疫情及时调整教学内容,打破原有章节排序,把疫情期间的情绪管理和时间管理作为前2次课的学习主题。帮助MOOC班学生有效调节情绪,提升学习自制力,提高学习效率。把自主学习、讨论区针对性主题讨论、强化朋辈学习、实践打卡强化积极行为和教师加强针对性指导五管齐下,加强疫情期间心理问题的针对性指导,强化教学效果(图6)。

图 6　讨论区学生积极讨论和分享截图

三、实施效果

自 2020 年 2 月 17 日开始在各网络平台开课以来,有 26 个学校使用本课程(未包含爱课程 SPOC 引用学校,在省平台上没有学校引用),学习人数达 35358 人,选课学校及学生数详见表 3。各网络平台上学生参与互动也很积极,如智慧职教学员学习日志总数达 170160 次,互动达 10600 人次(图 7)。

表 3　各平台选用学校及学生数

学银在线		
学校网络平台(超星)	人数	总数
乌兰察布职业学院(MOOC)	86	
宁波大红鹰学院(MOOC)	231	
南昌航空大学科技学院(MOOC)	68	
厦门城市职业学院(异步 SPOC)	644	
衢州学院(同化 SPOC)	196	
自己学校学生数	1715	3326(含 MOOC 人数)
学银在线教学示范包引用		
遵义师范学院(异步 SPOC)	981	
浙江医药高等专科学校(异步 SPOC)	2037	

续表

学银在线		
学校网络平台（超呈）	人数	总数
乌兰察布职业学院（异步 SPOC）	584	
上海市震旦职业学院（异步 SPOC）	272	
山东经贸职业学院（异步 SPOC）	97	
普洱学院（异步 SPOC）	117	
洛阳师范学院（异步 SPOC）	1716	
惠州工程职业学院（异步 SPOC）	633	
黑龙江农业经济职业学院（异步 SPOC）	200	
广州华夏职业学院（异步 SPOC）	8067	
广西经贸职业技术学院（异步 SPOC）	37	
超星网（异步 SPOC）	675	
盘山县职业教育中心（异步 SPOC）	1059	
六盘水师范学院（异步 SPOC）	111	
昆明学院（异步 SPOC）	341	
江西工业工程职业技术学院（异化 SPOC）	1196	
咸阳职业技术学院（异步 SPOC）	15	
厦门城市职业学院（异步 SPOC）	708	
广州体育学院（异化 SPOC）	75	
学银在线（异步 SPOC）	665	学银在线总人数 19586
爱课程		
宁波财经学院（MOOC）	至少 1183	爱课程总人数 11829
智慧职教 MOOC 学院		
郑州铁路职业技术学院（MOOC）	495	总人数 621
总人数		35358

学情统计　　资源统计　　证书统计

*当前截止到2020-04-15 23:59:59的统计结果

学员所属单位 **105**个（本期105个）　累计互动次数 **10600**次（本期10600次）　累计日志总数 **170160**次（本期170160次）

图 7　智慧职教 MOOC 学院互动统计数截图

四、特色创新

(一)主动承担国家级精品在线课程的社会责任

本课程教学团队敏锐预判需求,在开课前花了大量的时间和人力积极沟通、了解需求,在课程使用期间耐心为兄弟院校课程教师答疑,在 MOOC 开课期间花了大量的精力为广大学员开展针对性指导,主动承担起了国家级精品在线课程的社会责任。在非常时期充分体现出团队成员良好的服务意识和使命感,与兄弟院校的心理健康老师共同努力、共克时艰。同时也为国家级精品在线课程如何体现其社会价值提供了模板。

(二)多平台多途径分类分流服务

根据兄弟院校需求和已有基础开展个性化服务,在疫情期间网络拥堵的情况下,实施多平台多途径分类分流服务,模式实用可复制,为优质资源课程如何服务社会、助力兄弟院校提供了范本和借鉴。

(三)"以学为中心"的"SPOC＋智慧课堂"立体教学示范

心理健康课程在现代化教学改革进程上较其他课程相对滞后。本课程通过教学理念引领、教学模式和课堂实操演示的方式,通过"1＋X"分层教学架构、混合式教学实施过程、"SPOC＋智慧课堂"立体教学智慧空间创建等进行全方位展示,在"以学为中心"的个性化智慧教学、信息技术如何与教学深度融合等方面给兄弟院校的课程教师做了演示。此举在心理健康课程中如何实现线上线下混合式教学起到了很好的示范作用。

本课程网站展示的 2019 版教学设计还获得浙江省教学能力比赛一等奖,"基于 MOOC 的线上线下混合式教学设计案例"获得国家优秀案例二等奖、省一等奖,所以在教学设计的科学性、创新性、可行性及可复制性上有一定的保障,也为心理健康课程的现代化教学改革提供了示范。

（四）对MOOC学员根据疫情优化教学安排

MOOC开课后，讨论区里反映出部分学员疫情期间压力较大、焦虑和郁闷情绪比较强烈，部分学生因开学延迟实施线上教学后学习不够自律。针对上述情况，课程负责人及时调整教学内容，把情绪管理和时间管理两部分学习内容提前发布，指导学生进行情绪觉察、情绪管理、时间管理练习，引导学生关注自身情绪、正面积极思维模式的培育和良好行为习惯的养成。引导兄弟院校的MOOC班学生加强疫情期间的情绪管理，并通过在讨论区内打卡的方式在集体督促下提高学习自律，提升学习效率（图8）。

图8 情绪管理和时间管理主题讨论与课后行为实践打卡截图

"互联网＋教育"的课程教育实践探析

——以慕课"国学修养"为例

财会金融学院　潘　莉①

随着时代的发展,"互联网＋教育"的模式越来越受到社会关注。特别是2020年初爆发的新冠肺炎疫情,打乱了以往的教学、管理秩序。如何才能让学生停课不停学、教师停课不停教? 虽然疫情危机给教育带来了"危"——无法直接面对学生进行正常上课,但危机也给教育带来了"机"——"互联网＋教育"。

"互联网＋教育",不是简单地将互联网技术和教育两者叠加,而是将两者真正的融合,实现有机结合,建立起即时双向通道,实现较强的交互性,从而把学生的注意力吸引到课堂上来,真正让学生学有所得。

在此,拟以慕课"国学修养"为例,对慕课建设的实践进行思考和总结,探究"互联网＋教育"的课程实践。

一、课程概况

"国学修养"是宁波城市职业技术学院的校本慕课,课程于2016年秋季首次在校内网络教学平台开通,2017年秋校内课程网站访问量达到了1275647人次,参与话题的讨论数达29576人次。2018年课程在宁波市高校慕课联盟平台运行,本校学生参加学习并点击人数达67900余人次,同年浙江省医药高

---

① 潘莉,副教授,财会金融学院骨干教师。主要研究方向:中国文化、职业技术教育、管理学。主持和参与项目20余项,其中主持省部级项目2项;主编出版图书1部;发表论文20余篇。主要从事"国学修养""浙江民俗""大学语文""专业应用文写作""管理学基础""学科教育学"等课程的教学工作。

等专科学校学生也通过宁波市高校慕课联盟平台学习了本课程,参加学习点击量达 85000 余人次。2019 年开始在浙江省高等学校在线开放课程共享平台上运行。从 2017 年开始,"国学修养"课程每年在爱课程平台开课两期,每期参加学习的人数都超过 1000 人。2020 年春季以来,在爱课程平台上选修学习本课程的学生近 4000 人,在智慧职教平台上也有近 30 所院校的学生选修学习该课程。

二、"国学修养"课程"互联网＋教育"建设的具体举措

(一)教学理念与教学模式

建构主义学习理论认为,学习者所获得的知识不是由教师教授的,而是学习者在一定的社会文化的背景(即情境)下,借助伙伴、教师及其他人员的帮助,利用相应的各方面资料,通过意义建构的方式得来的。在建构主义理论看来,学习是一种意义建构的过程,必须在一定的情境下通过人际的协作活动才能实现,所以"情境""协作""会话"和"意义建构",是建构主义学习理论认可的学习环境中的四大属性。

对于建构主义的教学模式,何克抗教授把它概括为:以学生为中心,在整个教学过程中由教师起组织者、指导者、帮助者和促进者的作用,利用情境、协作、会话等学习环境,要求充分发挥学生的主动性、积极性和首创精神,最终达到使学生有效地建构当前所学知识的意义的目的。在这种模式中,学生是知识意义的主动建构者;教师是教学过程的组织者、指导者、意义建构的帮助者、促进者;教材所提供的知识不再是教师传授的内容,而是学生主动建构意义的对象;媒体也不再是帮助教师传授知识的手段、方法,而是用来创设情境、进行协作学习和会话交流,即作为学生主动学习、协作式探索的认知工具。

"互联网＋教育"的最大特点,就是要运用基于以计算机与互联网为代表的信息技术,突破时空限制,开展教学活动。教师要根据网络教学的特点设计教学,而不是简单地将视频传到网上,让学生自主观看。教师要根据科学合理的教学理念,设计合适、可行的教学模式,让学生能够居家学习到更多的东

西。慕课"国学修养"课程,在教学实践中,运用建构主义的教学理论,对课程的教学方式进行了改革。以建构主义的教学理论为依据,我们设计了慕课的教学设计模式(图1)。

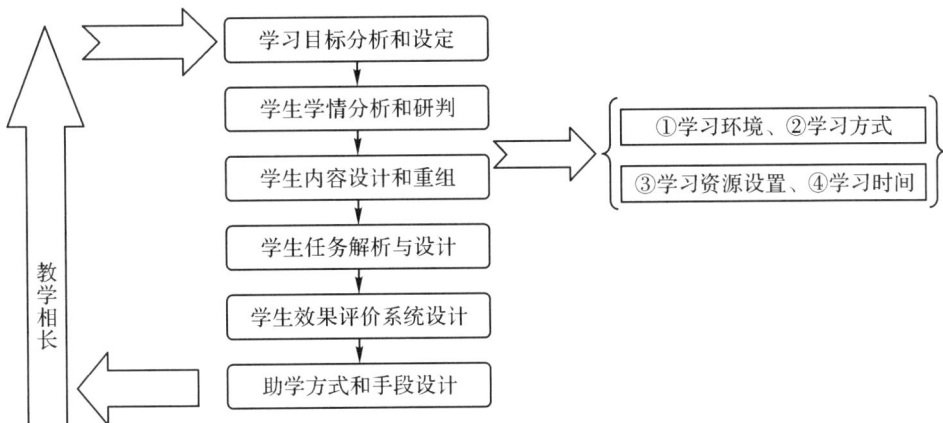

图1 基于建构主义理论的慕课"国学修养"教学设计模式图

(二)教学组织与教学实施

1. 基于建构主义的教学理论,采用"互联网＋教育"的教学方式进行教学

(1)采用支架式教学,在课程平台上为学生搭建知识脚手架,即在"国学修养"课程在平台运行前,教师要搭设课程的脚手架,对学习者国学知识体系加以建构。在慕课"国学修养"的教学中,教师为学习者提供建构国学知识的概念框架,将课程分为 7 个方面来讲授。第一单元视频和内容围绕着国学是什么、为什么学习国学、国学怎么学这 3 方面进行介绍,引发学生的兴趣。从第二单元开始,课程的内容设置了哲学篇——人生的智慧、历史篇——历史的镜子、民俗篇——百姓的生活、宗教篇——心灵的修炼、文学篇——生命的感悟、艺术篇——美的追求 6 个单元的框架。这种框架为发展学习者对国学问题进一步理解进行了构建,把庞杂的国学知识加以分解,既建立了课程的体系,也便于把学习者的理解逐步引向深入。学生可以以此为支架,在理解的基础上,实现新旧知识的同化,只要在头脑中建构起新的网络结构,学习效果就会有质的飞跃。

(2)采用抛锚式教学,在课程平台上引导学生深入探究,即以现实生活中的真实事例或问题当作"锚",引导学生到现实世界的真实情境中去感受、去体验。例如慕课"国学修养"课程"历史篇——历史的镜子"里介绍"中国古代的婚礼"这部分内容,教师首先抛出问题,当今社会,人们在举办婚礼时,需要进行哪些程序和礼仪,引导学生考虑婚礼的礼仪和秩序,自然而然地进入到中国古代的婚礼礼制,且与当今社会密切联系,引发学生对当代婚礼中需要彩礼等的弊俗等及婚礼礼制传承的变异加以思考,学习效果良好。又如教师在讲授《世说新语》这部分内容时,以"炫富""花样美男"等当代话题,联系魏晋时《世说新语》里的一些同类内容,设计了一个魏晋时代的人十分"有趣"的话题,逐步深入地提出问题:为什么魏晋时代的人们这么"有趣"? 他们用"有趣"来做什么? 看了魏晋时期的那些人,那些事,我们有什么启发和反思? 围绕"有趣"这个话题来分析魏晋时代人们的思想和行动。这样,只要学生抓住一个关键点,深入进行探究,对文本的认知就更深刻了,也学会了如何去分析研究问题。

(3)采用随机进入式教学,在课程平台上让学生随时随地逐层深入学习,即在慕课的设计和教学中让学生通过各类途径、各种方式进入同一项教学内容的学习,从而获得对同一项教学内容的多层次、多角度、多方面的认识与理解。"互联网＋教育"的方式,让学生在教学空间和时间上随地随进。网络课程学习由于具有受时间、地点影响较小等优势,被广泛应用,在线上拓展教学空间,一方面,适应了学生对学习空间、时间的灵动性的要求,只要有网络,扩招生在任何地方都可以学习,便于合理地安排学习和工作。另一方面,线上课程的综合教学可以让学生受益良多。如在慕课"国学修养"课程中,视频观看起引导和学习的作用,课件进一步加深印象,单元测验可以让学生查漏补缺,讨论题可以激发学生们进行头脑风暴而相互启发,思考题可以让学生进一步深入思考所学的知识并发散思维。这里的每次进入都有不同的学习目的,都有不同的问题侧重点,让学生获得对事物全貌的理解与认识上的飞跃。

2. 基于素质教育和思政育人的教育目标,采用"互联网＋教育"的方式,培养学生成为完整的人

(1)课程内容宁心静性,提升学生的心理素质。"国学修养"课程中介绍的诗词、散文、小说、戏曲、琴棋、书画、瓷器等内容,大都不是为了追求某种功利目的而设置的,却是养性修身、抒情言志的途径,对导化人心起到很大的作用,利用国学知识提升心理素养的办法对很多人都大有裨益。

(2)课程内容沉吟风雅,提升学生的审美素质。当疫情肆虐时,捐赠物品

的外包装上的诗句"山川异域,风月同天""岂曰无衣,与子同袍""青山一道同云雨,明月何曾是两乡"等赢得一片赞叹之声,相比于"加油""雄起",这些诗词更能触动人内心中最柔软的部分,这就是文化的力量。学习"国学修养"慕课,吟诗诵文,赏戏作画,都可以提升学生的审美素质。

(3)课程内容反思自省,提升学生的思想素质。课程内容塑造学生的爱国爱家情怀,使学生朝着"穷则独善其身,达则兼济天下"的人生初心,树立"修身齐家治国平天下"的人生目标,涌起"居庙堂之高则忧其民,处江湖之远则忧其君"的报国之志,平添"先天下之忧而忧,后天下之乐而乐"的经世济民的胸怀,承担起"天下兴亡,匹夫有责"的责任。

课程内容引导学生升华政治素质。学生在居家学习过程中反思,能"从善如登,从恶如崩"。如在慕课"国学修养"课程"中国古代的礼"这一单元中,除介绍中国古代的礼制外,还联系实际,指出:中国历朝历代,遵礼守规,立"方圆"、讲规矩都是必然选择。这些规矩,是和睦邻里、为人处事、统治管理的重要依据。习近平总书记提出的党员干部要遵守政治规矩的要求,既是党要管党、从严治党的现实需要,其中也契合了中国优秀的文化传统。立"方圆"、讲规矩是中华民族的优良传统,新时代大学生在政治素质方面也要守规矩。

3.实行"观说读写行考"相结合的教学策略,全方位控制教学效果

"国学修养"课程设计了"观、说、读、写、行、考"相结合的线上线下教学模式:

"观"就是学生在线上观看教学视频;

"说"就是参与线上线下讨论;

"读"就是读经典原著,学习研读国学著作中的篇章,回答来自生命和灵魂的叩问;

"写"就是要求线下学习时写读书心得和体会;

"行"就是践行国学知识,跟着慕课研习中国传统的书法和国画,诵读经典名章,同时通过学习老子《道德经》里的"人法地,地法天,天法道,道法自然",懂得尊重自然规律才能"安时而处顺,哀乐不能入也"的道理,践行国学传统文化中人类食物链对狸、蛇、猫、蝙蝠、鼠等生物的食用禁忌,等等;

"考"就是参加线上测试和线下综合考核。

（三）教学评价与考核

"国学修养"慕课的学习者，其身份有两种，一种是社会上的自由学习者，另一种是我校的学生。为此，课程的建设者设计了两种教学评价与考核方式。

1. 面向社会者考核方法

课程评价采用百分制计分，60分以上为合格，85分以上为优秀。成绩由以下三部分构成。

（1）单元测试（50%）。根据教学内容安排，本课程一共有5次单元测验。每次测验共9—10道题。每次测验允许尝试3次，30分钟内完成，取最高成绩。

（2）课程参与活跃程度（20%）。参与课堂日常讨论，特别是课堂交流区里老师发起的话题等。要获取满分，用户需要在课堂讨论中回复的数量最少为5次。

（3）课程综合测试（30%）。包括40道左右的单项选择题、多项选择题和判断题，每题2—3分，共100分，需要在60分钟内完成。

2. 面向本校学生考核方法

（1）形成性考核。形成性考核占本课程总成绩的60%。根据学生在慕课平台上自学情况、参与讨论的情况、单元测试成绩及期末测验予以评定。

（2）终结性考核。终结性考核占本课程总成绩的40%，在课程结束时进行。终结性考核采用小论文的形式，要求学生结合学习过程中阅读的国学经典，撰写一篇体会文章。

（四）反思与改进

本课程在爱课程平台上已经运行了5期，课程建设者通过数据分析和反思，对"互联网＋教育"的教学方式有一些思考。

1."互联网＋教育"的方式一定要精心选择和利用网络平台

在进行"互联网＋教育"的过程中，首先要精心选择影响力较强的平台。"国学修养"课程先在本校的网课平台上运行，然后再到中国大学MOOC平台、智慧职教、浙江高校精品课程平台、宁波高校慕课联盟平台上进行教学实践。这样在社会上的影响力扩大后，才会被学习强国宁波平台使用，在全社会的影响力增大,对社会的贡献也较大。

2."互联网＋教育"的方式要用心设计课程内容,适应学生的需要

在"互联网＋教育"的方式下教学内容要"短、平、快"。"短"指的是针对学生居家学习的现状,教师直播、录播授课时间不能太长;"平"指的是课程设置的讨论问题和测试题难度要适度平和,难度不能过高;"快"指的是对学生的学习教学效果反馈要快,教师要及时参与学生的讨论,对学生提出的问题及时回复。

在课程建设的过程中,一方面要考虑学生的接受能力,另一方面还要考虑线上教学的特殊性,在内容的选择上可以寻找一些较有吸引力的片段来讲授。这样既让学生对课程的学习有兴趣,又不至于太枯燥乏味,学生对课程的黏着度更强,完成课程学习的可能性更大。另外,"互联网＋教育"内容的选择还要考虑课程思政的情况,根据课程的特点,把思政育人融入教学,让学生的世界观、人生观和价值观树立得更为高远。

3."互联网＋教育"的方式要求课程事先准备充分

课程在制作的过程中,课程团队前期要对课程教学内容和教学方式进行充分的准备,脚本的写作、素材的准备及录制方式等都要统筹考虑,同时要跟制作单位进行良好的沟通,以便顺利完成慕课课程的制作工作。

4."互联网＋教育"的方式要求后期完善要跟上

课程在平台上运行后,教学队伍要根据课程的反馈及时对内容加以调整,同时要经常在运行平台上与学生互动,增加学生对课程的黏着程度。

5."互联网＋教育"的方式可以慕课运行与在线直播相结合

可以采用在线上直播平台播放录播视频,其间按照知识点/时间段适当暂停播放,进行限时的答疑/讨论或者讲解,与学生实时互动效果会更好,学生的课堂参与感会更强。

三、实施效果

"国学修养"课程是校级慕课,在爱课程等国内知名度较高的平台运行了5期。学生在爱课程、智慧职教等慕课平台观看课程视频,拟定个人计划,完

成课程内容的学习,在学习上遇到问题或有其他方面的疑惑可通过线上开展的讨论区、钉钉群等渠道与老师或其他同学进行讨论学习。教学内容的质量有保障,学习资料丰富,学习的视频按知识点录制,短小精悍,符合学生学习特点。同时还采取"观说读写行考"的模式,帮助学生进行意义构建,在线异步教学也避免了网络不流畅、老掉线等问题的影响,无论是正常开课还是在战"疫"期间,课程都取得了较为良好的效果。

课程的负责人潘莉及主讲教师陈建娜为本课程录制的微课在 2017、2018 年获浙江省高校教师教育技术成果一等奖、二等奖。本课程在 2020 年 2 月还被学习强国宁波学习平台选用,在新冠肺炎疫情期间供全社会学习,在社会上产生了一定的影响。

四、特色创新

(1)"互联网＋教育",课程设计碎片化与系统化有机衔接。深化基于现代信息技术运用的建构主义的教学方法,提升学生自主性、研究性学习的能力提升。

(2)"互联网＋教育",课程实施线上线下混合式教学,激发学习兴趣动力。以提升学生综合素质和分析能力为重点,重塑课程体系、更新教学内容、改革教学模式。

(3)"互联网＋教育",将虚拟空间的教学与实体教室的教学以及在场学习进行混合式学习空间的搭建。将碎片化的时间学习与课堂上的集中学习以及学校开设的第二课堂、社团活动及其他活动联系起来,既巩固了学生的学习基础,又使学生对课程的感知和认识更立体、全面。

这次疫情期间的"互联网＋教育"的教学实践,更进一步地告诉我们:虽然互联网科技不能取代教师,但是使用互联网科技进行教学的教师一定会取代那些不使用互联网的教师。未来的教育将由教师和互联网为学生提供权威的学习支撑、精准的学习内容和学习活动,实现多元的教育服务供给。

参考文献

[1][德]伊曼努尔·康德.论教育学[M].赵鹏,译.上海:上海人民出版社,2005:1-25.

[2]余胜泉,杨晓娟,何克抗. 基于建构主义的教学设计模式[J]. 电化教育研究,2000(12):7-13.

[3]何克抗.建构主义:革新传统教学的理论基础[J].中学语文教学,2002(8):58-60.

[4]王竹立.新建构主义教学法初探[J].现代教育技术,2014(5):5-11.

[5]潘莉等.慕课背景下"国学修养"课程混合式教学的实践探索[J].中国教育信息化,2019(14):57-60.

疫情下"同步＋异步"英语阅读课程
混合式学习模式实践

国际学院　熊素娟[①]

一、案例背景

2020 年初一场突如其来的疫情,使得原来可以在同一教学空间开展教和学的"教师"和"学生"相隔一方。为了响应教育部"停课不停学,停课不停教"的号召,宁波城市职业技术学院"英语阅读"教研组开始积极开展教研活动,确定疫情下的特殊教学计划。"英语阅读"作为英语专业的核心课程,自 2015 年开始进行了混合式教学项目改革,前期共建成了 54 个课程视频,可供学生进行线上线下的基于翻转课堂的混合式教学。面对疫情,为保证实现线上教学与线下教学相同的教学效果,采用异步在线教学与同步直播混合教学模式开展"英语阅读"课程的教学工作。该教学模式将异步在线教学中学生自主安排和"错峰"学习的优势与同步直播教学中老师监督指导的优势结合起来,提升教师教学效果和学生学习效果。教师在进行大量平台测试后,选择了"微师"作为课程同步平台,"蓝墨云"为异步资源上传和课后交流、辅导平台。

---

① 熊素娟,副教授,国际学院骨干教师。研究方向为英语教学、信息化教学等。多年来一直从事英语教学工作,曾获得信息化教学大赛、外语微课大赛国家级奖项 3 项,省级各类教学大赛奖项 5 项;主持省部级课题 2 项,厅市级课题 1 项,市局级课题 5 项;作为副主编完成 4 部教材的编撰工作;发表论文 9 篇。主要从事基础英语阅读、英语翻译等课程的教学工作。

二、具体举措

(一)教学理念与模式

"同步"＋"异步"英语阅读课的混合式学习模式是指采用异步的"蓝墨云云班课"平台上传、发布课程教学资源,开启课堂教学活动,因为其需要的网络条件不高,便于学生在课下进行自主学习,平台可以记录学生的学习轨迹,便于教师进行课前的学情分析;同步是指教师选用直播平台,例如钉钉直播、QQ直播等直播工具和学生线上同一时间、不同空间的进行线上授课,解决学生在自主学习中所遇到的问题和困难(图 1)。本案例使用的直播工具为"微师",主要考虑到该平台比较小众,使用人群不多,直播信号传输相对稳定。本案例"英语阅读"课周课时为四节课,采用"同步＋异步"授课模式,主要采用 2 节课直播,2 节课学生在平台主学习,教师辅助指导的形式完成。教师课前布置学习任务,学生开展自主学习,教师收集学习难点,直播课答疑解惑。

采用同步直播＋异步互动交流的学习方式,同步直播不等同于传统的线下课堂的简单复制,直播的内容要突出学困点,要在有限的时间内解决难点,突出重点;同时,在教学内容的设计过程中要兼顾教学方法的设计性,要设计一些互动问题,这样可以有效地解决学生在线学习容易走神,或者早退的问题。异步是直播的补充,也是直播的备用方案,直播出现故障的概率较大,当直播所需要的网络条件不能达到时,异步的"蓝墨云云班课"平台就可以发挥其功能,教师可以在蓝墨云平台上发布学习任务,和学生用语音进行互动交流,指导学生的学习。

在线教学,考验的是教师对授课内容、授课手段、教学管理等的综合能力,同时也考验学生的自觉性、自律性,在海量的学习资源面前,教师和学生如何在这场特殊的学习中能收获和以往教学同等的教学、学习有效性,从而实现"停课不停学,停课不停教"的根本意义。

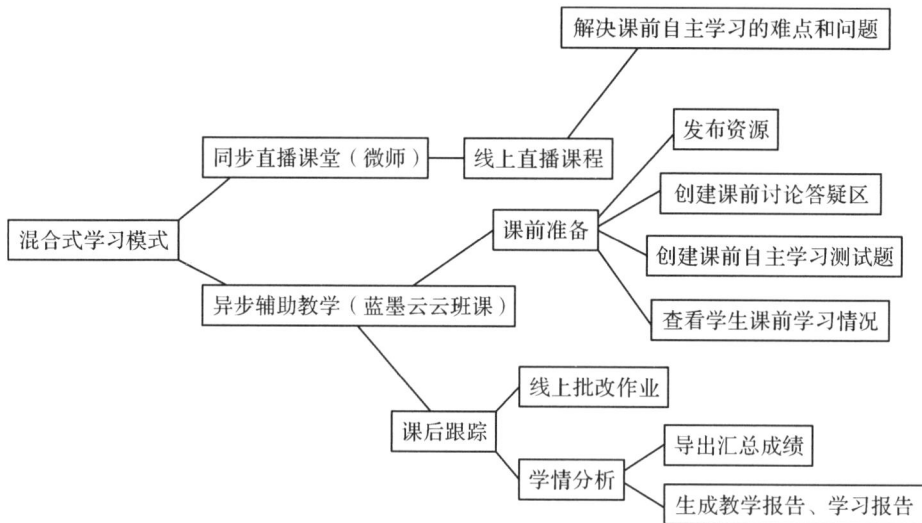

图1 "同步＋异步"混合式学习模式图

(二)教学组织与实施

"直播＋云班课"相结合的"同步＋异步"的混合式教学模式,教学实施兼顾课前—课中—课后整个教学过程。

1.课前准备

(1)选择课程内容:整合选择学习内容(相关性)。

在线课程的教学内容绝不是套用原本线下的教学授课内容,而且重组教学大纲,重新整合教学内容,线上教学适合安排基础性的知识点,需要互动性多的内容要放置在后。直播内容和异步平台的答疑内容要分清,直播内容要建立在学生预习的基础之上。

本案例实施课程"英语阅读",作为一门英语专业的核心课程,旨在通过大量的英语文本的阅读与赏析,帮助学生开拓自己的学习视野,丰富学生的阅读内容,提升学生的阅读品位,培养学生用英语进行批判性思维的基本能力与阅读习惯。

疫情下,本课程构建了"1＋X"教学资源,"1"指的是基于教材的主题阅读内容,资源为课程组教师基于"21世纪大学英语综合教程"第二册教材拍摄的视频解析;"X"指的是拓展提升阅读,搜集抗击疫情期间的音视频资源转化为教学资源和素材,把疫情防控和专业教学有机结合起来,每周选取一则有关疫情的新闻素材进行学习、讨论,在夯实语言基础的同时,把思政小课堂与社会大课堂结合起来,启发学生深入、理性思考(表1)。

表 1　"英语阅读"课程资源分类表

课程资源	同步直播	异步辅助教学
"1"依托教材的阅读文章	针对学生学习困难,直播课讲解反馈,解决语言基础	1. 发布学习资源
"X"时事新闻	学生展示,讨论,共同学习,培养思辨能力	2. 收集学生学习困难

(2)指导学生学习方法:制作课程导读(简明性)。

在线学习教师和学生不能出现在同一真实的空间,师生相聚在"云端"的课堂里,缺乏交流。因此教师在授课任务开始之前,要简明扼要、清晰地将授课安排、课程公告、课堂教学纪律管理方式、授课备用方案等内容以文本或者视频的方式发布课程导读,指导学生有效完成线上学习(图 2)。

新学期课程导读（1）

课程导读.mp4

6.92 MB | 2.6 分钟 | 2020-02-18 23:42:48 | 1 经验 | 39 人已查看

图 2　课程导读视频截图

(3)创建学习任务:细化学习任务,发布学习任务单(明确性)。

学习任务单是学生学习内容的"脚手架",尤其是在线上教学时期,学生需要有教师明确的学习指导。学习任务单涵盖课前、课中、课后三种任务,最好是建立时间轴式的学习任务,这样有利于学生清晰掌握学习信息,调整自己的学习步骤。每周的学习任务单能充分体现学生在线学习是在教师"指导"下完成的有效学习而不是"放任"自由。课前,教师可以在资源平台上发布与直播课程有关的讨论区;课中解决讨论区中的难点教学内容,课中有测试,检验课前预习情况;课后巩固所学知识,并进行拓展(课后内容要有时间节点,任务分解成更短时间的小任务,并有上交的截止日期)(表 2)。

表 2 "英语阅读"学习任务单

步骤	学习内容	资源类型	学习要求	时间	学习途径
课前学习	观看教学视频《英语阅读 A2》课程导读	视频资源	了解本课程授课内容以及考核方式等相关内容	2 月 23 日 18:00 前完成	云班课
	怎么用英语说清这场战"疫"——30 个疫情高级词汇	网页视频	跟读，并能正确用英语说出 30 个高频词汇	2 月 24 日 18:00 前完成	云班课
	阅读文本：The novel coronavirus and the flu—the differences and similarities you need to know 新型冠状病毒感染的肺炎与流感有何区别？如何预防	文本资源	阅读文章，找出疑难句式	2 月 24 日 18:00 前完成	云班课
空中课堂	课程直播：解析文本 The novel coronavirus and the flu—the differences and similarities you need to know 新型冠状病毒感染的肺炎与流感有何区别？	PPT	参与学习互动	2 月 25 日下午 13:00—13:40（12:50 前进入微师）	方案 1：微师直播＋云班课互动 方案 2：云班课轻直播（直播效果不佳）
	在线讨论：Share your tips to avoid the 2019 Novel Coronavirus? 谈谈你采取的防疫措施	PPT 文本	分享观点参与讨论	2 月 25 日下午 13:30—14:35	云班课轻直播讨论区
课后	预习：A Reason for living 篇章阅读的视频讲解(Para.1—Para.15) 在讨论区中提交疑难问题	视频	1.学习篇章讲解视频 2.记录并上传学习疑难点	2 月 26 日 18:00 前提交讨论疑难问题	云班课作业区

（4）制订考核方案：考核方案和学习任务匹配（及时性）。

考核方案是保证学生学习效果的"抓手"，在线课程的考核要更多地关注学生学习的过程，和以往的课堂教学不一样，教师无法关注学生的学习状态，更多的是要关注学生学习的轨迹，因此在设定教学考核方案时要充分与学习任务相结合，每一项任务都要有考核，考核不仅要关注内容，更要关注学生提交的时间节点。

2.课中实施

课中实施环节以"英语阅读"2 节课的课堂教学活动为例，展示"同步＋异步"的混合式学习模式如何开展。

（1）检测课前学习效果（6 分钟）。

教师在课前采用蓝墨云班课发布两个课前测试任务。

测试一：词汇测试，主要针对学生的基础词汇的习得情况（图 3）。

测试二：基于上一节课的篇章阅读内容设计开放性的语言输出活动，旨在

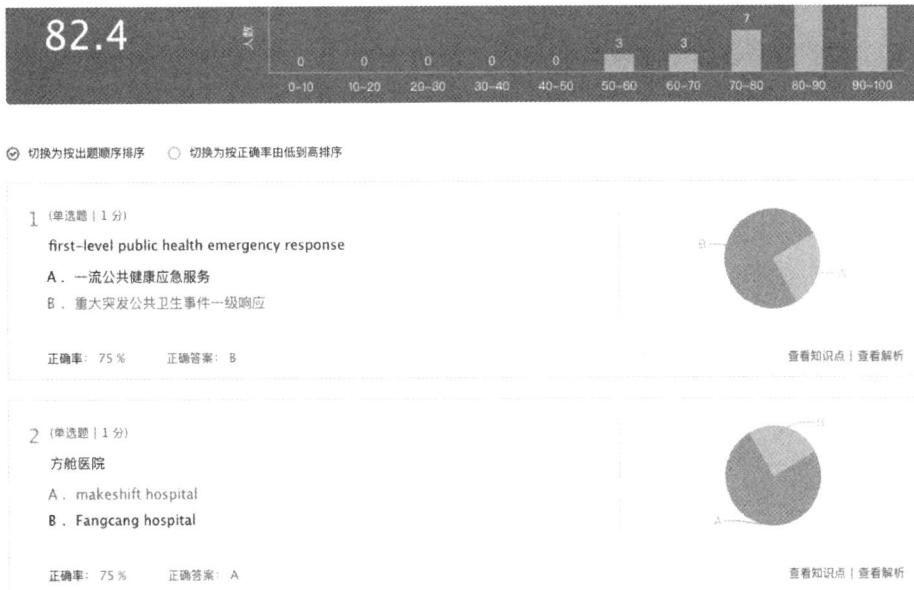

图 3　课前测试一截图

检测学生的语言应用能力,两个测试活动均有时限要求,较好地反映出学生的学习情况(图 4)。

图 4　课前测试二截图

(2)新闻播报(10 分钟)。

每次直播教学中,教师都会安排一位同学进行新闻播报。在疫情发生期间,同学们都能关注时事新闻,并选取自己感兴趣的内容进行播报(图 5)。

图 5　直播课学生进行新闻播报图

当学生介绍完新闻内容后,教师会对新闻内容进行点评和总结,促进学生对新闻内容的理解(图 6)。

图 6　异步平台发布的篇章学习内容的视频讲解图

设计意图:时事新闻环节不仅帮助学生提升了语言能力,也培养了学生关注时事,引导和促进学生深入思考面对危机的正确应对方式。

(3)课内语言知识提升:难句分析(30分钟)。

教师根据蓝墨云平台上查看学生学习视频情况和学生提出的学习疑问设计答疑活动(图7)。

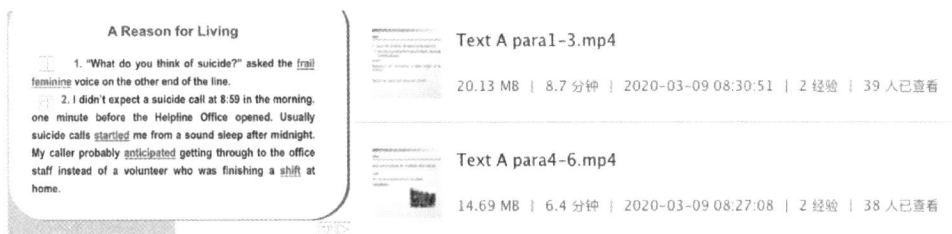

图7 教师在异步平台上查看学生学习疑问图

教师按照篇章段落顺序,对学生在课前学习平台中提出的疑问进行解答(图8)。

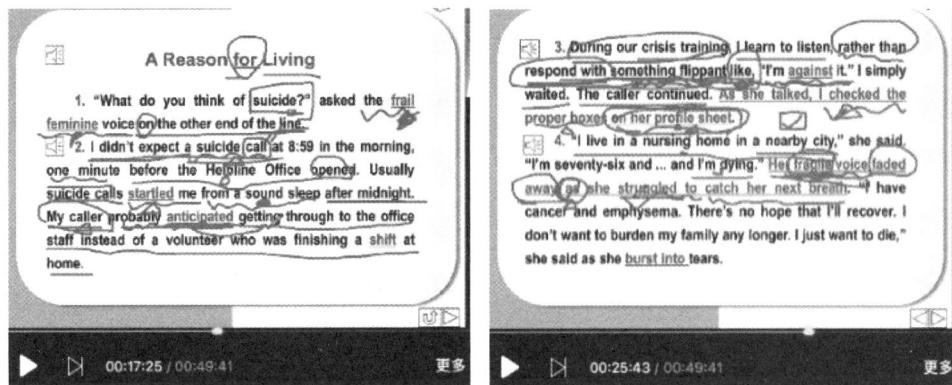

图8 教师在直播平台上讲解学生疑难问题图

设计意图:整理学生课前在课程讨论区发布的篇章阅读疑难点,对课前自主学习情况进行分析,做到因材施教。

(4)布置异步平台自主学习任务(自主学习45分钟)。

完成 A reason for living 篇章阅读的第二部分的视频观看,并在蓝墨云平台中提出疑难问题(图9)。

图 9　教师在蓝墨云平台上发布视频学习任务图

3. 课后跟踪

监测教学效果，成绩评定。评价注重学习过程，关注"蓝墨云云班课"平台记录的学生学习轨迹，同时结合学生上课发言情况对学生进行奖励（图 10）。

图 10　查看视频自主学习情况图

（三）教学评价与考核

在线课程不仅仅是知识灌输，更重要的是关注学习效果。教学评价可以更好地衡量学生学习成果达成度情况，为教学提供长期持续改进的依据。英语阅读课侧重培养学生语言综合应用能力和思辨能力。在评估方面除了使用客观的阅读理解题目检测学生的理解能力外，还更加注重评估学生的思辨能力,比如通过提问、头脑风暴、阅读分享等多种方式考查学生的学习达成度。此外,教学考核除对个人进行考核外,还加入了小组作业的考核,虽然开展的是线上教学,但还是鼓励学生通过线上和小组同学沟通交流,有助于减轻这种特殊时期学生学习的孤独感,在合作学习中让学生感受到同伴之间的互助,同时也提升了学生的学习参与度。在线学习的评价数据依托平台大数据,能实时获得学生学习反馈,便捷高效(图11)。

视频资源学习	20%	非视频资源学习	7%	签到	10%		测试	10%
轻直播/讨论	5%	头脑风暴	5%	投票问卷	1%	作业/小组任务	30%
课堂表现	10%	被老师点赞加分	2%				

图 11 《英语阅读 2》学习评价与考核分值比例图

(四)教学反思与改进

1.线上教学资源建设:"忙"而不"乱"

"英语阅读"课程已有 3 年多的线上＋线下的混合式课程建设历史,因此本次疫情下的线上授课,所有团队教师并没有感觉到"手足无措"。创造性地利用网络资源,增补新资源,梳理线上直播内容,有效开展教学,"忙"而不"乱"。

2.线上教学开展过程:换"位"思考

线上教学开展过程,教师和学生隔屏交流,老师无法及时获取学生的需求。因此,在教学开展中,教师要能站在学生的角度上思考两个问题:分散各地的学生是否适应线上课程学习? 线上直播,学生是否不容易集中注意力,特别是对于语言学习基础较弱的同学? 教师可以通过问卷或者线上访谈的形式了解学生对于课程内容以及授课形式的意见和建议,让学生从被动的参与者转变为主动的课程构建者,为课程的实施把脉,为线上教学方案的调整提供依据。

3.线上教学课堂管理:难在"互动"

线上课堂教学管理应该是线上教学活动最难操作的环节。线上互动受到网络带宽的制约,不仅连线慢,而且有时网络质量不好,出现卡顿,多次卡顿的出现,学生容易出现烦躁不安的情绪,因此,直播中如何开展互动成了本次线上教学中遇到的最大难题。

线上教学既是挑战,也是机遇。自线上教学开展以来,运行平稳,授课教师会定期了解学生的学习情况和困难,并基于学生的反馈进行不断的改进,努力提升教学质量。

三、实施效果

在"英语阅读"课程的"同步＋异步"线上混合式教学开展过程中,基于课前、课中、课后联动的教学模式创新,注重学生语言基础知识和学生文化视野的综合提升,培养学生自主学习能力。经过 2 个月的实践探索,对学生进行了"疫情下英语阅读课授课满意度调查",调查问卷显示(见图 12)。

(一)学生自主学习习惯有明显提升

基于翻转课堂的混合式教学模式,督促了学生先行学习教师编制的学案,自主观看视频,再回到课堂上内化,这个过程培养了学生自主学习的过程。学生通过自主学习,培养学生养成自我找到问题、分析问题、解决问题的能力,并不断提高学习能力。自主学习与老师直播讲授穿插进行,使整个自学过程与教学过程紧密联系。教学过程中的师生交流,也促进了自主学习的正确方向和有效性。

第9题: 在线课堂之前, 我会提前认真预习老师布置的在线学习任务, 提前为在线课堂教学活动做准备。 [单选题]

选项	小计	比例
完全不符合	0	0%
通常不符合	4	10.53%
基本符合	27	71.05%
完全符合	7	18.42%

第16题:
实施在线教学以来, 我们用在英语学习上的时间更多了, 因为老师每次课前都布置我们完成各类预习任务。
[单选题]

选项	小计	比例
完全不符合	0	0%
通常不符合	2	5.26%
基本符合	29	76.32%
完全符合	7	18.42%

图 12　疫情下"同步＋异步""英语阅读"混合式学习模式效果问卷调查图

(二)学生问题意识有所提高

混合式教学包含教材自学、微课助学、合作互学、在线测学等环节。每个环节都要根据学习情况提出本人的疑难问题,且学生要通过自主探究、合作学习,运用已有的知识解决问题。问卷调查显示,有 78% 以上的同学认为在预习中遇到问题会通过各种平台与老师和同学进行讨论(图 13)。

学生"带着问题"上课,课堂师生互动、答疑解惑。在这种特殊时期,学生可以通过异步平台随时随地学习,课前学生通过自主学习,找出自己学习中的疑惑。直播课上师生互动,教师对学生的自主学习情况进行答疑解惑,在有限时间内提高了课堂教学的有效性。

第17题:
课前预习中遇到问题时,我会通过QQ、蓝墨云等交流工具与同学讨论,或者通过在线教学平台讨论区向老师请教。 [单选题]

选项 ≑	小计 ≑	比例	
完全不符合	0		0%
通常不符合	8		21.05%
基本符合	24		63.16%
完全符合	6		15.79%

图 13 疫情下"同步＋异步""英语阅读"混合式学习模式效果问卷调查图

(三)学生的个性化学习得到满足

基于翻转课堂的混合式学习后,学生课前通过网络学习平台自行观看教师推送的视频学习材料,自学消化新授知识。对于部分较难理解的内容,可以反复观看微课、看直播视频讲解的回放;而对于学习进度较快的同学,则可以通过帮助其他同学答疑解惑,更好地深化自己所学的知识。

(四)学生对"同步＋异步"教学模式持肯定意见

在 2 个多月的教学实践中,任课老师通过各种途径收集学生对于课程的授课意见(图 14),从反馈来看,学生对于疫情下的"同步＋异步"的教学模式持肯定意见。问卷中有 71.06％的学生能够比过去更加主动地参与到老师组织的各类在线学习活动,有 78.95％的学生表示"经过这一段在线教学,我体会到在线教学模式的魅力,对自己的学习效果感到很满意",有 92.11％的同学表示"疫情防控期间,英语阅读直播教学的开展是非常有必要的"。

第12题： 在线课堂上，我能够比过去更加主动地参与到老师组织的各类在线学习活动。 [单选题]

选项 ⬍	小计 ⬍	比例	
完全不符合	2		5.26%
通常不符合	9		23.68%
基本符合	23		60.53%
完全符合	4		10.53%

第14题： 疫情防控期间，英语阅读直播教学的开展是非常有必要的。 [单选题]

选项 ⬍	小计 ⬍	比例	
完全不符合	1		2.63%
通常不符合	2		5.26%
基本符合	23		60.53%
完全符合	12		31.58%

第20题： 经过这一段在线教学，我体会到在线教学模式的魅力，对自己的学习效果感到很满意。 [单选题]

选项 ⬍	小计 ⬍	比例	
完全不符合	3		7.89%
通常不符合	5		13.16%
基本符合	26		68.42%
完全符合	4		10.53%

图 14　疫情下"同步＋异步""英语阅读"混合式学习模式效果问卷调查图

四、特色创新

疫情下"同步＋异步"相结合的英语阅读混合式学习模式在实施过程中呈

现出以下创新点。

（一）思政元素的融入

"1＋X"的课程资源为英语阅读课开展思政教育提供了保障。在 2 个多月的在线课程学习中,我们共学习了新型冠状病毒和流感的区别、如何用英语说清这场战"疫"、武汉解禁、全球疫情汇总、明星助力武汉经济恢复等多篇双语新闻。此外,通过学生在直播课上的新闻播报,培养学生了解时事的习惯,培养他们在特殊时期应有的正确的学习态度和积极的人生观、价值观,具备正确的思维品质和价值判断,更积极、更有效地激发出"主题式"课程教育功能。

（二）个性化的作业布置

在"同步＋异步"的混合式学习过程中,学生自主学习时间较多,因此在作业布置方面根据学生的英语学习能力划分了两种不同难度的阅读作业,学生可根据自身的学习水平,选择不同难度的阅读理解来完成,体现出学生的个性化差异。

信息技术和课堂教学深度融合是新时代教育教学中广大教师必须要面临的问题。这次突如其来的疫情,让我们更加深深地体会到教师只有不断提升自身的信息化水平、专业水平,不断创新教学模式,才能在这种突发事件发生之时,有条不紊地开展教学,达到线上＋线下教学质量等质同效的目标。

基于"产教融合、双元育人"的"五学、五步"分层教学模式

——疫情之下的企业市场机会分析

商学院　朱金福[①]

一、案例背景

"营销策划"课程是对照国家教学标准、人才培养方案、课程标准以及企业对营销人才的需求进行设计的。主要培养现代服务业、零售业、制造业的企划部策划人才。本课程是"产教融合、双元育人"背景下的校企合作共同开发课程,在具体的项目设置中,每个策划团队都对接一个真实的校企合作企业。但是疫情之下,很多企业的经营环境发生了很大的变化,经营效益也受到影响,高校在"停课不停学"的政策下,利用"线上"和校企合作企业对接。借助精品在线课程平台进行"五学",利用"钉钉直播"和"慕课堂"进行"五步",最终形成了疫情之下的产教融合"五学、五步"分层教学模式。

---

① 朱金福,副教授,高级营销师,宁波城市职业技术学院专业主任。研究方向:营销管理,职业教育。主持省厅级以上课题10项,其中省部级3项目、厅级7项;出版教材2部;发表文章6篇。主持的课题获得民政部优秀成果奖二等奖。主持的课程获得浙江省精品在线课程,主持的教材获得浙江省"十三五"首批十三五新形态教材。

二、具体举措

(一)教学理念与模式

1. 教学理念

第一,产教融合、双元育人。通过校企合作、产教融合、双元育人,从企业引进真实的项目进行实战。第二,以生为本,分层教学。依托精品在线课程,创建了"五学、五步"的在线教学平台,帮助学生进行在线的自主学习,在线学习平台建设要强调以学生自主学习为中心,同时通过"慕课堂"教师监督学习,学习资源辅助学习,师生交流讨论的互动学习,学习平台引导学习,对于不同能力的学生进行差异化辅导。第三,翻转课堂、混合式教学。通过课前、课中、课后进行翻转课堂教学,引导学生课前自主学习,课中(通过钉钉直播＋慕课堂学习互动工具)进行分组讨论、按时学习。充分发挥了学生的主动性、积极性和创造性。

2. 教学模式

在教学模式方面,采用的是:基于"产教融合、双元育人"的"五学、五步"分层分类教学模式(图 1)。

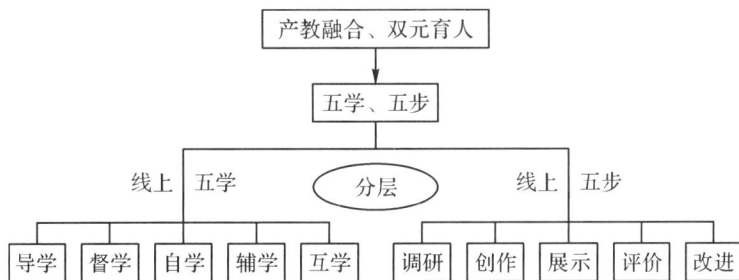

图 1 "五学、五步"混合式教学模式图

(1)"五学"的在线教学平台。

导学——学习平台引导学习。学习平台导航栏目清晰,利用导航栏目直接引导学生选择学习。督学——教师监督学习。教师可以直接在学习平台监控学生的学习进程，查看学生登录次数、在线时间、资源下载与浏览情况、发帖、回帖等，能有效监督学生有效学习。自学——学生自主学习。课程资源应包括课程标准、教学设计、电子教材、多媒体课件、教学视频、作业测试等，学生能根据学习进度和学习能力进行自主学习、探究式学习。辅学——学习资源辅助教学。辅助教学资源要充分体现学生课堂学习、专业学习和终身学习提供平台。互学——师生互动学习。应包括班级空间、在线提问、交流论坛、作业与考试、QQ 群、微信交流群等，这是师生之间互动、学生之间互动的场所，更是学生之间相互学习的平台。

（2）"五步"的线上教学模式。

企业网络调研阶段——通过合作企业的项目网络调研，搜集相关项目资料，整理分析，为项目的操作准备素材和提供佐证材料。项目创作阶段——根据学生选择企业实际项目和前期调研，完成相应的项目策划任务。项目展示阶段——根据前一阶段的创作，各项团队进行钉钉直播课堂展示汇报。项目评估与总结阶段——校企老师共同点评和提出修正意见，进行总体评价和总结。修改完善阶段——根据校企老师提出的意见，各小组继续修改和完善。

（二）教学组织与实施

以"市场机会分析"为例。根据特定时期，选题为"疫情之下的企业市场机会分析"。教学组织和实施的过程如下。

1. 课前

利用爱课程（中国大学 MOOC）学习在线视频（4 个），在线测试题（1 套），在线讨论题（4 个）（图 2、表 1）。

∧ 项目三、市场机会分析

○ 任务1.市场环境分析概述

○ 任务2.微观环境分析

○ 任务3.宏观环境分析

○ 任务4.SWOT分析

项目三.市场机会分析 单元测试 提交截止时间：2020年03月29日 00:00 / 可答试3次

企业营销环境分析 提交截止时间：2020年04月20日 00:00 / 老师批改

图 2　"市场机会分析"课前任务安排截图

表 1　"市场机会分析"课前内容

	项目	内容	截止时间	平台或工具
课前	在线视频	3.1 市场环境分析概述 3.2 微观环境分析 3.3 宏观环境分析 3.4 SWOT 分析	4 月 5 日	中国大学 MOOC（爱课程）SPOC
	在线检测题	项目 3 测试题(1 套)	4 月 6 日	
	在线讨论题	4 个讨论题(4 个视频配套)	4 月 6 日之后	

2.课中

利用钉钉进行在线直播(代替线下课堂)，主要的学习互动工具是"慕课堂"，在上课前五分钟，在慕课堂进行"签到"，并进行针对本堂课任务的"SWOT"任务测试和课堂讨论(表 2)。

表 2　"市场机会分析"课中内容

	课堂测试题	SWOT 测试题(10 道)	4 月 7 日上午 10:00 之前	慕课堂
课中	课堂讨论题	SWOT:疫情之下餐饮企业的市场机会分析	4 月 7 日上午 10:00 之前	

(1)课堂测试

在 SWOT 知识点的一套题目测试完后，跟进慕课堂后台的数据进行分析，重点分析正确率低的题目和同学们存在的共性问题。比如:在进行 SWOT 测试后，数据反馈，平均分只有 78 分，正确率比较高的题目集中在基本理论知识题目，正确率比较低的题目集中在实际应用的题目，证明学生灵活应用问题的能力相对比较差(图 3)。

图 3 "市场机会分析"课中测试分析截图

在分析完测试题后,进行理论知识的重难点讲解,以解决学生存在的共性问题和难点问题(图 4)。

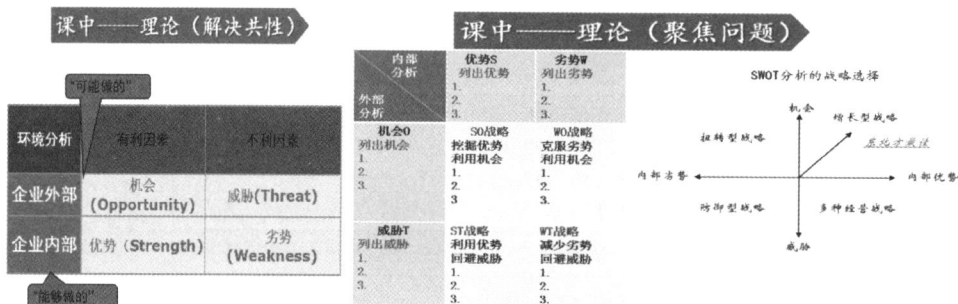

图 4 "市场机会分析"课堂讲解内容截图

(2)课堂讨论

课堂讨论借助当前大背景、大形势的流行主题"疫情",同时借助校企合作企业"宁波食遇餐饮管理有限公司",进行讨论"疫情之下的餐饮企业市场机会分析——以校企合作企业宁波老屋印象为例"。

在讨论之前,先介绍一下疫情之下的餐饮企业行业情况,用一些数字说明疫情对餐饮企业的影响(图 5)。

图 5 "市场机会分析"课堂讨论内容截图一

在分析完疫情对餐饮行业影响之后,再进行对校企合作企业"宁波食遇餐饮管理有限公司"的讨论。先由企业的经理介绍疫情之中他们的困境,再通过慕课堂进行随机点名(抽2—3名同学),抽中的同学通过钉钉直播连麦阐述自己的观点(通过慕课堂已经在线讨论跟帖),学生阐述完毕,再播放企业经理的视频,看企业在疫情中是如何逆袭、寻找机会点的,跟学生的发言进行对比,老师最后进行总结(图6)。

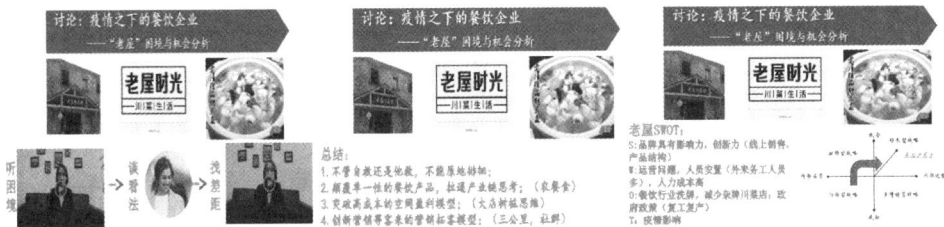

图 6 "市场机会分析"课堂讨论内容截图二

总结完毕,倡导"复工复产,我们扶一把",作为一个大学生,我们要响应国家号召,在疫情严重的时候,我们要足不出户,保护自己;在复工复产之中,我们要尽我们的绵薄之力,体现我们的责任和担当(图7)。

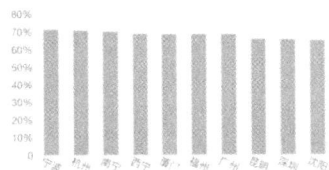

图 7 "市场机会分析"课堂讨论内容截图三

3.课后

课后利用爱课程(中国大学 MOOC)平台,布置课后拓展作业。具体是:精准扶贫,针对西北农产品疫情之中的困境进行分析,思考如何创新营销模式和寻求机会点,并以团队作业的形式上传课程平台(图 8)。

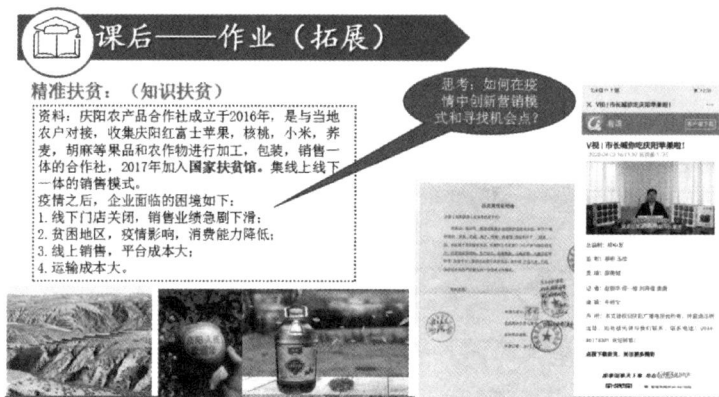

图 8　"市场机会分析"课后作业示例截图

(三)教学评价与考核

本次课程考核多元化评价方式贯穿整个学习过程,包括课前、课中、课后三个环节,综合考虑课前在线学习的数据及效果、课前任务完成情况、课堂测试和讨论的参与度、课后的学习成果、职业素养(钉钉直播在线时长,慕课堂签到情况)等方面;采用线上平台数据评价和课程直播评价相结合的形式,线上平台数据评价包括教学视频、测试题、讨论题,由课程平台自动生成;线上钉钉直播和课后团队作业包括小组互评、教师评价、企业指导老师评价三部分。

(四)教学反思与改进

1.教学反思

(1)由于疫情的影响,学生都是待在自己家里,所以,在网络调研过程中,仅仅局限于通过网络门户网站查询、电话、微信等方式与企业人员沟通交流等方式进行调研,调研的方式受到了局限,调研的效果也受到了影响。

（2）在线直播过程中，学生个体差异很大，有的学生配合很好，但是个别学生不管是参与热情，还是速度，都不尽如人意，以至于在测试过程中，速度很慢，影响了直播课程的进度。

2.改进措施

（1）针对在线调研情况，积极拓展线上调研和交流的渠道，利用大数据优势进行调研，又利用数据的保存和工具分析，更加有利结果的应用。

（2）针对直播过程中，个别学生参与热情不高、观看时间短和参与互动速度慢的现象，调取每次直播数据，对于问题突出的同学将其列入黑名单，每次直播课进行跟踪和互动，这样学生就会引起重视，也不敢迟到早退或开小差。

三、实施效果

（一）实施情况

首先是本校的应用情况：依托爱课程 SPOC，在 2020 年 3 月至今，授课对象为 19 电商 A1，人数为 45 人，学时为 48 学时。依托浙江省精品在线平台，2016 年 9 月至 2017 年 1 月，授课对象为 15 市场营销 A\B，人数为 73 人，学时为 102 学时。2017 年 9 月至 2018 年 1 月，授课对象为 16 市场营销 A，人数为 38 人，学时为 102 学时。2018 年 9 月至 2019 年 1 月，授课对象为 17 市场营销 A\B，人数为 77 人，学时为 102 学时。2019 年 3 月至 2019 年 7 月，授课对象为 18 电商 A2，人数为 38 人，学时为 51 学时。总之，在爱课程和浙江省精品在线平台中开设的 5 期 SPOC，总访问量达到 20000 多人次，课程通过人数达到 100%。实践证明，采用"课前网络自主学习，课中知识内化，课后拓展强化"渐进式三位结构的全程信息化混合式教学模式，在课堂趣味性、学生参与度、知识掌握、口头表达能力的锻炼、产教融合、双元育人方面与传统教学模式相比，大大提高了教学的有效性和针对性。

其次是社会学习者应用情况：截至目前，课程依托爱课程平台向社会人士授课。分别在 2016 年 5 月至 8 月、2016 年 9 月至 12 月、2017 年 3 月至 6 月、

2017 年 9 月至 2018 年 1 月、2018 年 3 月至 7 月、2018 年 9 月至 2019 年 1 月、2019 年 1 月至 7 月,开设了 7 轮在线慕课教学,选课人数累计达到 15000 多人次。共有 305 人获得课程证书,其中 150 人获得优秀证书。有 11 人通过付费申请获得纸质证书,分别来自广东潮汕、贵州贵阳、北京朝阳、内蒙古赤峰、湖北恩施、浙江温州等全国 11 个省市。

(二)实施效果

本课程教学模式获得浙江省高职院校教学能力竞赛一等奖;本课程配套教材获省首批新形态教材项目,已经在高教出版社出版;本课程配套的试题库获校试题库立项;本课程的教学模式获校教学成果奖二等奖。

基于"产教融合、双元育人"的"五学、五步"在线课程分层分类教学模式受到浙工商学院、浙江医药高等专科学校、浙江机电学院和浙江邮电学院等院校的关注,分别邀请课程主持人进行慕课建设经验和混合式教学模式的交流。

四、特色创新

(一)校企合作,双元育人

通过校企合作、产教融合、双元育人,从企业引进真实的项目进行实战,策划 PK 赛,校企共同评价,复盘优化,激发了学生的学习兴趣,培养了学生的工匠精神,有效破解了"策划"不易学的难题。达到了"育心、育人、育能"的效果。

(二)结合疫情,抓住时事

结合当前疫情的关键词,瞄准餐饮行业的典型热点时事,比如:中国商界高端直播栏目正和岛《每周一播》,西贝董事长贾国龙谈西贝危机,等等,充分利用当前市场的热点新闻事件进行分析,提高了课堂教学的时效性和趣味性。

(三)有思政、有平台、有资源

在进行教学的过程中，自然而然地渗透了课程思政元素，提及习近平总书记的宁波之行和复工复产，作为大学生，我们如何表现我们的责任与担当。课程有自建的平台爱课程(中国大学MOOC)，并且已经开课第九期，有成熟的资源，包括视频、测试题、讨论题、案例集、试题库等资源。

(四)有理论、有实践、有提升、有拓展

课程有理论，SWOT的模型和战略选择；有实践，针对校企合作企业宁波食遇餐饮管理有限公司进行项目实践；有提升，通过与企业经理连线的方式，进行互动讨论和寻找差距；有拓展，课后进行项目拓展任务。从而形成了由理论到实践、再到提升、最后到拓展的逐层突破，提升了层次。

(五)课前、课中、课后精密结合

课程通过课前平台自主学习，课中通过慕课堂进行签到、测试、讨论互动、解决问题，课后进行项目拓展巩固，进行翻转教学；引导学生课前自主学习，课中进行分组讨论、头脑风暴、案例分析、情景模拟、角色扮演等，课后进行团队自主学习，操作，探究式学习、合作式学习。充分发挥了学生的主动性、积极性和创造性，从而取得最优的学习效果，也培养了学生的自主学习能力和终身学习能力。

(六)教师＋学生＋企业经理

在课程教学中，以学生为主、教师为辅、企业经理参与的联动教学模式，进行校企联合评价的双元育人模式，从不同角度发声，让学生听到实实在在的市场声音，提高课堂教学的针对性和落地性。

视频得来终觉浅，云中实验可躬行

——"微云实验"助力疫情期间 IT 类课程远程实践教学

信息与智能工程学院　颜晨阳①

一、案例背景

新冠肺炎疫情当前，居家在线学习，当您开起直播、撸起袖子准备带着学生一起刷代码、写配置时，是否因为学生在家缺乏设备或者设备功能不全而一筹莫展呢？是否碰到过学生和您操作相同而结果各异的"灵异事件"呢？是否为了查找学生一个小小的笔误白白耗费了大半天呢？是否因为实验指导批改困难萌生退意呢？事实上，由于缺乏统一设备环境、难以互动反馈、无法及时指导评价等原因，实验已然成为对于设备和环境较为依赖的课程在线教学的"阿喀琉斯之踵"。实验教学一旦无法正常开展，所谓的线上教学就很容易落入"看视频，做习题"的窠臼中，知行分离，效果大减。

为了上好一门交互良好、知行合一、效果不减的 IT 类在线课程，就需要解决 IT 类课程居家远程授课学生缺乏统一实验环境，教师难以互动反馈，学生知多行少，学习倦怠的难题。"网络操作系统"教师团队通过运用云计算和人工智能等技术，依据以下两条原则，设计并实现了与慕课和直播授课配合的一套"微云实验"，在线提供给教师和学生使用。

---

①　颜晨阳，副教授，信息与智能工程学院计算机应用专业教师。2017、2018 年参加全国高职院校教师教学能力竞赛获全国二、三等奖各一项。2017、2018 年参加省高职院校教师教学能力竞赛均获省级一等奖。2017 年"Linux 系统管理"课程立项为全国精品在线开放课程（主持）。2018 年获宁波市"优秀教师"称号，2019 年获宁波市"科技追梦人"称号。历年主持省厅级课题 3 项，市局级课题 20 余项，公开发表论文 20 余篇。

二、具体举措

（一）教学理念与模式

在在线教学中开展"微云实验"的理论支撑是以皮亚杰(J. Piaget)为代表的认知构建主义学习理论，同时也极契合王阳明"知行合一"的哲学理念。建构主义学习理论认为，人们所建构的意义来源于理论知识与情境的互动，知识不是通过教师传授得到的，而是学习者在一定的情境下，借教师和学习伙伴的帮助，利用必要的资料，通过意义建构的方式而获得的。对于一门高职 IT 类慕课来说，提供与视频和直播配合的"微云实验"，让学习者在接受片段信息传递后，立即用其指导实践开展，得到实时的反馈，同时得到学习伙伴的评价，正是建构主义学习理论的典型实践，真正做到了"知是行之始，行乃知之成"。

本课程设计开发了"情境解耦递进式微课"和配套的"智能微云挑战实验"两项教学资源，有的放矢地提出了线上教学"情境解耦"和"知行并进"策略。

线上"情境解耦"策略：以课程主题 9"管好软件包"为例，该主题的授课打破原有微课体系，设计了一个"为某直播工作室配置测试服务器"的实际工作情境，精心重构解耦为"用 rpm 部署 c 和 python 编译环境""用 yum 部署 web 服务器群"和"用 yum 部署视频播放和解码器"三个相对独立但又通过问题递进式关联的子情境，将知识点和技能点嵌入，构建了"微视频—微测试—开放式主题讨论"三位一体式微课，用于在线上向学生传递单元知识。解耦情境而非碎片化知识，使学生能够在代入情境的基础上，快速且系统地接受知识传递，既满足了在线传播便利的需要，亦能够达成情境构建式学习之效果，有效破解了学生所学知识碎片化的难题。

线上"知行并进"策略：课程设计开发了"智能微云挑战实验"来进行实验翻转的实施。所谓"微云挑战实验"，是通过将项目实验进行解耦和再设计，形成一些能在短时间内完成的递进挑战式在线实验，学生可通过浏览器登录随时进行实验。"微云挑战实验"充分利用了人工智能技术，能智能判别操作，并进行实时评价反馈和引导，且提供协同学习和分享互动功能。学生在线上接受知识传递后,可以立即在线开展实践,获得和有教师单独辅导线下实验相仿的学习体验,以知导行,以行证之,有效破解了缺乏互动反馈、学生倦怠、知而不行的难题。

(二)教学组织与实施

单元教学围绕上述两项策略,实施了"6T 翻转式教学",包括:告知(Tell the task/教师下达单元任务,告知教学安排,如表 1)、传递(Transmit knowledge/学生完成微课、微测评和主题讨论)、实践(Test the theory /学生完成微云挑战实验,验证理论知识)、修正(Transform offline teaching plan/教师依据在线学情数据,修正重难点和课堂教学和探索实验)、探索(Try yourself/教师在线直播引导学生通过完成课堂探索实验发现并解决难题)和反馈(Two-way feedback/师生相互反馈学和教的效果)。

表 1　"网络操作系统"学习任务单(第 6 周/3 月 31 日—4 月 7 日)

序号	阶段	学习任务	途径	证据
1	课前	● 观看主题 5《重定向与管道》的中的所有微视频和微文档 ● 完成主题 5《重定向与管道》中的一个微讨论	中国大学慕课	讨论记录
2	课中	课程直播	钉钉群,3 月 31 日(周二)15:00—15:45	签到,直播视频
3	课后	● 完成主题 5《重定向与管道》的微作业《用重定向与管道处理文本流》,截止时间:4 月 6 日 23:30 ● 完成主题 4《重定向与管道》的微测验,截止时间:4 月 6 日 23:30	中国大学慕课,实验楼	上交作业
4	课后	答疑交流	● 中国大学慕课课程论坛(不定时) ● 钉钉群,4 月 7 日(周二)15:45—16:00	答疑文本和视频记录

1.步骤一:告知(Tell the task)

教师通过爱课程平台公告和授课钉钉群推送课程安排、课程内容、重要时间节点和单元评价标准。学生通过爱课程平台留言，回复告知教师已收到单元任务。

本步骤的目的是让学生明确：（1）本单元教学安排，特别是在线各个环节的截止时间、线下课堂时间；（2）让学生了解单元教学内容概要；（3）让学生了解单元教学评价的标准。

2. 步骤二：传递（Transmit knowledge）

教师收集学生观看微视频（微文档）数据，包括整体完成情况和每个视频的观看时长；收集学生单元微测试数据，包括整体测验成绩和错题情况（出错率排名前五的题目）；收集开放式主题讨论学生发言和互动数据，包括完成情况、被评论最多的学生发帖；在开放式主题讨论中推动讨论，但一般不对评论发表评价性意见；在讨论区"Linux 水库"中答疑。学生观看配套微视频；完成单元微测试，获取得分和错题评析反馈；就主题讨论发言并至少评价 2 位其他同学的发言。

该步骤用于传递相关知识和技能，同时检验理论知识传递效果。采用的主要信息化手段是"微视频—微测试—开放式主题讨论"三位一体式情境解耦微课。学生能够在代入情境的基础上，快速且系统地接受知识传递。获得课程理论知识掌握情况初步的评价反馈，对所接受的信息进行初步思考和内化。学生在学习情境解耦递进式的微课中，也潜移默化地接受了教师"大处着眼，小处着手"的工作理念的灌输。教师则能了解学生在线知识传递环节，学生理论学习第一手可靠学情数据。

3. 步骤三：实践（Test the theory）

教师收集学生微云挑战实验数据（3 个挑战实验的通过率、挑战用时、实验报告完成情况，11 个挑战判断点完成率等）；在课程讨论区"Linux 水库"答疑。学生完成单元要求的微云挑战实验；可请求同伴协助或者协助同伴完成实验（可选）。

该环节用于检验实践知识传递效果。采用的主要信息化手段是自主开发的"微云挑战实验"。学生可以立即使用所接受的理论知识指导在线实践，得到实时智能的引导反馈和初步评价，并和伙伴进行互动，巩固内化所接受的知识，学生在完成"微云挑战实验"过程中潜移默化地接受"知行合一"的理念的传递。教师可以获得学生在线实践环节的第一手可靠学情数据。

4. 步骤四：修正（Transform offline teaching plan）

教师利用数据统计分析工具分析步骤二和步骤三中收集的学生在线学情数据。由于数据样本比较小，没有挖掘的意义，所以主要进行了统计性质的分析（微测试、挑战实验失分点、问题帖子的统计）。团队合作，依据学情分析，讨论并设计直播课堂教学，包括设计课堂主题、课堂探索实验、课堂时间安排等。

该环节为教师能够在直播课堂实施有的放矢的"引导探索"式教学提供了坚实依据。

5. 步骤五：探索（Try yourself）

教师简要讲解微测评中错误率高的题目，点评主题讨论；指出微云挑战实验中通过率低的挑战点，并提供相关参考材料（电子文本或者链接）；回答学生疑问；抛出探索主题任务，学生则跟着教师简短回顾微视频和主题开放讨论；记录并订正微测评和微云挑战实验中出错之处；提出疑问；分组协作完成课堂探索实验。

在该环节中，教师通过演示、观察和答疑，掌握学生对于单元知识和技能点的理解程度，基本掌握学生解决 rpm 软件包管理实际问题的水平（图 1）。学生所掌握的知识和技能得到一次模拟考验，得到了进一步的内化，同时在实践中弥补了知识结构中的薄弱之处，锻炼了分析和解决问题的能力。

图 1 "网络操作系统"学生学习、教师讲解

6. 步骤六：反馈（Two-way feedback）

教师汇总线上线下成绩形成最终评价并反馈给学生，单元采用全线上教学，评价分为线上实时和非实时两部分：非实时线上成绩占 60%，实时线上成绩占 40%。其中非实时的线上微测评、微云挑战实验和在线开放主题讨论的成绩分别占总评的 15%、35% 和 10%；实时的直播课堂表现和课堂探索实验分别占总

评的 10% 和 30%。教师可以获得学生对单元教学的评价数据(图 2)。

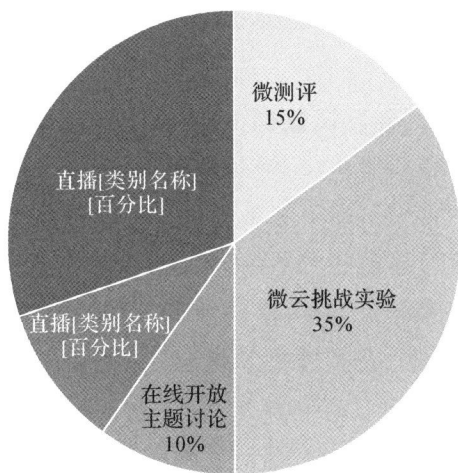

图 2 "网络操作系统"反馈评价一

学生通过在线问卷评价单元教学效果，向教师反馈教学内容、方法、材料等的优劣之处。教师能够掌握学生准确的单元学情和本次教学的优劣之处，并能够基于这些数据，在下次教学中实施有针对性的改进(图 3)。学生则能够从总体上了解自己对于本单元内容的把握程度，可进行有针对性的查漏补缺。

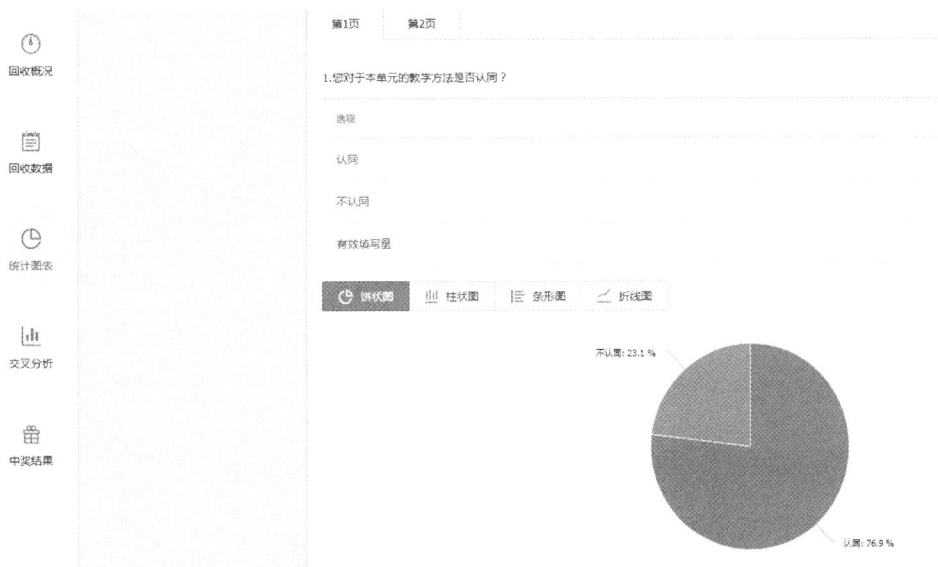

图 3 "网络操作系统"反馈评价二

(三)教学反思与改进

据单元教学满意度问卷反馈数据,课程教学实施中仍存一项主要短板:挑战实验虽然实用,但稍嫌紧张枯燥,趣味性有待提升。

针对该短板,我们将尝试在下轮教学的微云挑战实验中引入游戏、竞争和激励因素,充分调动学习者的积极性和能动性。首先是将微云挑战实验改为游戏竞赛式,所有学习者同台竞技,错误最少、帮助他人次数最多、有效学习时间最长的学习者能够解锁"完美过关""热心人""学习达人"等成就称号;其次是强化激励因素,在原有学习时间排名等的基础上,增加待解锁额外挑战关卡、挑战提示卡、实验存档特权卡、召唤老师卡等虚拟奖励道具。同时在课程结束后,向挑战实验排名榜前 10% 的学习者赠送课程合作公司赞助的纪念品。

三、实施效果

(一)对于学生来说

单元在线理论传授灵活实用,动手实践方便高效,课堂教学富于挑战更有成就感,良好达成了知识、技能和素质目标。

(1)在线理论教学内容来源于实际工作项目,通过"情境解耦"后构建的短小精悍的微视频,既贴近实际工作又不冗长说教,符合学生认知,随时随地可学。微视频配套了微测试和开发主题讨论,学生可以及时获得理论知识掌握情况初步的评价反馈,并在与同学的互动中对所接受的信息进行初步思考和内化。学生能够在代入情境的基础上,快速且系统地接受知识传递。良好达成了"掌握 rpm 和 yum 命令用法和 yum 客户端配置文件"的两项知识目标,同时通过"情境解耦"策略有效地向学生传递了"大处着眼,小处着手"的解决运维问题的思维方式。

(2)在线实践则应用了自主开发的"微云挑战实验",可以随时随地开展实验，使用智能手段达成了实践的及时评价反馈和步进式引导，同时能够方便地通过与同伴共享实验环境来进行交互，并有实验挑战排行榜，有反馈，有引导，有互动，有激励，实验学习体验要优于传统的线下实验室。学生可立即在线上完成实践操作，以知导行，以行证知。良好达成了"能安装、更新、卸载和查询系统中的 rpm 软件包"这个技能目标。同时在潜移默化中向学生传递了"知行合一"的运维工作理念。

（3）直播课程在规定时间内完成依据线上学情设计的在线探索实验，发现问题、形成解决方案，解决问题，归纳总结，紧张富于挑战，课程完成后成就感较传统完成作业更加高。在互动和协作完成任务中良好达成了"能解决管理系统中 rpm 软件包时遇到的常规问题"这个技能目标。同时进一步强化了学生"大处着眼，小处着手"的运维思维方式和"知行合一"的运维工作理念。

（二）对于教师来说

摆脱了烦琐耗时的重复劳动，对于学情的把控更加全面准确，能提供更加精准个性化的教学。

"微视频—微测试—开放式主题讨论"三位一体式微课，使得教师基本摆脱了传授基本知识技能点、批改理论作业等常规的重复劳动，"微云挑战实验"则可以让教师从困难重重的实验在线检查反馈、重复琐碎的实验环境配置和设备设置答疑的困境中解脱出来，将有限的时间投入在线课程设计、教学研究等创造性的活动。真正实现了实操在线摆脱了烦琐耗时的重复劳动，对于在线学情的把控更加全面准确，能提供更加精准个性化的在线教学。

四、特色创新

（一）"情境解耦"策略

主要用于解决高职工科课程在线上知识传递时很容易出现的知识技能碎片化的问题。该策略引援了布鲁纳（J. S. Bruner）的构建主义学习理论，该理论认为"学习就是头脑中形成由学科知识中的基本概念或原理组成的场景结构"。为了贯彻实施该策略,单元开发构建了"微视频—微测试—开放式主题讨论"三位一体式的情境解耦递进式微课这一信息化工具,打破原有微课以知识点为中心结构,以解决问题需要为中心,提供一个实践问题的情境,合理解耦情境后将知识点和技能点嵌入,解耦情境而非碎片化知识,学生能够在代入情境的基础上,快速且系统地接受知识传递,既满足了简洁便于在线传播的需要,亦能够达成构建式学习之效果。

(二)"知行并进"策略

主要用于解决高职工科课程实践翻转、缺少反馈和互动造成知而不行的问题。该策略引援了以皮亚杰(J. Piaget)为代表的认知构建主义学习理论,该理论认为"有效的引导和互动和激励对于知识意义的构建非常关键"。为了贯彻实施该策略,我们开发了微云挑战实验这一信息化工具,将原有项目实验进行解耦和再设计,构建一些能在短时间内完成的在线递进式微型实验。学生可随时进行实验,由人工智能脚本来代替教师对学生的活动进行反馈和引导;可邀请同伴进入实验环境,协同完成任务;完成后可提交公开报告,供同伴通过平台本身或者微信、微博等社交媒体进行评价互动;实验操作可以得到实验豆的奖励,用于换取个人实验存储空间等特权。该策略有效解决了线上实验难以实时评价反馈、学生倦怠积极性低所造成的在线教学"知而不行"的问题。

"知行并进"策略与"情境解耦"策略结合在一起,有阐述、有传授、有实践、有互动,构成了在线学习的小闭环。

云端上的财务管理

——"财务管理"课程在线教学案例

财会金融学院　张勋阁①

一、案例背景

为贯彻落实省委省教育厅"停课不停教、停课不停学"的总要求,充分发挥"互联网＋教育"的作用,学校积极鼓励一线教师利用信息化教学平台,努力推动课堂教学改革,持续提升教师教学能力和水平。在疫情防控期间,依托现有网络教学平台蓝墨云班课,此外,为了防止大规模网上开课后出现诸多不可预知问题导致的网课不能正常进行,同时准备了 QQ 群直播系统作为财务管理课程的备选网上授课平台。

财务管理课程教学采用网络平台自主学习、翻转课堂等混合式教学形式开展线上教学活动,包括课前点名签到和讨论答疑,课中轻直播授课、学生讨论、随堂测验,课后讨论答疑和作业等,各项教学活动都能按正常授课进度完成。在教学过程中,授课教师分别采用了随机点名、举手抢答等形式进行互动教学,要求学生现场以语音或文字形式回答问题,并通过观看小视频、头脑风暴、投票等多种形式进行课堂管理。该门课程线上课堂学生热情高涨,混合式翻转课堂教学效果初显。同时,在课后讨论答疑环节,通过与学生深入交流、沟通,了解学生参与轻直播授课的感受,并收集了学生反馈的问题,为改进授课方式、优化线上教学课程设计提供第一手信息。学生在线上积极发言,畅谈

---

① 张勋阁,讲师,毕业于黑龙江商学院,获得学士学位。近年累计出版教材四部,发表论文 4 篇。主要从事财务管理课程的教学工作。

感受和心得,对于学校本次在疫情防控期间有条不紊地组织的线上教学纷纷进行点赞。师生同心,其利断金,教师停课不停教、学生停课不停学,居家工作、学习,共同打赢疫情防控阻击战役。

二、具体措施

(一)教学理念与模式

回顾过去十几年来学校组织的教学质量提升行动,从项目课程改革到合格课程评估,再到混合式课程建设,一直到最近几年开始的翻转课堂授课模式,无一例外的都是在转变和树立教师的教学理念——人才培养要以传授知识为主向既要教书更要育人的转变,树立不仅要培养学生掌握知识、熟练技能,更要注重提升学生的思想道德品质的理念;授课过程以教学为中心向以学习为中心的转变,树立从学情出发设计课堂教学、先学后教、学情决定教学的理念;考核形式以注重结果向注重过程的转变,树立注重揭示知识形成的过程,让学生在自主交流合作、观察思考中得出结论的理念。

疫情期间的在线教学,师生之间通过互联网隔空交流,让教师更能感受到转变和树立新的教学理念的重要性。

(二)教学组织与实施

1.教学平台的选择

疫情期间,在国内各大高校教学平台均免费开放的前提下,选择一个有利于教师课程讲授、学生在线学习、师生即时互动的平台才是关键。选择蓝墨云班课授课平台主要是基于以下几点考虑:

(1)网络、服务器、手机和电脑等硬件配置要求不高;

(2)学生听课及师生互动更加方便;

(3)授课平台方对待全课程在线授课的态度;

（4）学校对于在线授课数据回流的要求。

蓝墨云班课授课的形式是采取轻直播/讨论,对于网络和服务器要求相对较低,学生手里只要有一部手机就可以完成所有的学习任务。在授课过程中,学生即时互动体验感较好,通过学生对教师所发送的信息进行即时点赞,教师就可以掌握学生在线学习情况。蓝墨云公司业务人员下探到学校教师群,能够及时解答老师上课过程中遇到的问题,并作为信息传递媒介把教师上课过程中所遇到的难题及时反馈到公司,有利于软件的有效更新。另外一个重要的因素是,蓝墨云班课的数据能够及时回流到学校教务部门,更加有利于相关管理部门收集整理甚至挖掘有用数据,很大程度上减少了信息的传递成本。

2.课前准备工作

（1）组建 QQ 群。

授课班级的同学通过学习委员信息传递组建财务管理线上学习交流群（图1）。任课教师可以直接加入该班级的 QQ 群,这样做固然方便快捷,但考虑到学生在班级群内面临着来自各个信息通道传递过来的各种各样的信息会手足无措,经常会错过很多重要的信息。为了保证信息传递的及时性,为了给学生以有温度的关怀,为了便于师生之间有一个更加良好的交流环境,专门成立一个课程学习 QQ 群是很有必要的。

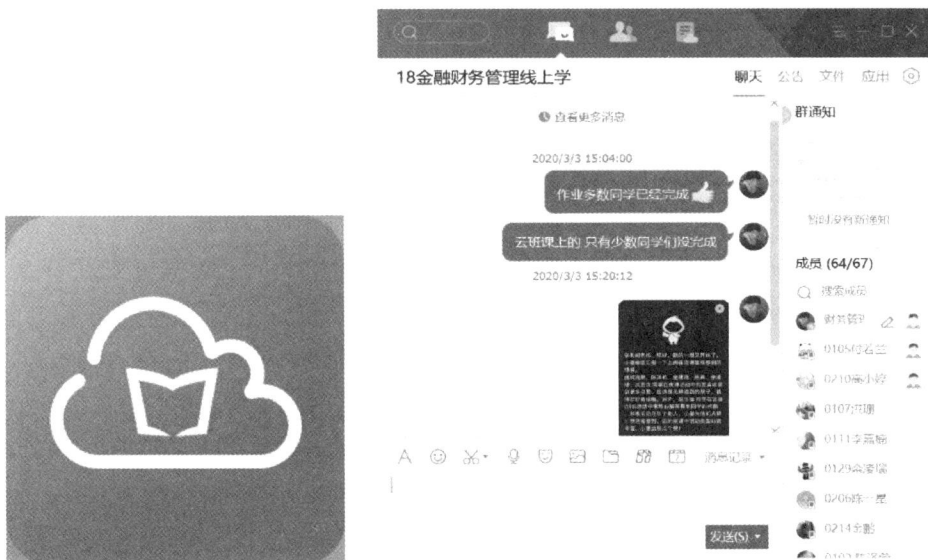

图 1　蓝墨云图标及授课班级 QQ 群学习交流截图

（2）创建云班课。

在蓝墨云班课平台以班级为单位创建云班课，通知学生加入，并告知学生所有与本课程相关的互动学习均在而且只在蓝墨云班课中实现（图2）。这样做主要也是站在学生角度来考虑问题，因为学生本学期所修的课程门数较多，而且每门课都会选择不同的两个甚至更多的学习平台，对于学生来说这并不是一件很好的事情。

图 2　创建云班课、慕课资源截图

（3）为学生提供优质的慕课资源。

在授课过程中，为学生在智慧职教教学平台中优选了一门财务管理的课程。这是对云班课轻直播形式授课的最好的辅助与补充。学生可以在课余时间参与到慕课学习当中，看视频以及做练习等。学生可以自由支配学习时间，同时参与一门课程的两个不同课堂的学习，同时听取两个不同老师对同一个知识点的解读，对于学生全方位掌握所学并不是一件坏事。

（4）为学生准备教材。

学生学习财务管理课程，必须要有教材。在疫情期间，考虑到学生没有教材，这对于学习本课程会有很大的障碍，所以在蓝墨云教材当中优选了一本免费电子教材，供学生阅读和学习。该教材中除了纸质教材中应有的内容和功能之外,还融入了在线测试、知识点视频讲解、相关知识搜索等内容,拓宽了作为一本教材的容量,加大了知识的能量密度(图 3)。

图 3　教材资源截图

(5)每次上课的前一周会发布学生下一周的学习任务

学生通过学习任务的导引,可以有目的地进行课程预习,有效地把握学习的节奏(表 1)。

表 1　学习任务表

序号	学习内容	学习方式及时间	学习途径
1	自学云教材 　　第二章　资金时间价值 观看教学平台 智慧职教平台 MOOC 学院 　　财务管理实务课程 2-1　微课:什么是资金时间价值 2-2　微课:单利 2-3　微课:复利	自主安排时间 3 月 3 日之前完成	教学平台: 云课堂——智慧职教
2	课程直播	3 月 3 日 9:00—9:30	云班课——轻直播
3	作业	3 月 6 日 20:00 之前提交	教学平台(云班课)
4	作业反馈交流	3 月 10 日 9:00—9:30	教学平台(云班课)

（6）录制授课视频

每周上课之前，针对授课过程中的难点和重点，教师会录制一些短视频（图4）。提前上传到授课平台上，以供学生课前学习观看（视频资源正在逐步建设过程中）。

至此，课前准备所需要的所有元素均已到位。

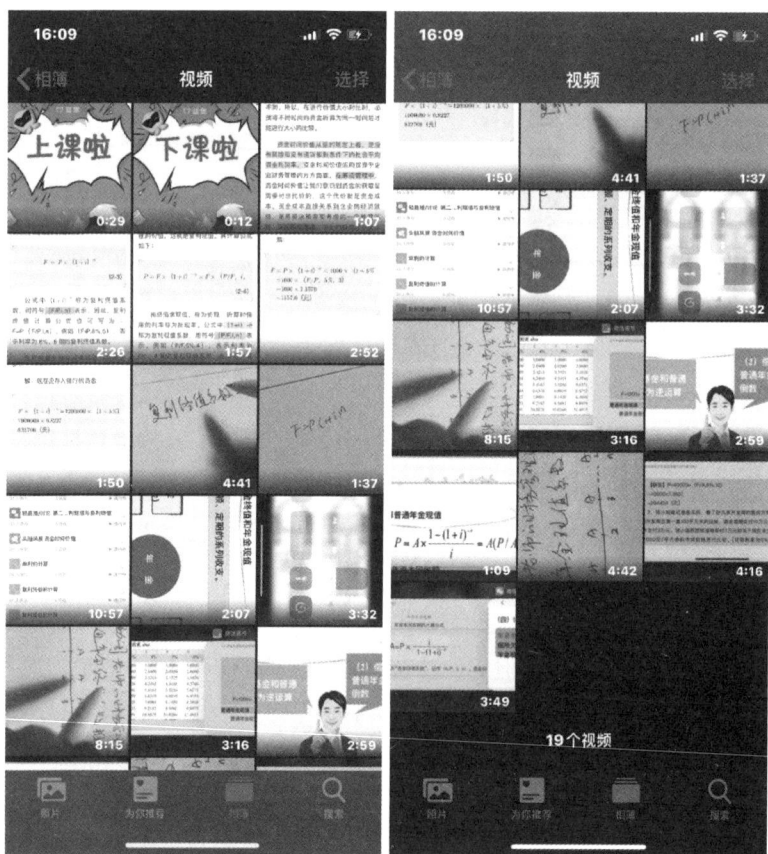

图 4　录制授课视频截图

3.课中授课

（1）课前签到。

授课前十分钟为签到时间，其中前五分钟为云班课签到时间。考虑到网络及设备问题，后五分钟为手动签到时间。在此期间，通过云班课课前讨论板块或 QQ 群与未签到成功的学生进行沟通，进行手动补签。这样操作可以减少学生的焦虑感，并尽量保证按时上课的时间。本课程在线授课采取的是课前和课后两次签到的形式(图 5)。

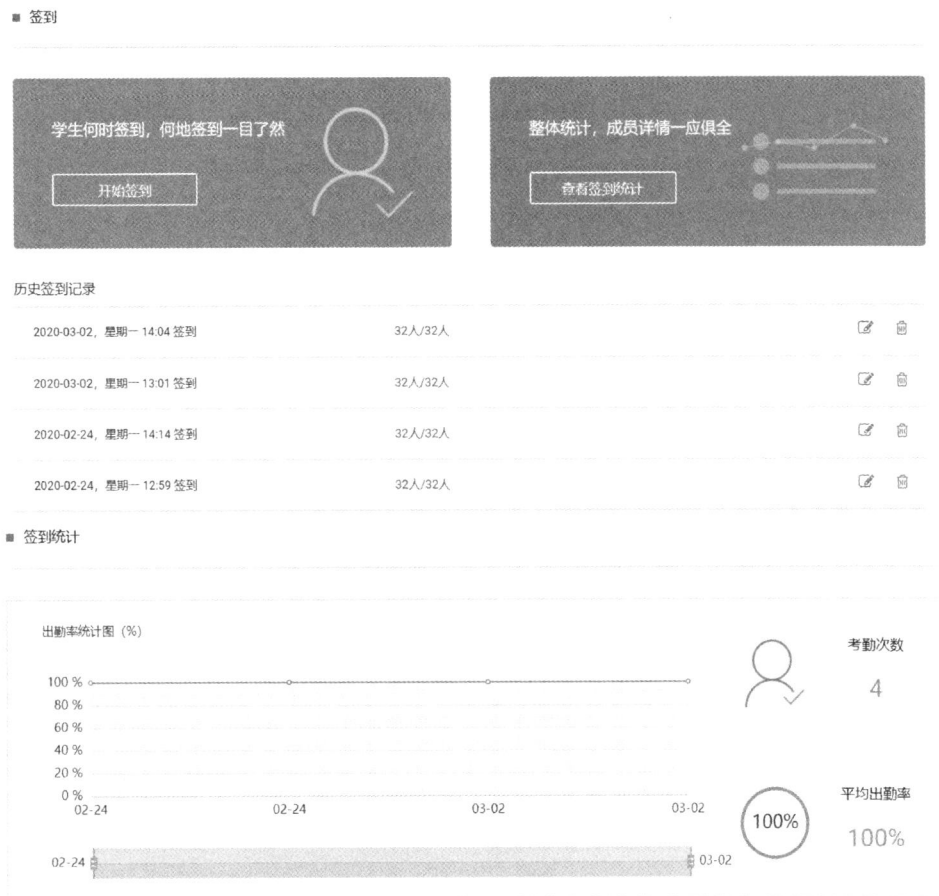

图 5　课前签到截图

(2)正式授课。

在采用云班课轻直播/讨论功能进行授课的过程中,分别开启了三个轻直播/讨论板块,分别是:课前讨论答疑板块、正式授课板块、课后答疑板块(图6、图 7、图 8)。

课前讨论答疑板块的功能是与学生在课前进行有效的沟通。学生自学的情况可以在此进行互相交流,教师也可以参与进来进行指导,尤其是难点、重点的部分,学生存在疑问的,均可以在这里进行交流,方便教师在授课过程中对重难点问题的把握。

正式授课板块的功能为集中授课期间使用,正式开始上课第一步是全员

○ 全部活动　○ 未开始　○ 进行中　⊘ 已结束

第二周学习任务（3）

轻直播/讨论 第二周授课后讨论答疑
共31人参与 | 2020-03-02 | 3经验
投屏模式　▶ 开始活动 ···

轻直播/讨论 第二周授课 复利现值与复利终值
共32人参与 | 2020-03-02 | 3经验
投屏模式　▶ 开始活动 ···

第二周学习 课前讨论答疑
共30人参与 | 2020-02-27 | 3经验
投屏模式　▶ 开始活动 ···

图 6　课堂学习情况截图

图 7　轻直播/讨论情况截图一

禁言，因为在这个板块中需要尽可能地保留有效信息，禁止学生刷屏，方便学生课后浏览、查询上课期间的有用信息。第二步为正式授课，在授课期间以语音＋文字＋图片＋小视频的形式穿插进行。为了能够了解学生学习的进度，要求学生听过或看过的教师上传的各种信息均以点赞的形式进行回应，代表学生已经看过或听过。教师看到绝大多数学生均已点赞，便可以开启下一个知识点的学习。这样能很好地把握住授课的节奏，基本做到教师授课与学生学习同步进行,以免出现学生跟不上的现象。

网络授课中一个很重要的关键点是师生互动。在授课期间,通过抢答、投票、头脑风暴等形式进行互动,学生能够及时反馈学习的效果。

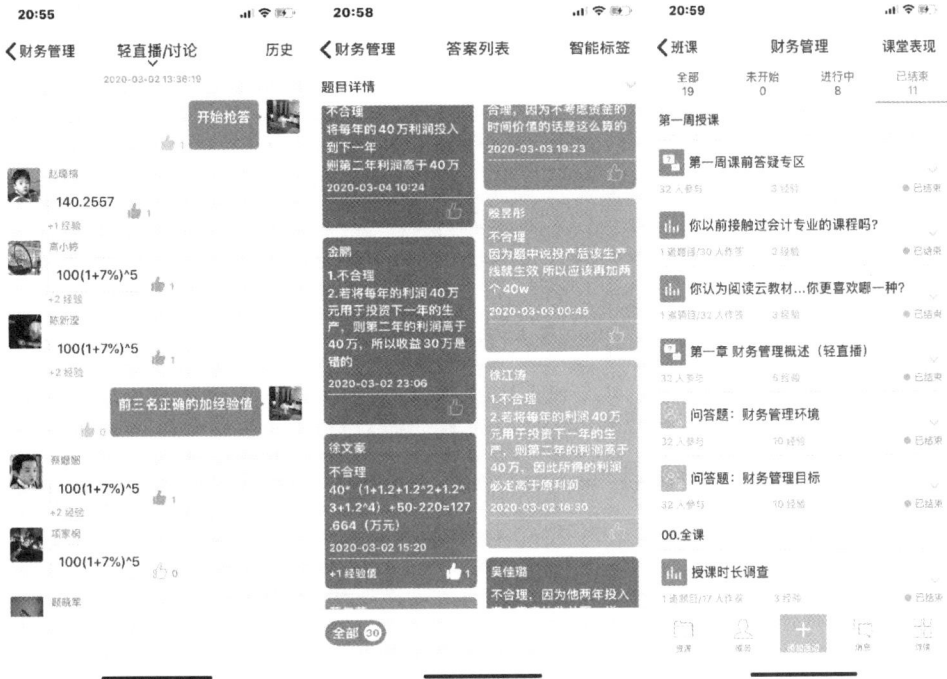

图 8 轻直播/讨论情况截图二

4. 课后交流

在授课结束之后,立即开启课后答疑板块,要求学生移步到该板块进行交流(图 9)。交流内容包括该次授课过程的知识点、重点、难点,该次授课形式及方法是否合理,学生体验是否良好,学生所提的意见或建议等。通过"趁热打铁"式的课后交流,在学生大脑仍处于学习亢奋状态的情况下,与学生平等交流刚刚结束的课程内容,其效果很明显会优于一段时间之后再谈起这次课程的效果。

(三)教学评价与考核

学生对于这种授课形式表现出浓厚的兴趣。课上的重点、难点视频可以反复观看,非重点、难点的部分在课下自学,避免了现实教学中学生注意力不

图9　课后交流情况截图

集中、授课不能有针对性地回放等缺点。学生的学习时间可以根据实际情况自行安排，相对自由。

　　本课程教学评价与考核注重过程性考核，在平台上的各种组织过的学习活动情况对学生评价与考核均有不同程度的影响，包括云教材的学习情况、作业完成情况、课堂互动情况、投票和测试的参与情况以及课后答疑情况等，均以教师赋予学生经验值的形式给予一一体现。通过多维度指标的考核，给学生以相对客观的评价，避免了早期以一张试卷进行结果考核的诸多弊端。

（四）教学反思与改进

1.授课过程中存在的问题

（1）客观条件的局限性。

在授课期间，过程是否流畅，关键取决于网络带宽和服务器容量。教师的

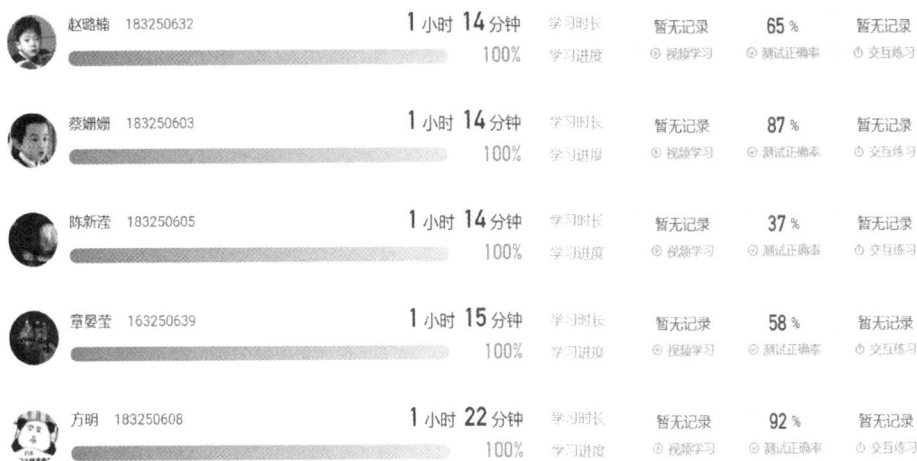

赵璐楠 183250632	1 小时 14 分钟 学习时长 100% 学习进度	暂无记录 ⊙ 视频学习	65 % ⊙ 测试正确率	暂无记录 ℹ 交互练习
蔡姗姗 183250603	1 小时 14 分钟 学习时长 100% 学习进度	暂无记录 ⊙ 视频学习	87 % ⊙ 测试正确率	暂无记录 ℹ 交互练习
陈新滢 183250605	1 小时 14 分钟 学习时长 100% 学习进度	暂无记录 ⊙ 视频学习	37 % ⊙ 测试正确率	暂无记录 ℹ 交互练习
章晏莹 163250639	1 小时 15 分钟 学习时长 100% 学习进度	暂无记录 ⊙ 视频学习	58 % ⊙ 测试正确率	暂无记录 ℹ 交互练习
方明 183250608	1 小时 22 分钟 学习时长 100% 学习进度	暂无记录 ⊙ 视频学习	92 % ⊙ 测试正确率	暂无记录 ℹ 交互练习

图 10 教材学习情况截图

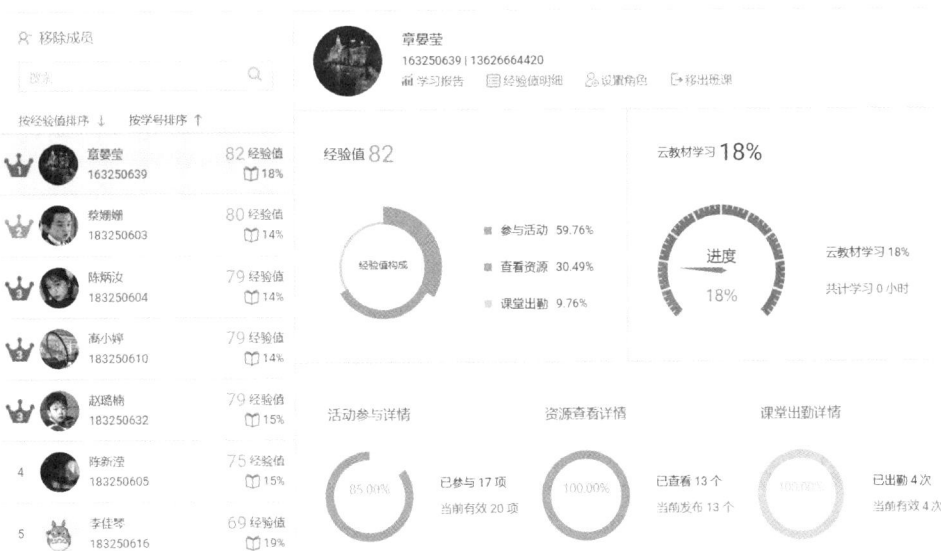

图 11 学生学习情况截图

家庭网络以及学生的网络带宽均受到不同程度的限制,在大量数据拥堵的情况下,即使是云班课轻直播也会出现严重的卡顿现象;少数学生没有电脑,对于一些复杂的作业很难独立完成。

(2)后台数据的可靠性。

虽然在授课期间会有互动、答疑,但仍有一部分学生不活跃。他们在每次活动中只是应付了事,拿到了应得的经验值即可,在没有面对面授课的过程中,很难判断学生的学习态度;学生抄袭课后作业的成本更低,造成少数同学作业雷同甚至是一模一样,教师取证困难。

2.对于线上授课的思考

(1)培养学生综合素质与能力很重要:在线教学翻转授课,在教学目标的实现上不仅仅要让学生掌握并运用专业知识解决问题,同时还要培养学生在网络教学环境之下的自律意识和互联网工具的使用能力。

(2)课前提供够用的学习视频很重要:在教学准备过程中,提前录制教学视频显得十分的必要而且重要,每段视频只解决一个小的知识点,时长控制在8分钟左右,由学生自主反复观看。

(3)准确并及时得到学生反馈很重要:在教学进行过程中,将课前、课中和课后分别开设不同的答疑讨论板块,有利于学生及时反馈问题,便于教师有针对性地进行课堂教学设计,以提高每次课程的有效性。

(4)多维度地进行学习效果评价很重要:在教学考核评价方面,充分利用云班课中的各项功能,多维度地对学生进行考核评价,进而能够充分体现过程性考核的实质。

教师在这种新型授课过程中,虽然面临着很大的挑战,备课的工作量大增,但在准备授课资源过程中也学到了很多互联网新技术,提高了教师对于网络资源授课的认识,对于疫情过后提高现实授课的质量会有很大的帮助。

三、实施效果

通过蓝墨云班课实施翻转授课,对于学生学习没有了时空限制,学生可以在课后充分利用碎片时间随时随地查看资源,极大地提高了教学资源利用率;实施翻转授课,有效地促进了教学方式转变,从课程设计到录制微课,再到选择并推送资源,做到了随时与学生互动,使教师心中有学生,了解学生对知识的掌握程度,同时对教师在专业知识、信息能力等方面不断自我提升也有非常大的促进。

通过蓝墨云班课实施在线授课,在很大程度上提高了学生对课堂学习的兴趣。在线下授课中个别学生对于课堂上的存在感重视不足,认为自己可有可无,不举手、不发表看法,甚至签到都不予理睬。但在线上课堂却是另一种态度,每个学生都非常重视自己是否签到成功,在课上互动时每个同学都可以很容易地发表自己的看法,不管是对还是错,对学生来说都是在认真思考的良好体现。不论回答是否正确,教师对学生的积极表现都会赋予一定的经验值,这既让学生拥有了良好的体验感,又方便了教师对每一个学生做出更真实全面的评价,充分地体现了以学生为中心的原则。

通过蓝墨云班课实施在线授课,更加突出了学生的个性化学习特点。由于学生在学习能力、理解能力和时间分配上的差异,学生可以有选择地多次观看视频资源、重复做练习,以达到掌握知识和技能的目的。另外,随时随地与教师进行线上交流,个性化的问题可以通过一对一的方式进行解决,会更加激发学生的学习兴趣。

总之,线上翻转授课的模式是一种物理教学模式转变,真正确立了学生的主体地位,让师生互动变得更加真实和更加容易,让信息反馈变得更加准确和更加及时,让学习变得更加主动,让教学变得更加高效。

四、特色创新

(1)课程授课应用平台少,避免了学生上一次课在几个平台上切换的忙碌,从而提高了在线授课的效率和效用。

(2)采用轻直播形式授课,尽量避免直播出镜授课过程中的网络卡顿现象,减少了学生注意力分散现象。虽然不能和学生"面对面"交流,但看到每条信息上学生点赞数量在增加,教师也会感到一种莫大的鼓舞。授课历史记录便于学生课后翻看和查找。例如,对个别同学在某一次课程中所获得较多经验值的进行鼓励,课后该同学会经常翻看那次课程的记录并展示给身边的亲戚朋友观看,进而提高该同学对本门课程的兴趣,同时也大大地提高了这位同学的自信心。

(3)授课过程中使用的小视频短小精悍,便于播放;每一个小视频就是一个知识点,避免了学生在看直播回放过程中花费大量时间去寻找的困难。另外,由于小视频文件较小,便于上传到云班课资源中,方便学生后期反复观看。这大大地提高了学生学习的个性化。学生对于不理解的知识点,通过反复观看视频,捕捉视频讲解中的细节,可以顺利地学懂知识点和运用知识解决问题。

(4)课程思政元素有效地融入学生学习(图 12)。在课程授课过程中,教师收集与本课程有关的视频、文字资料供同学们下载观看,既拓展了学生的专业知识和认知能力,了解了国家的金融经济政策,同时也为树立学生的世界观、人生观和价值观,对于青年人如何获取知识、运用知识,将知识转化为智慧等方面起到了引导的作用。另外,在轻直播过程中老师在课程结束之后会要求学生在直播界面以图片或小视频的形式为武汉加油,为中国打气,以此用来激发学生的爱国热情。

课程思政(4)	
W	疫情期间的另一种逆行.docx
	17.44 KB｜2020-03-09 15:57:41｜2 经验｜0 人已查看
	名师讲道:聊聊LPR浮动利率那些事儿.mp4
	156.6 MB｜18.3 分钟｜2020-03-08 16:12:57｜2 经验｜20 人已查看
	名师讲道:存款准备金之玄之又玄.mp4
	74.88 MB｜8.7 分钟｜2020-03-08 15:39:08｜2 经验｜15 人已查看
	名师讲道:银行贷款与小额贷款.mp4
	100.99 MB｜11.6 分钟｜2020-03-08 14:38:26｜2 经验｜13 人已查看

图 12　学习效果截图

基于"职教云平台"的在线课程"同步" "异步"双结合教学模式的构建

——以"网络结构化布线与施工"课程为例

信息与智能工程学院 颜正恕[①]

一、案例背景

根据教育部印发《关于在疫情防控期间做好普通高等学校在线教学组织与管理工作的指导意见》中实现"停课不停教、停课不停学"的要求,遵循本地区的"停课不停学"在线教学规范指导和具体方案开展在线教学,通过充分进行"互联网＋教育"的应用,力争降低针对新型冠状病毒肺炎疫情对高校正常开学和课堂教学造成的影响。本次案例主要基于在高等教育出版社建设和运营的职业教育数字教学资源共享平台和在线教学服务平台即职教云平台开展"网络结构化布线与施工"课程的在线教学。

"网络结构化布线与施工"课程属于典型的高职的工科课程,是高职计算机网络专业的核心课程。平时,课程教学一直采用线上与线下翻转化的教学模式,整个课程基于工作过程系统化的理论和实践成果进行课程内容和教学流程的组织。课程教学内容体现为四个主要的学习情境(项目),分别为综合布线工程项目准备、单层单房间布线系统设计与施工、单层多房间布线系统设计与施工、多层多房间布线系统设计与施工。总体内容结构如图 1 所示,在职

---

① 颜正恕,副教授,国际学院专业主任。主要主持和参与项目十多项,其中省部级 2 项,厅市级 5 项;出版主要教材 2 部;发表论文 30 篇。主要从事计算机网络技术、计算机应用技术方面课程的教学工作。

教云平台的构建也基于图示的模式,并且将所有的资源存入"职业教育专业教学资源库"(图2)。平台很好地解决了疫情期间通过在线直播同步教学和在线课程异步教学双结合的模式进行在线教学的问题,为课程在线教学的实施提供了最佳保障。

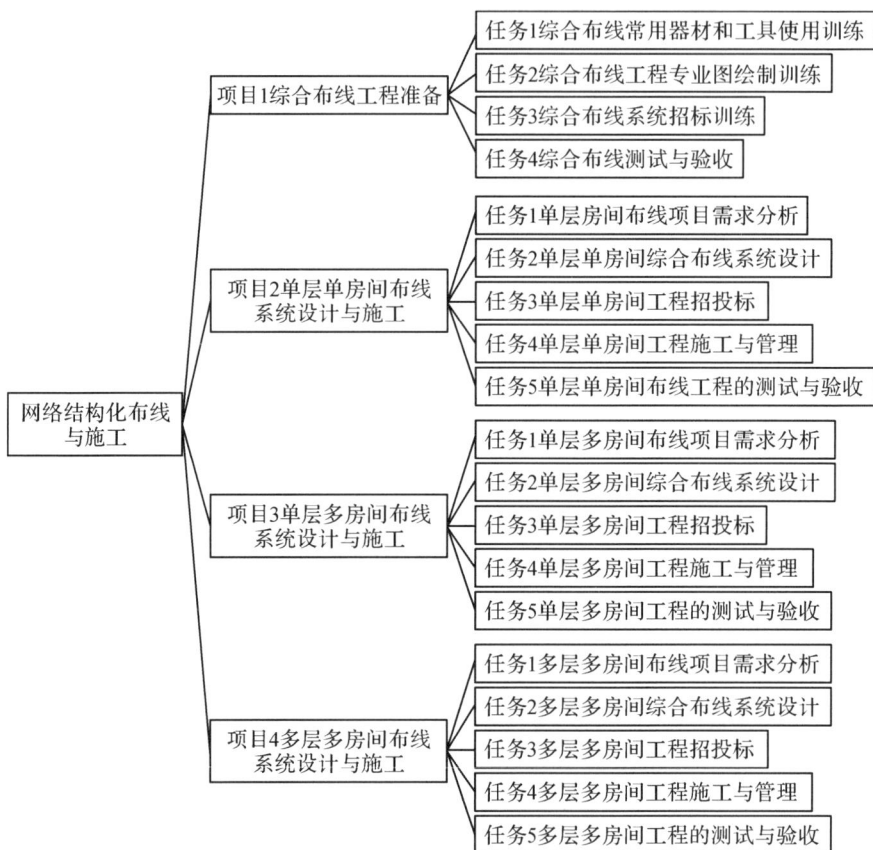

图1 课程教学内容分解重构结构图

图 2　职教云平台的课程设计模块图

二、具体举措

(一)教学理念与模式

目前,在线教学的教学理念和模式呈现百花齐放的局面且是教学理论和实践研究的热门研究领域,但仍旧没有统一且保证有效的教学模式和方法。但是,通过国内外的相关研究成果发现在线教学的有效性的关键因素却是比较明确的。不少学者认为学习者和学习因素、教师和教学因素、领域和任务因素、组织和安排因素、技术和交流因素及评价因素是在线教学能否成功的关键(Huang,Chandra,DePaolo,& Simmons,2016;Mustafa 2005;Ozcelik,& Yildirim,2005;Webster& Hackley,1997;汪琼,2007)。根据上述的在线教育理论基础、在线教学环境、教师、学生、在线教学资源、在线行为活动、在线多元评价等关键因素的分析,一些学者提出了在线教学的模式分类:在线直播同步教学、在线课程异步教学、在线双师协同教学和在线混合多元教学等四种模式(谢幼如,邱艺,黄瑜玲 & 王芹磊,2020)。本案例中采用了在线直播同步教学和在线课程异步教学双结合的模式进行在线教学,前者满足不同空间的教师和学生利用互联网、成熟的在线教学平台和直播工具开展同步同进度的教与学活动,后者满足利用在线学习平台、互动学习工具等开展的教与学活动。学生可通过职教云平台观看教师录制好的或其他录播教学视频、浏览拓展资源、查阅相关资料、参与互动交流、提交学习成果,开展练习测试和分享学习感悟等学习活动。

(二)教学组织与实施

为了更好地适应线上教学的需要,根据实际的工作环境和岗位要求,将每个完整的项目中分成若干子项目开展分布教学。这些分类也直接在职教云平台上进行了构建(图3)。在在线教学过程中使用行动导向,任务驱动的教学模式(来源于 PBL 或者 OBE),在教学实施过程中使用的教学法有案例教学法、讨论教学法和引导问题法等。学生按照六步法即资讯、决策、计划、实施、检查、评价来完成学习过程和任务。相对于学科知识系统化的课程内容序化方式,工作过程系统化课程更有利于培养学生"做事"的能力;相对于工作过程导向的课程,工作过程系统化课程则强调通过系统化的工作过程设计,让学生通过比较、迁移和内化,培养发现问题、分析问题和解决问题的思维,掌握资讯、决策、计划、实施、检查、评价的完整行动策略,在实施过程中,注意每个步骤根据具体情况可以进行重复或者循环,也可以以 6 个步骤为单位进行循环设计,从而促进学生的可持续发展。在整个过程中,充分利用学生开展的线上和线下相结合学习形式推进同步、异步双结合的在线教学的构建。图 3 中的"集中"是指教师组织学生同步开展教学，"分散"是指异步开展教学和答疑。

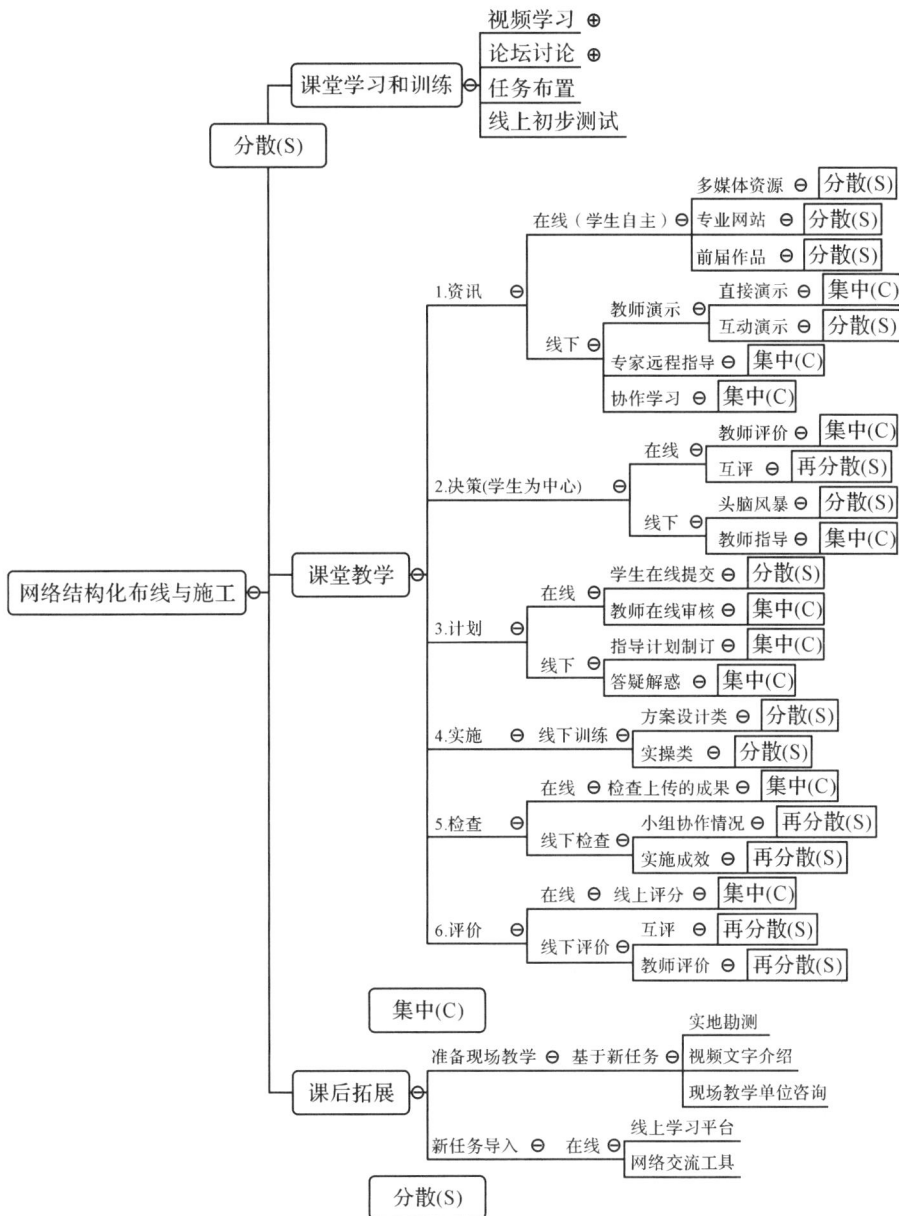

网络结构化布线与施工

- 分散(S)
  - 课堂学习和训练
    - 视频学习 ⊕
    - 论坛讨论 ⊕
    - 任务布置
    - 线上初步测试
- 课堂教学
  - 1.资讯
    - 在线（学生自主）
      - 多媒体资源 — 分散(S)
      - 专业网站 — 分散(S)
      - 前届作品 — 分散(S)
    - 线下
      - 教师演示
        - 直接演示 — 集中(C)
        - 互动演示 — 分散(S)
      - 专家远程指导 — 集中(C)
      - 协作学习 — 集中(C)
  - 2.决策(学生为中心)
    - 在线
      - 教师评价 — 集中(C)
      - 互评 — 再分散(S)
    - 线下
      - 头脑风暴 — 分散(S)
      - 教师指导 — 集中(C)
  - 3.计划
    - 在线
      - 学生在线提交 — 分散(S)
      - 教师在线审核 — 集中(C)
    - 线下
      - 指导计划制订 — 集中(C)
      - 答疑解惑 — 集中(C)
  - 4.实施 — 线下训练
    - 方案设计类 — 分散(S)
    - 实操类 — 分散(S)
  - 5.检查
    - 在线 — 检查上传的成果 — 集中(C)
    - 线下检查
      - 小组协作情况 — 再分散(S)
      - 实施成效 — 再分散(S)
  - 6.评价
    - 在线 — 线上评分 — 集中(C)
    - 线下评价
      - 互评 — 再分散(S)
      - 教师评价 — 再分散(S)

集中(C)

- 课后拓展
  - 准备现场教学 — 基于新任务
    - 实地勘测
    - 视频文字介绍
    - 现场教学单位咨询
  - 新任务导入 — 在线
    - 线上学习平台
    - 网络交流工具

分散(S)

图 3　在线课程"同步""异步"双结合教学模式的教学组织示意图

本课程的在线教学采用课前在职教云平台开展异步教学即分散学习为主,学生在课程平台中自主学习为主(本课程的教学平台主要指职教云平台),学习内容包括经过结构和重组的相对独立但又可以进行系统组合的布线理论、设计方法、案例、操作规范和流程等基于工作岗位的工作任务的实施流程的内容,适合学生进行多次学习自我领悟。

课前也会有些小的主观题目,便于学生通过简单应用对知识完成联想和初步记忆;依靠职教云平台的论坛、实时通信软件进行错时答疑、面对面的辅导。通过课前导入收集的数据及时反馈学生课前学习情况。

课中则是关键能力的养成环节,在此环节主要采用同步集中的方式,通过在钉钉平台开展视频直播的方式讲解重点、难点,并将课前知识进行整合从而为实际应用给出实施方案。教学方法主要是案例分析、直播操作和讲解。学生在此过程中可以通过远程连麦、留言面板发言等方式进行互动。互动分成轻互动和重点互动。轻互动是带着多种目的通过轻直播和实时通信工具来实现的,重点互动则是通过面对面的教师讲解和学生展示等方式来实施的,需要花费大量的时间和精力;在实施过程中可以进行结合。课中教学的最后对教学做总结和重点、难点的提炼,并告知下次课的内容和课后活动。

课后巩固拓展环节则完成相应的训练或者提供拓展资源供学生进行参考,由于学生在职教云平台上进行学习会留有痕迹和形成学习成果,因此后期的教师跟进也较为重要。对于拓展学习过程中的答疑和对问题学生的帮扶成为本阶段的重点。最后给出学生的评价,由于撰写的书面评语可能会让学习者有误解或者难以理解,因此对于较为复杂的评价则通过面对面或者轻互动的方式进行。

(三)教学评价与考核

这里的评价主要是基于两个主要的在线课程质量观,分别是纯粹效益质量观和系统性质量观。前者主要是满足学生的学习效能,经过在线学习学生是否可以满足企业需求(陈丽,2018;丁新,武国志,2005);后者关注在线课程设计与运行科学性与有效性,涉及发展质量观、产品质量观和效益质量观(袁松鹤等,2012;程新奎等,2019)。这两种质量观在本课程的应用是基于微观的视角,并不涉及宏观的在线质量观点和体系。前者主要是以学习者的角度为主,后者主要是以在线教育办学和研究者为代表。下面的在线考核的形式可以从成果检验的方面来对教学质量进行一定程度的评估。

本课程采用线上线下同步考核的方式。总分由线上的考核成绩和线下的过程学习成绩相结合。

（1）线上学习：观看视频及富媒体材料，完成每章（节）视频后面的测验题。

（2）线下练习：完成模块、耗材制作并可以在论坛提交视频或者图片，教师可以进行评价，这里不作为最后的分数，是为了提升在线学习第二课堂而构建的。

（3）问题讨论：针对老师或学生提出的问题，在讨论区发帖或回帖，促进师生、学生间的相互学习。

（4）期末考试：在课程结束后，完成课程的期末考试。

学生成绩＝线上学习测试（30％）＋问题讨论（24％）＋期末考试（46％）

而对于整个课程的在线教学质量则体现了李爽（2020）最新提出的在线课程质量要素评价维度进行评价（表1）。

表 1　在线课程质量要素评价表

在线教学评价要素分类	关键因素	要素实现观测点
在线课程设计开发类	课程目标	课程向学生提供的完成课程学习需要达到的在知识、技能、素养和思政方面的目标
	课程内容	经过解构和重构的课程内容与线上线下多元化的资源
	学习过程	设计的学习过程与活动符合在线课程的要求并能为实现课程学习目标有效服务
	学习支持服务	课程针对学生课程学习需求与困难提供给学生的信息、人员、资源、技术工具等学术与非学术性支持服务的总和
	学习评价	具有评价学生表现与学习有效性的过程和工具
	在线教学环境	课程为呈现课程内容、开展教学、促进学习所选择、应用的平台、技术与工具
在线课程运营管理类	实施效果	课程教学组织实施过程的投入与效果
	改进发展	课程根据问题与需求及时改进与发展的情况，体现了课程的质量发展潜力与可持续性，确保课程动态适应不断变化的教学与学习需求
	社会影响	课程在社会上的认可度与接受度，一定程度上体现了课程满足社会需求的程度

(四)教学反思与改进

学生通过在线学习,也能够习惯利用信息化手段进行学习,有了自觉关注线上职教云平台的习惯,并能在线下积极配合,师生共同提升教学效果和质量,也充分加强了师生沟通,构建师生核心共生的模式,这也为在课堂上进行课程思政提供了契机。在在线教学中,教师需要在设计过程中充分考虑学生个体学习情况和在线教学环境,在同步教学过程中以教为主,适当开展活动教学通过活动交流来满足学生面对面的学习需求。对于高职学生来说,学习主动性的培养是需要的但并不是最主要的,而同步和异步教学的效果是核心,才是可检验的,这就需要教师进行时时督促和提醒,适当开展个性化指导以满足学习者的需求,因为单靠学生的主动学习能力无法保障学习效果。

基于这些现状且为了更好地达成学习目标,后期将探索在同步与异步双结合的情况下融入双师或多师协同的教学模式,即线上教师将通过实时音视频、文字或微课解答学生的问题,实现精准学习、精准答疑、精准提升;线下学科教师引导学生巩固拓展,举一反三,个性化提升学习效果。继续加强教学的有效性,并开发多种途径进行效果检验。在技术保障方面,政府、学校和社会可以投入更多人力和财力来开发线上的虚拟模拟系统,为工程类课程教学提供教学保障,降低在疫情期间无法开展实操训练的问题。

三、实施效果

通过课程在线教学,学生对所需要掌握的知识和技能有了深入了解,掌握了实操技能,知晓了相关国家标准,解决了授课课程的重难点。通过具有针对性的课程内容和教学方式的设计,在线上成功开展了基于六步法的工作过程系统化的教学模式和项目化教学方法。开展同步教学较为流畅,学习者能和教师在思想上和思路上进行同步,通过线下的异步学习,实现师生合作交互,协作教学等活动,减少了在线教学活动散乱、缺乏聚合、直播中易于脱离等问题。通过单独辅导,也能体现个性化教学策略,丰富教学手段,扩大精细指导的操作面,也能较好地得到学生的支持从而为其他形式的教学奠定基础。在线资源较为丰富,为学习者的学习需求提供支持,让学生身在家而心在学,促进在线学习与传统课堂教学质量实质基本等效。通过调研发现学生的学习获得感较好,学习覆盖面较广;当然也存在着师生联系紧密度需要加强,出现教师联系不上学生的情况,这也是在线教学的一个普遍问题。

课程在利用职教云平台开展本校的 SPOC 教学的过程中,资源的易于组织和管理的特性对课程的资源顺利查询和利用提供了极大的便利,教师可以随时通过不同的途径添加任务和作业(包括资源库导入、专业群导入、学校库导入等),同时也提供了和其他资源库的有效链接可以进行同步备份。这样就很好地避免了资源的重复建设和利用率不高的现象(图 4)。对于学生的评价也很方便,同时专门有相关模块告知哪些作业需要批改,在批改的过程中可以方便回溯、修改和给学生留言。批阅的过程往往是工作量很大的环节,职教云平台的评价打分模块很好地解决了工作量大的问题,提供了批量批阅,单独修正的功能,帮助教师很好地解决重复打分的问题。界面亲和、呈现丰富,关键是符合教师批改的一般流程(图 5),且对主观题和客观题都支持得很好。因此为本课程的教学评价提供了很好的支持。

图 4 基于职教云平台的资源管理结构截图

在资源的利用过程中,由于资源的排布合理,寻找和编辑过程非常顺利,效率很高。在学生的信息收集和课程分析方面也提供了最佳的工具,包括总体概括的数据、学习进度、课件访问和资源统计都非常地直观,能够帮助教师在丰富

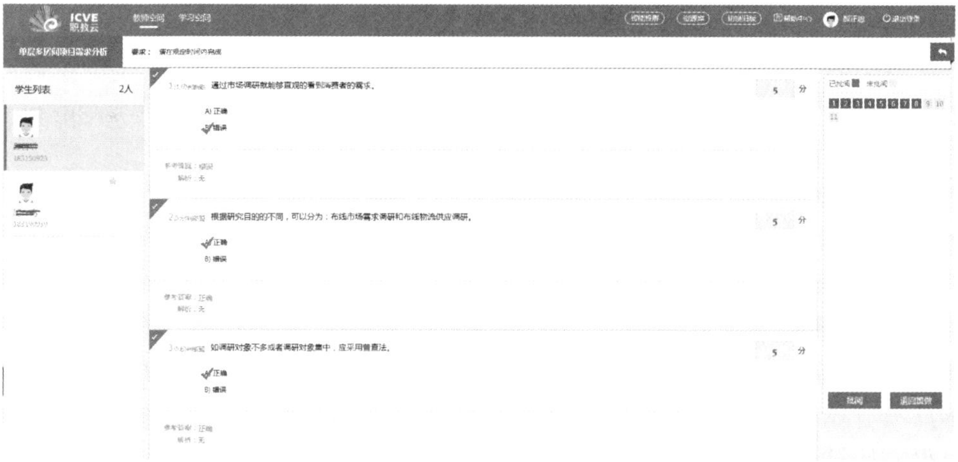

图 5　教师评价模块截图

课程内容、监督学生学习和分享学习成果方面提供有效的支撑(图 6)。

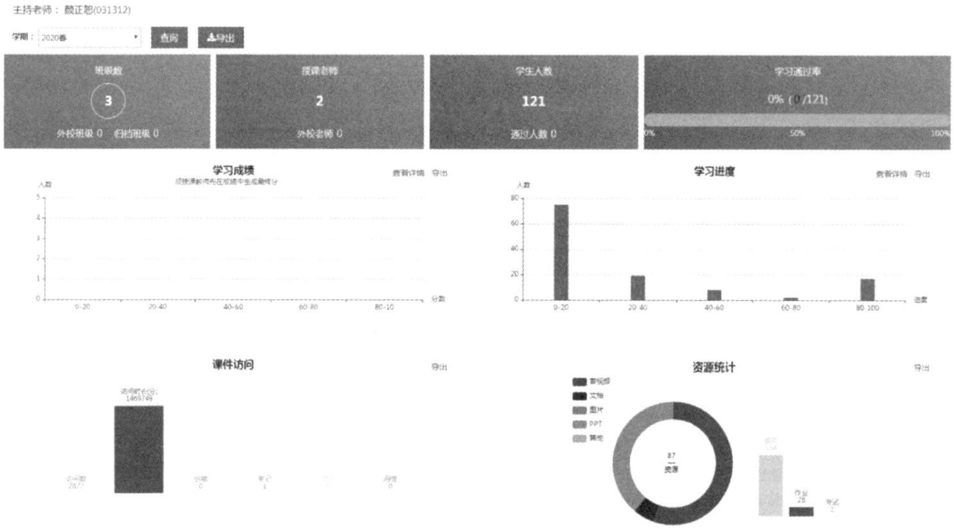

图 6　职教云平台课程分析工具截图

通过职教云平台不但可以进行完全的在线教学还可以方便地实现翻转课堂的教学模式。在线上线下翻转教学的过程中,实现了以学为主的教学模式,学生参与度较大。教师完成教学评价后,学生进行修正并再次上传,提高了教师的评价效率,且在一定时间内学生可以进行更多的训练,学习效果比不使用或者简单使用 SPOC 有了较大提升。通过线上线下结合,教师可以进行数据收集从而进行因材施教同时提高了学生管理的力度。数据也为教师在线下进行翻转提供了分层分类培养的指导,并通过线上工具不断督促学生学习,帮助学生纠正学习习惯和学习轨迹。由于线上互评对于学生的要求较高,因此在线下设置了互评活动和协同学习来呼应线上的学习,利用线下的实验实训设施提高职业技能:线下主要开展布线项目调研分析、招投标模拟和施工验收等对场景和实物有较高要求的活动,学生利用线上的内容结合线下教师个性化指导来进行具体实施,做到线上线下无缝对接。

四、特色创新

(一)教学模式改革方面

本课程采用"同步""异步"双结合教学模式,增加了与在线教学平台,如职教云平台的有效对接、而对技术和教学环境的依赖则大幅下降,特别是异步的教学,学生可以通过移动终端在平台上进行学习和交互,而教师也有数据支撑为后期的教学提供较为精准的方案,可以动态地调整教学方案解决线下教学墨守成规、超前设计等问题。同步模式可以让所有同学都可以同时发言和交流,不会造成线下沸反盈天的局面。当然,不少传统的教育理论和实践成果在线上环境仍然可以有效地提升学习质量完成学习目标,但在线教学不是线下教学的网上复现,也不是信息技术的堆积地。因此,对在线教学的模式理论研究将随着教学需求、技术发展和质量评价继续发展,学习支持服务的覆盖面与针对性,深入挖掘在线学习交互和在线学习活动在弥合教学时空、拓展资源供给、提升教学效果方面的支持作用,动态重整教学评价的方式和维度,凸显教学评价的导向功能,从而体现在线教学的效果和优越性。

(二)课程体系建设方面

本课程采用课前渗透和准备、课中训练和课后拓展三个主要阶段,课前学习主要依托在线平台和通信软件开展,课中采用融合了工作过程系统化教学中的六步法和 SCS 的教学法。其中 SCS 指明确教师和学生两个中心和三阶段：分散（Separation）—集中（Centralization）—再分散（Again separation），三阶段可以任意组合并循环使用。首个分散代表学习者自学和协作学习，教师指导。教师集中指导演示，重难点讲解，组织讨论等。再分散强化训练，测试和实践。利用信息技术让学习者在最短时间获得经验，学会应用，引导激发创新意识，重点培养分析和解决问题的综合能力。

（三）教学内容方面

本课程教学内容形式多样，包括课程的课件、教案、试题库、慕课视频、动画视频、仿真实训等数字化资源。教学内容设计方面是基于项目任务，将原先大块的内容先碎片化然后再形成知识点和技能点，然后设计具有一定主题的项目任务作为知识点和技能点的承载，使得教学内容更加贴近实际。

（四）教学方法方面

1. 信息技术改革了旧的案例教学法，改善了传统教学模式中教师与学生形成的主客对立关系，真正以"学"为中心，通过对课前、课中、课后的学生学习过程数据的收集来分析学生的差异性，进行对症下药分类培养。并整合了小组学习、个别学习和兴趣学习等方式，在信息技术的应用下激活了这些方式，使得面对面教学的有效性得到了提升。

2. 课程整合了常用的基于信息技术的教学模式，包括电子学习、网络学习和多媒体学习等。加强了建构主义教学的探索，不断推动本课程的改革，保持课程的先进性。

3. 信息技术促进了新的教学模式的形成，比如本课程使用的翻转课堂教学模式和"同步""异步"双结合教学模式，以及形成了基于工作过程系统化的 SCS 教学法。

参考文献

[1] 陈丽,沈欣忆,万芳怡,郑勤华."互联网+"时代的远程教育质量观定位[J]. 中国电化教育,2018(1):15-21.

［2］程新奎,王国清.远程教育质量保障的国际经验:一个综合性框架——五个代表性质量保障框架的分析与综合[J].成人教育,2019,39(2):11-20.

［3］丁新,武丽志.远程教育质量:一种服务的观点[J].中国远程教育,2005(3):14-18,78.

［4］汪琼.网上教学成功四要素[M].北京:北京大学出版社,2007.

［5］谢幼如,邱艺,黄瑜玲,王芹磊.疫情防控期间"停课不停学"在线教学方式的特征、问题与创新[J].电化教育研究,2020,41(3):20-28.

［6］袁松鹤,齐坤,孙鸿飞.终身教育体系下的远程教育质量观[J].中国电化教育,2012(4):33—41.

［7］HUANG X,CHANDRA A,DEPAOLO C,& SIMMONS L（2016）. Understanding transactional distance in web-based learning environments: An empirical study. British Journal of Educational Technology,47(4),734-747.

［8］MUSTAFA KOC.（2005）. Individual Learner Differences in Web-based Learning Environments: From Cognitive,Affective and Social-cultural Perspectives. The Turkish Online Journal of Distance Education,6(4),12-22.

［9］OZCELIK E & YILDIRIM S.（2005）. Factors Influencing the Use of Cognitive Tools in Web-Based Learning Environments: A Case Study. Quarterly Review of Distance Education,6(4),295-307.

［10］WEDSTER J & HACKLEY P.（1997）. Teaching effectiveness in technology-mediated distance learning. Academy of Management Journal,40(6),1282-1309.

以学习为中心的新型混合式教学实践探索

——以 web 前端课程为例

信息与智能工程学院　郑　哲①

一、案例背景

2020 年的开春,新冠肺炎疫情席卷中国大地,学生和教师无法在现实中见面。各类学校纷纷响应教育部"停课不停学"的号召,于是大规模、成建制的线上教学成了教育系统的重要手段。这也是对教育系统应对重大突发公共卫生事件能力的一次检验,对运用信息化手段推进教育教学改革具有重大意义。教师在教育教学过程中既要明确当前线上教学"教什么"和"怎么教",又要不断探索开学后课堂教学与线上教育的有机结合。传统的混合式教学,基于课堂的翻转式教学所依赖的时空条件被彻底打破,相应的教学手段无法施展。"教师中心主义"的基本教育教学观与"学生中心主义"的基本教育教学观在疫情背景下再次受到了激烈的碰撞。在实时、互动、异地、分散的在线教学场景下两者的差别被剧烈放大。为遵循教育部《关于在疫情防控期间做好普通高等学校在线教学组织与管理工作的指导意见》指出的"各高校……积极开展线

① 郑哲,讲师,毕业于浙江大学软件学院。主要研究方向:虚拟现实技术,数据可视化技术,游戏开发技术,教育信息化。主要从事 Java 程序设计、网页制作等课程的教学工作。曾获全国高职院校信息化课堂教学比赛二等奖,省教师教学能力比赛一等奖,省青年教师教学竞赛二等奖,省高校微课教学比赛二等奖,校首届"教坛新秀奖",教育部在线教育中心"智慧教育之星"荣誉称号;获得 2020 年校教研成果二等奖;主持并获各类省高校教师教学技术成果 5 项,主持全国教育信息技术研究重点课题,省教育厅科研项目各 1 项。发表教科研论文十余篇,申请发明专利及软件著作权共 5 项。指导学生技能竞赛,获省二等奖 1 项、三等奖 4 项、新苗人才计划 1 项。

上授课……保证在线学习与线下课堂教学质量实质等效"的指导原则,本人及团队对新学期开始的"Web前端课程"进行全新的重构,坚持以学生为中心的课程学习设计理念,坚持以"成效为道,数据为器;交互为体,直播为用"的教学手段应用原则,以因应混合式在线课程教学的新形态。

二、具体举措

(一)教学理念与模式

1. 以学生为中心的教学设计

以学生为主体的教学设计,需要不断思考学生在疫情期间的切实需求和他们的关注热点。

(1)调查需求,按需设计。

新型混合式在线课程教学的盲点在于师生互不见面。教师失去了对学习者最有效的面对面交流和监管的能力。在教学设计中,也应该融入互联网思维,在课程设计之前,提前向课程的用户(学习者),进行需求调研。充分掌握学生需要什么形式的教学,学生身边有哪些可供学习使用的资源,学生偏好在什么时间段进行学习,学生观看直播的注意力有多长(表1)。

表1 学习者偏好调查表

问题	选项 A	选项 B	选项 C	选项 D
你手边有学习《web前端》课程相关的哪些工具(多选)	电脑(带麦)(92.46%)	智能手机(100%)	20M以上的宽带(或4G信号)(100%)	以上条件均不满足(0%)
通过直播的方式演示操作和通过录播方式演示操作,你更喜欢	直播(19.8%)	录播(7.8%)	直播＋录播(67%)	都不喜欢(5.4%)
您最喜欢的收看直播课的工具是	智能手机(41.3%)	平板(0.6%)	电脑(56.9%)	电视投屏(1.2%)

续　表

问题	选项 A	选项 B	选项 C	选项 D
你最喜欢收看直播课的时间段是	9:00—10:00（15%）	10:00—11:00（27%）	13:00—14:00（37.3%）	14:00—15:00（20.7%）
相比线下课堂,您最担心网课的哪些因素(多选)	共享资源不多（18.1%）	实操难以获得帮助（28.3%）	网络卡顿严重（31.5%）	直播屏幕太糊看不清,声音噪声影响收听（22.1%）
就你上过的网课中,你最熟悉哪款互动应用软件	学习通（94.6%）	雨课堂（2.4%）	蓝墨云（3%）	职教云（0%）
您能接受的直播课时长是	10 分钟（23%）	20 分钟（53%）	40 分钟（20%）	60 分钟（4%）

通过课前问卷反馈发现,本课程的教学对象只有 92.46% 的同学拥有电脑,进一步回访发现,部分学生因为寒假较短,笔记本电脑放在学校寝室,并没有带回家。但几乎所有的同学,都拥有智能手机和基本满足直播所需的高速宽带。

从学习者的学习偏好来看,大部分学生喜欢的教学模式是"直播＋录播"的形式。对于高职同学而言,除了具有一定的观看录播视频的自学能力之外,他们也期盼着通过直播形式,与教师实现网络空间的交流和对话;从观看直播的工具来看,学生选择电脑和手机作为常用的直播课收看设备,而手机观看直播的占比高达 41.3%。这就要求教师在制作课程资源时,一定要考虑满足移动设备观看的切实需求。制作课程资源时,包括 PPT 的模板选择,开发工具的界面字体、大小选择,图文对比度都要考虑满足学生移动设备观看的需求;从学生偏好的直播观看时间段和时长来看,大学生晚睡晚起的作息习惯显露无遗。在可行的条件下,优先选择与学生居家作息不冲突的时间段进行适时教学是保证教学质量的明智之举。合理设置直播时长,单一教学模式一般控制在 20 分钟之内,最长不超过 60 分钟;从学习者最担心网课因素来看,教师应充分做好网络卡顿导致无法直播的应急预案。从平台选择来看,除非特定课程需要,尽可能选择学生业已熟练的互动软件可有效降低学生的工具学习成本,提升线上教学的互动效果。

(2)结合疫情,思政相融。

在疫情期间,各行各业都涌现出大量的感人事迹,这些题材和元素不失为很好的爱国主义教育题材，也深切符合教育部关于将防疫知识、战"疫"先进事迹教育、生命教育、公共安全教育、心理健康教育等融入在线学习，增强学生爱党、爱国、爱社会主义的思想情感的指导方针。结合疫情，思政相融，是团队在重构在线教学内容的重要理念。

"Web前端技术"作为计算机应用专业大一学生下学期课程，如何融入疫情题材？经过一番思考，团队决定将大家每天关心的疫情分布图技术实现作为课程项目素材。经过开发制作尝试，发现将疫情分布图作为教学项目是可行的（图1）。经过大量的选题→能力、知识能力解构→教学实施策略设计→配套资源准备工作（图2），制作的所需的知识、能力内容很好地覆盖了课程标准中的相应知识点、能力点。重构后的知识单元根据线上教学特征，进行了合理的内容调整和顺序调整，但仍然满足课程标准中本课程拟定的培养目标。

图1　教学项目——全国疫情动态展示图

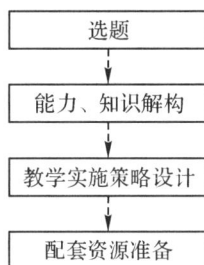

图2　线上教学项目解构图

团队对"疫情分布图项目"教学项目单元进行了内容重构和知识点覆盖（图3），以满足课程的教学目标。

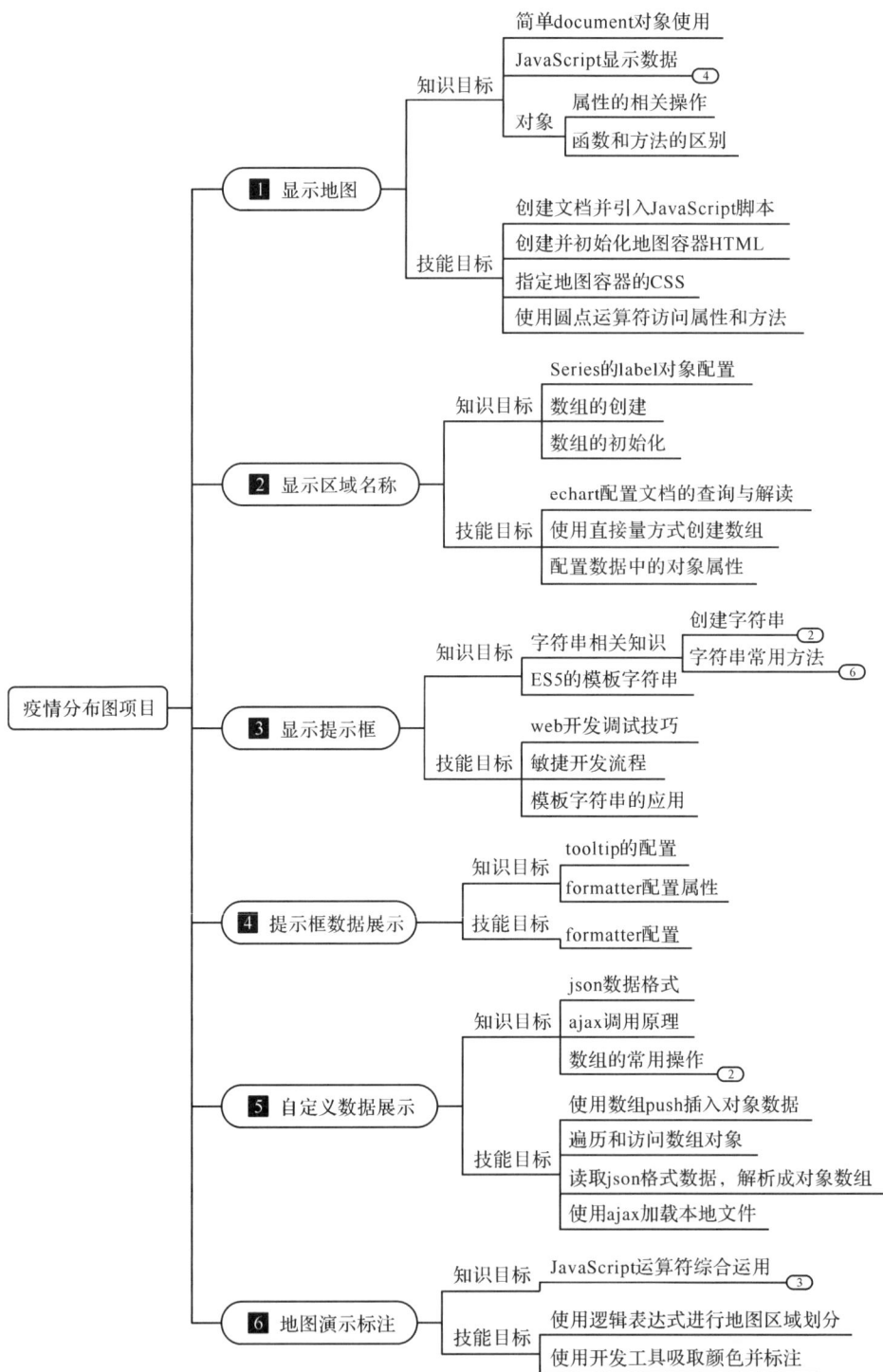

图 3　内容重构和知识点覆盖图

2.以学生为中心的新型混合式线上教学

有别于传统的 SPOC 翻转式教学课堂,新型混合式在线课程教学完全依赖网络开展在线教学实施。这对于网络和平台性能及稳定提出了更高的要求,同时也对远程大规模的教学组织能力、教师应对突发技术状况提出新的挑战。

根据前面的需求调查,课程采用"直播＋录播"的形式。录播可以解决错峰学习的网络压力导致平台有效访问性受限的问题;直播可以督促学生每周进行有效学习,集中解答学生在学习过程中的疑难解惑。但不管是录播还是直播,以"学生为中心"、学生主动参与的重要性都摆到了空前的高度。对于教师而言,唯一能做的就是促进学生参与度的提高。而提升教学有效性的办法就是提升教学内容的质量。

(二)教学组织与实施

课程采用图 P2C (PersonalSelf-LearningtoCentralOrganized-Learning)教学模式。在这种教学模式中,课前教学以 SPOC 平台推送教学慕课视频(见图4 中的①)。

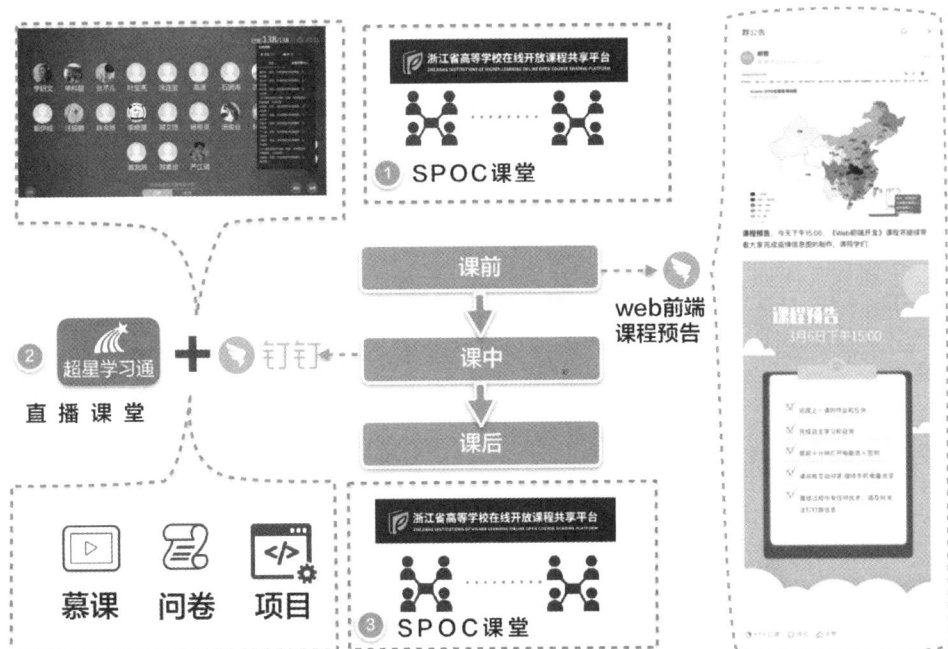

图 4　P2C 在线教学模式图

1. 课前

通过钉钉工具推送课程公告，及时告知学生直播课的准备工作、直播时间、注意事项等情况。课程团队以"平台＋工具"双通道的方式进行公告通知。

（1）每周的学习任务、作业要求、自主学习内容，充分利用省平台的公告功能进行定期发送（图5、图6）。

图5 平台课程公告明确每周任务截图

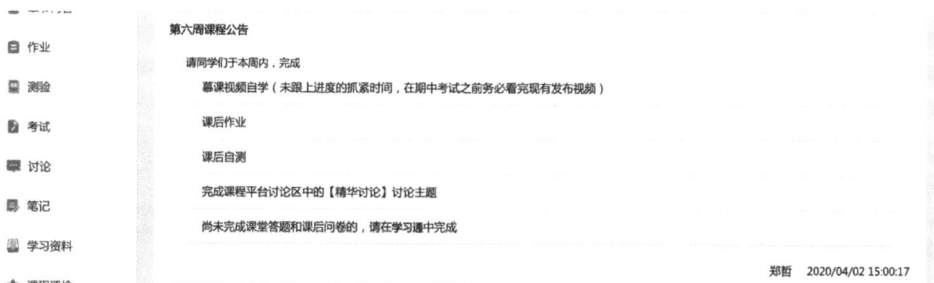

图6 每周任务详情截图

（2）每次课程所需的前期知识准备、教学重难点安排、直播时间等即时信息则通过钉钉群聊平台进行课前通知。通过钉钉可以确保信息务必通知到了每个学生，具有较好的信息即时性、完整性（图7）。

图7　钉钉课前公告截图

2.课间

使用直播讲解，配合在线互动的方式进行师生之间的互动交流。通过钉钉主要完成如下教学内容的现场实施：

（1）一周学生疑问集中解答（图8）；

（2）慕课知识点重点、难点解析（图9）；

（3）学习通课间互动测试，获取即时教学反馈（图10）；

（4）任务实操示范演示（图11）；

（5）课后任务布置。

图8　直播：一周疑难解答截图

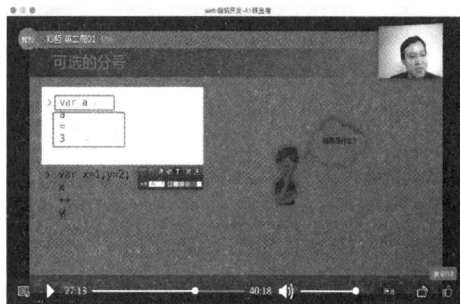

图9　直播：重难点讲解截图

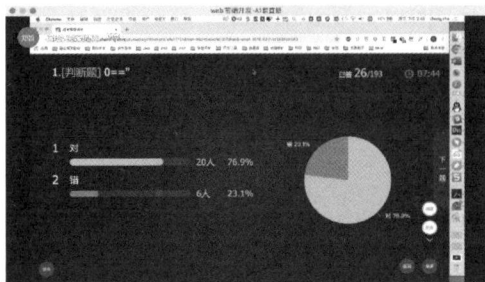

图 10　直播:在线互动截图

图 11　直播:实操演示截图

在直播过程中,主讲教师负责核心知识讲解,一周问题解惑;课程团队的其他教师作为助手随时解答教学过程中学生遇到的各种问题,实现师师协作、师生互动的新型线上教学模式。考虑到学生对于直播理论部分注意力持续时间不长,团队使用 keynote、iPad 等信息化工具创作呈现效果较好的显示动效,更好地增加理论教学的趣味性以吸引学生的直播注意力。此外,合理控制教学时长,利用学习通工具频繁穿插在线互动活动,以保证虚拟教学空间中学习的持续和有效。

3.课后

(1)充分利用浙江省精品在线开放课程的虚拟学习空间里的各项功能,引导并培养学生养成自主在线学习的习惯。通过布置每周单元自测(图 12)、课后作业(图 13)、平台主题讨论(图 14)、共享学习笔记(图 15)等功能,形成一个虚拟的在线课程学习圈,从而营造良好的在线自主学习氛围。

图 12　每周单元自测截图

图 13　作业列表截图

图 14　课程讨论区截图

（2）即时通信工具是网络平台空间的拓展和有效补充。通过学习通、钉钉群进行个性化互动指导（图 16）、教师团队协作答疑（图 17）、作业退改协作批

图15 共享学习笔记截图

阅（图18）等手段，充分发挥教师团队的力量，发动学生科代表的作用，发挥各种信息化工具的特长，进而实现网络空间中"师师""师生"的有效互动。

图16 学习通互动截图

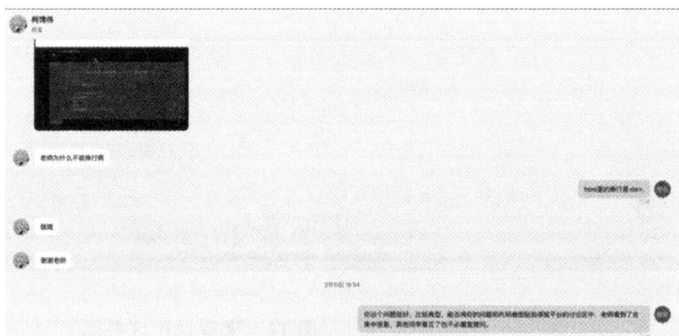

图17 协作答疑截图

（3）课程平台是构建以学生为中心的新型混合式教学的重要纽带，必须充分发挥平台各项自主学习功能，形成一个有效的学习圈。首先，提供内容丰

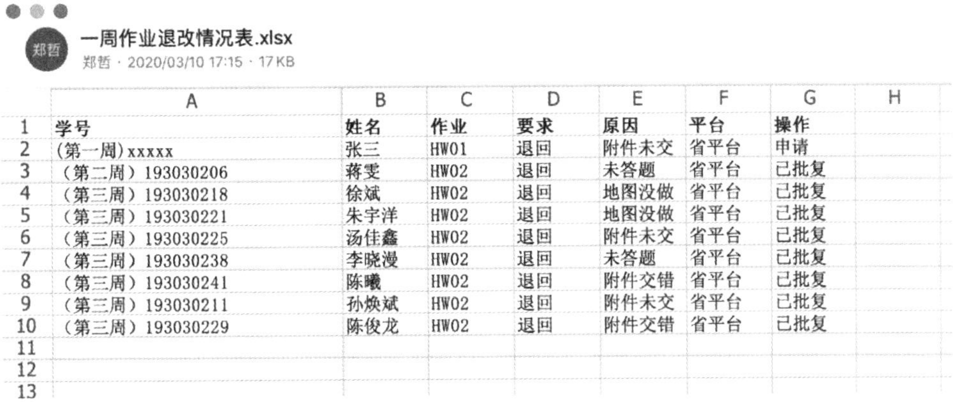

一周作业退改情况表.xlsx
郑哲 · 2020/03/10 17:15 · 17 KB

	A	B	C	D	E	F	G	H
1	学号	姓名	作业	要求	原因	平台	操作	
2	(第一周)xxxxx	张三	HW01	退回	附件未交	省平台	申请	
3	(第二周)193030206	蒋雯	HW02	退回	未答题	省平台	已批复	
4	(第三周)193030218	徐斌	HW02	退回	地图没做	省平台	已批复	
5	(第三周)193030221	朱宇洋	HW02	退回	地图没做	省平台	已批复	
6	(第三周)193030225	汤佳鑫	HW02	退回	附件未交	省平台	已批复	
7	(第三周)193030238	李晓漫	HW02	退回	未答题	省平台	已批复	
8	(第三周)193030241	陈曦	HW02	退回	附件交错	省平台	已批复	
9	(第三周)193030211	孙焕斌	HW02	退回	附件未交	省平台	已批复	
10	(第三周)193030229	陈俊龙	HW02	退回	附件交错	省平台	已批复	
11								
12								
13								

图 18 作业退改协作批阅截图

富、吸引学生的教学资源是课程平台的最基本要求；其次，对学习者的自主学习情况进行过程数据采集，提供即时教学数据统计与反馈，是监督学习者自主学习的有效依据。

为此，团队收集了大量的国内外优质教学资源和素材，为课程提供了 99 讲优质视频供学生自主学习，大大丰富了不同程度的同学的自主学习需求（图 19）；提供了 14 个扩展资料和大量的练习、作业。

教师则通过平台的数据采集和统计功能获得班级学习进展情况，利用钉钉群的定时通知功能，及时反馈给学生，并确保每个同学能跟上自主学习进程。这种以学习数据为驱动的新型混合式教学形式，可有效避免虚拟空间中学习者自主学习的无序性、无组织性（图 20）。

通过图 20 数据对比发现，采用基于以学习为中心的新型混合式教学方法，依托平台产生的过程学习数据，通过教师的有效监督，借助信息化沟通工具促进学生正向学习过程，可以有效达成自主学习的完成度（如 19 计算机 A1 班）。相比完全放任学生自主学习的其他班级具有明显的巨大优势。

（三）教学评价与考核

为有效促进学生在线学习的有效性，教师在网课直播过程时，应即时反馈上周的作业和自测情况。适时增加平台作业量和课程问卷频度，以即时反馈网课直播效果，掌握学生的学习情况，调整网课教学进度。

课程采用如下考核频度（表 2）和考核方式进行在线过程考核：

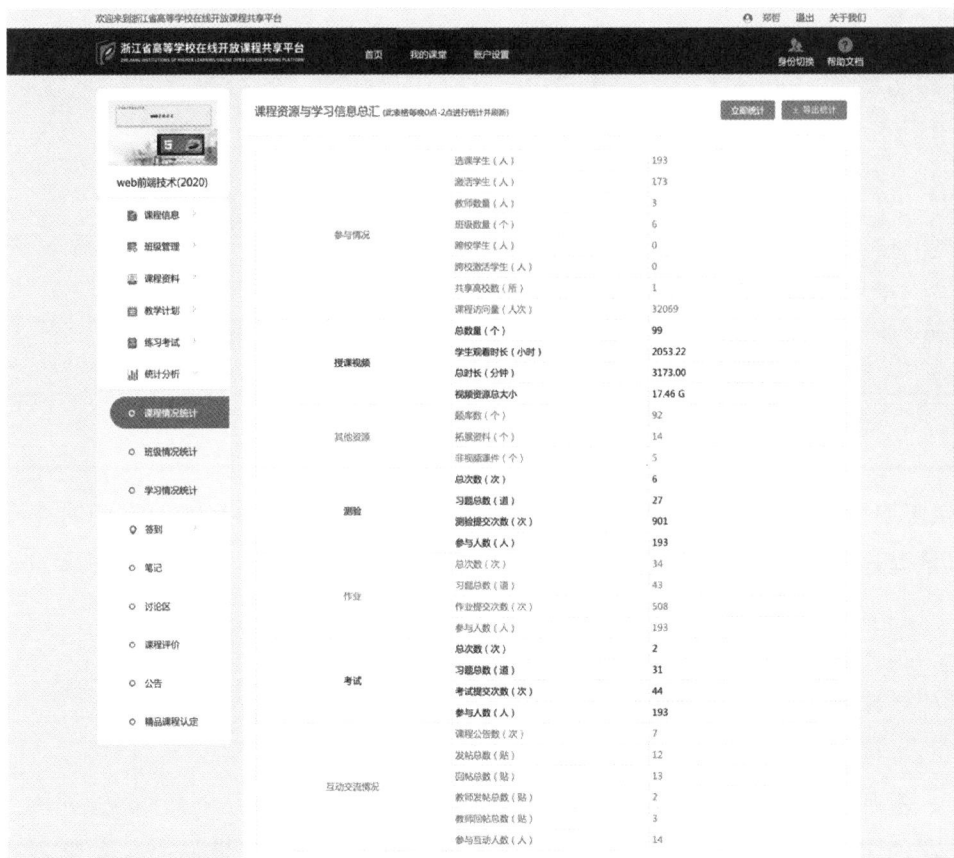

图 19　课程资源截图

图 20　班级学习情况数据跟踪截图

（1）一周两次直播，每次一个主题，每个主题一个项目作业；

（2）每周一个自测（通常是5—10题客观题）；

（3）每八周进行一次综合性考试；

（4）通过平台可随时跟踪班级各学员的考核数据（图21）。

表 2　课程考核频度和次数

测验	总次数（次）	6
	习题总数（道）	27
	测验提交次数（次）	901
	参与人数（人）	193
作业	总次数（次）	34
	习题总数（道）	43
	作业提交次数（次）	508
	参与人数（人）	193
考试	总次数（次）	2
	习题总数（道）	31
	作业提交次数（次）	44
	参与人数（人）	193

图 21　平台各项成绩统计（局部）截图

（四）教学反思与改进

新型混合式线上课程教学，充分考验教师的信息化资源的创作能力、课程架构的重构能力、信息化工具的使用能力、特情处理的应变能力。在虚拟化空间中，脱离了传统意义上学校、教师的监管和约束。这时候，只有创作出真正的优质教学资源才能得到学生青睐;只有真正用心地去组织、去教学的教师,才能在网络空间中拉近师生之间的距离。

三、实施效果

以笔者组织的"疫情分析图项目"制作教学单元为例,本课程组织 4 个班级,同时大规模在线直播。通过上述教学设计和实施,对 161 个参与学生进行学习成效反馈调查。

(1)77%的同学认为这样设计的直播内容对于学习本课程有很大帮助(图 22)。

(2)88.8%的同学对于 SPOC 推送的慕课视频正在自主学习和已经完成自主学习(图 23)。这说明优质的教学资源对学生还是有吸引力的,即便对于自主学习能力相对较弱的高职学生,只要内容优质,任务合理,学生还是会愿意配合完成的。

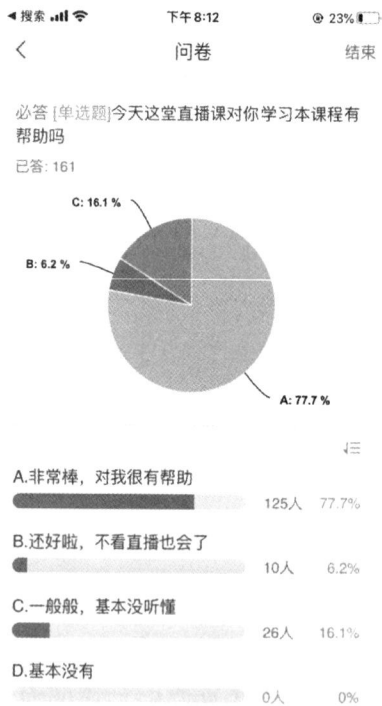

图 22 问卷 1 整体评价截图

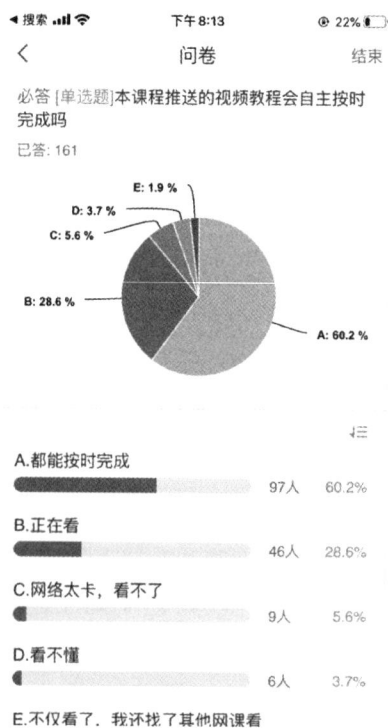

图 23 问卷 2 自主学习截图

（3）在对教学设计的问卷调查时，让学生选出本教学单元最喜欢的教学设计部分，可以看到各阶段得分相对比较均匀（图 24）。这说明本单元各个阶段设计合理，没有明显的设计短板。相对而言，直播和录播阶段的得分略高，说明高职学生还是喜欢在教师组织的活动中进行学习。

（4）在对教师个人评价的反馈中，85％以上的学生对教师的直播教学给出了 4 分以上的优良评价（图 25），说明本次在线直播教学活动相对是有成效的。

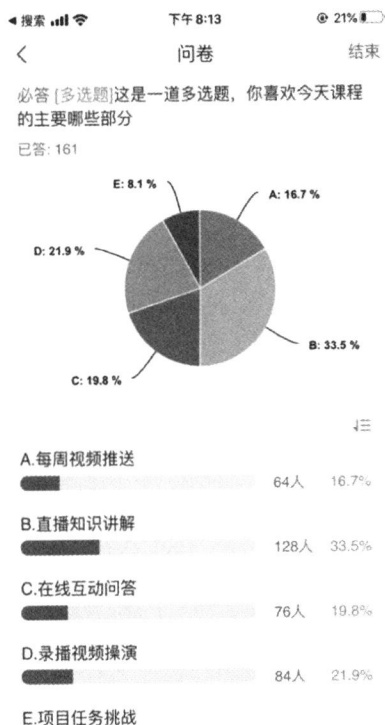

图 24　问卷 3 教学设计截图　　　　图 25　教师得分截图

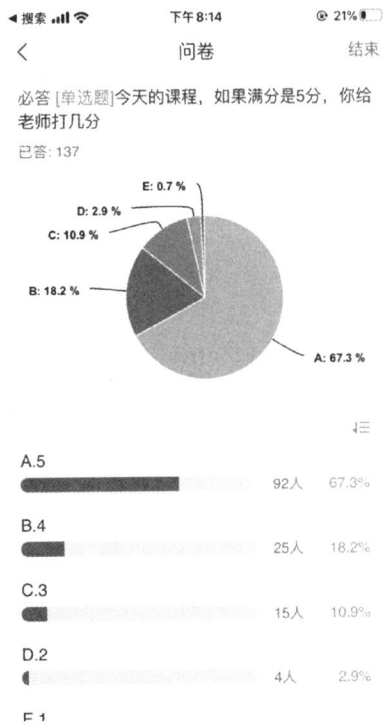

由于学生互不见面，信息化工具又让学生反馈统计情况即时高效，较真实地反映了学生对本次教学设计的认可程度。

四、特色创新

课程团队针对疫情期间的线上教学进行了深入的应对思考。针对线上教学的痛点、难点，实施了以学习为中心的新型线上教学方法，重点体现了如下几个方面的特色。

(1)突出"学生为中心""支持学习"的学习设计理念。

课程紧紧依托课程平台进行建设,以学生使用平台的过程数据为依据,进行多频度、深层次的信息挖掘。监控学习者的自主线上学习进度和效度,通过指导学生充分利用平台各项功能,把平台搭建成一个正向的虚拟社交学习圈。

(2)紧密结合疫情相关的思政元素。

疫情信息深刻地影响着我们每一个人,同时也为我们提供了丰富多彩的思政元素。依托疫情新闻和现象快速取材,因"材"施教,可以帮助学习者在疫情期间获得额外的思考,对课程有另一个角度的体验和理解。

(3)通过 ADDIE 简化模型对在线教学单元进行敏捷开发和迭代优化。

通过课前问卷方式,收集学生现有的学习工具、偏好的教学方式。基于项目驱动的教学原则,针对大规模线上教学进行课程教学单元的重构和项目选取。使用 ADDIE 课程设计方法从分析(Analysis)→设计(Design)→开发(Develop)→实施(Implement)→评估(Evaluate)。

(4)使用数据驱动的方式进行教学实施和教学质量保证,确保在线教学与课堂教学实质等效。

信息化工具不仅可以帮助教学者快速搜集学习用户的现实需求,还会根据需求的设计有效地保证教学有效性。课程通过课前的需求分析,进行量身定制的教学内容设计。同时,课程同样重视课程教学后的教学反馈数据,以验证教学有效性。通过频繁的数据驱动调整,将教学者的教学目标和学习者的学习需求进行最优化拟合。

专业课程线上教学的思政融合路径研究

——以"出纳实务"课程为例

财会金融学院　吴慧萍①

一、案例背景

在疫情防控背景下,高校在"停课不停学、学习不延期"的指导思想下,老师们纷纷探索实践"互联网＋教学",教学形态信息化创新得到普及应用,在各种在线教学平台中开展课程的教学、自学、互动、作业、测验、答疑等教学活动。首先,在在线教学的平台中如何来实现专业课程的思想政治教育,思政教育如何贯穿在专业课程的整个在线教学过程中?其次,会计专业课程与思想政治课程有很大的区别,在在线教学中如何融入思想政治教育?这两个问题一直没有得到很好的解决。在专业课程教学中,往往着重强调专业技能的教学和实践,而忽视思想政治教育。虽然有的老师在课程设计时,也设计了一些课程的素质目标,但是在实际教学过程中,又出现了"两张皮"的现象,专业课程思想政治教育的实际效果不尽如人意。

针对以上问题,笔者通过实践探索,利用在线教学平台云班课和钉钉来实现会计专业课程"出纳实务"的思政融合,效果显著。云班课和钉钉平台以手机或者其他的移动设备为载体,利用移动互联网的环境,学生可以"利用碎片化的时间,在碎片化的地点,学习碎片化的课程内容及思政内容",实现随时随

---

① 吴慧萍,副教授,国际学院/TAFE 学院骨干教师。主要研究方向:会计学教学、教育学。主持和参与项目 20 项;出版教材 2 部;发表论文 12 篇。主要从事出纳实务、高级财务会计等课程的教学工作。

地分享资源,开展活动并记录教学中的每一步。

二、具体举措

(一)教学组织与模式

1. 课程思政设计思路

"出纳实务"课程思政设计目的是在向学生传授专业课程知识、技能的同时帮助学生树立正确的价值观、法治观、道德观。本课程设计思政目标一定要融合财经法规、会计职业道德、社会公德,让学生知法、守法、敬法,慎独、慎欲、慎省、慎微,诚实守信体现核心价值观。教学手段主要采用显性和隐性相结合的方式,使专业知识点和技能点与思政育人元素不经意间融合起来,润物无声,潜移默化,于无声处,画龙点睛。

2. 课程思政设计依据

(1)课程思政设计依据是出纳岗位的任职要求,具体如下。

①熟悉会计操作、会计核算流程管理;银行业务流程;国家会计法规及相关处理方法。

②熟练使用各类办公软件。

③具有财务软件使用经验。

④诚实、忠诚度高、细致严谨、责任心强、原则性强。

(2)从出纳岗位任职要求出发提炼本课程的教学目标,教学目标包含知识目标、能力目标、素质目标,其中素质目标如下:

①具有良好的职业道德;

②具有较高的政策水平;

③具有严谨细致的工作作风;

④具有热情开朗、乐观向上的工作态度和精神面貌。

(3)从素质目标中提炼出本课程的思政目标,具体如下:

①遵守国家法律,倡导民主、文明、和谐的法治社会,培养自觉遵守国家法

纪法规的意识；

②树立正确的人生观、价值观，不贪欲，诚信做事，不做假账；

③具有社会责任感，清正廉洁，坚持原则，客观公正；

④具有较强的团队合作意识和沟通交流意识。

3.课程思政设计内容

本课程共设计三个教学项目，思政设计如何融入教学项目中，详见表1。

表1 "出纳实务"课程思政设计内容表

教学项目	教学任务	思政目标设计
现金业务的日清月结	1.识别人民币的真伪 2.从银行提取现金备用业务处理 3.取得现金业务处理 4.支付现金业务处理 5.盘点现金 6.把现金送存银行业务处理 其他:出纳工作技能练习:点钞、小键盘的输入等	1.遵守国家法律(现金管理暂行条例)，倡导民主、文明、和谐的法治社会(使用和制造假币是违法行为) 2.树立正确的人生观、价值观，不贪欲，诚信做事，不做假账(出纳的工作涉及现金) 3.防范职业(出纳)风险意识
银行存款业务	1.办理银行开户 2.银行支票结算业务处理 3.银行本票结算业务处理 4.委托收款结算业务处理 5.汇兑结算业务处理 6.银行汇票结算业务处理 7.商业汇票结算业务处理 8.托收承付结算业务处理	1.遵守国家法律(银行存款管理制度)，具有较高的政策水平 2.具有社会责任感，清正廉洁，坚持原则，客观公正(出纳的工作涉及银行存款，往往涉及的金额较大) 3.严谨细致的工作作风和职业习惯(试算平衡) 4.良好的职业道德，维护企业财产的安全(出纳直接保管银行存款账户)
出纳资料整理、归档和交接	1.整理出纳工作资料 2.归档出纳资料 3.交接出纳工作	1.遵守国家财经法规《会计档案管理办法》与职业道德 2.具有较强的团队合作意识和沟通交流意识(交接工作) 3.具有现场的协调能力(交接工作)

在线教学主要包含三个方面"课前、课中、课后"。课前，主要是推送教学资源，结合课程思政的改革，把本单元的教学内容"碎片化"并提前以录播的方式摄制一些"微视频"，把这些视频推送出去，要求学生在课前去观看学习，并

回答相应的问题或者老师预留的作业,包括预习自测等。课中,主要是设计一些课堂活动和任务,包括作业/小组任务、活动库、投票问卷、头脑风暴、答疑讨论、小测试。课后,主要是教学效果的反馈,包括作业、作业的评价、在线测试等,每个环节必须融入课程思政,让课程思政贯穿于教学的全过程。

4. 思政教育实践途径——以任务"识别人民币的真伪"为例

(1)设计本任务的教学目标。

教学目标不仅要设计知识目标和能力目标,还要有明确的思政目标,本任务的思政目标如下。

①通过认识人民币上有代表性的寓有民族特色的图案,充分感受了我们伟大祖国悠久的历史和壮丽的山河,弘扬了伟大的民族文化。

②人民币是国际第五大货币,经济实力和综合国力的不断增强使人民币的国际地位不断提高(为祖国自豪)。

③树立正确的价值观,不能有贪欲,培养自觉抵制收受、持有、使用假币的意识。持有和使用假币,违反国家法律,倡导民主、文明、和谐的法治社会,培养自觉遵守国家法纪法规的意识。

④遇到身边的假币事件,能勇敢地有效制止,积极培育和践行爱国、敬业、诚信、友善,社会主义核心价值观。

(2)课前。

①首先引入社会上的假币事件,把网络链接上传到云班课上,引出假币对社会的危害性,引导学生讨论(图1)。然后拍摄微视频"高仿假币,路人不识"上传到云班课中,让学生观看视频,由视频引出假币给人们生活带来的种种麻烦,引导学生参与讨论。最后把鉴别假币的知识点拍摄成微视频,要求学生课前去观看视频学习识别假币的方法。在这个环节,老师有意识地融入思政元素,假币给社会造成危害:不和谐、不法制、不文明,从而引导学生树立正确的社会主义核心价值观,如法制、文明、和谐等。

②在推送教学预习资源时,最好按照教学进度,提前一周来发布,太早发布,会让学生无所适从,不利于学习。在推送完资源后,可以给学生再发一条通知,提醒学生按照要求去完成资源学习。所有学生的手机都会收到即时消息通知,如果学生已经观看或下载过该资源,资源后面的数字可以即时统计,老师可以非常直观地看到学生的预习完成情况,如已看过的学生有多少

图 1 课前讨论资料截图

人,未完成教学资源学习的学生有哪些。对完成教学资源的学习的学生,给予经验值,进行鼓励;对没有预习的学生,及时地提醒。老师可以按照经验值的分值高低,进行排序,大大提高了学生的学习参与度。

（3）课中。

①课中引导学生认识并记住第五、六套人民币 100 元券防伪特征,会辨别真假人民币,在完成教学知识目标后,开展实际操作,在 5 张真人民币 100 元中,放入 2 张假币,让学生逐一认出假币,教师督查学生实施过程(图 2)。在此教学过程中,融入思政元素,培养学生认真、仔细、负责的学习态度,增强防范风险的职业意识。根据学生识别假币的结果,简单介绍识别假人民币的简便方法,此时在教学中融入思政元素,认识到制造假币是违法行为,持有和使用假币同样是违法行为,要坚决抵制制造假币或者持有和使用假币的行为。

图 2 课堂教学资料截图

②课中讨论：如果你碰到假币事件，该如何正确地处理？在引导学生回答问题时要融入思政元素，渗透诚实、正直的道德精神，鼓励学生如果身边有假币事件正在发生，要勇敢地有效制止，只有人人都有这种正直勇敢的精神，社会才能和谐，才能有效地打击犯罪，才能实现和谐的法治社会。

③知识拓展环节，了解假币的处理方法。设计情景教育，发现假币后应将伪造、变造的人民币及时上交有关部门，发现他人有伪造、变造的人民币，应立即向公安机关报告。

（4）课后。

布置课后作业（图3）。

①认识人民币上有代表性的寓有民族特色的图案。

②收集一个体现人民币国际地位的案例。

③回答问题：商场有无权力收缴假币？

图 3 课后作业截图

此时融入德育元素，感受了我们伟大祖国悠久的历史和壮丽的山河，弘扬了伟大的民族文化，为祖国不断强大而自豪，同时树立正确的价值观、人生观，不能有贪欲。

（二）教学评价与考核

本课程建立了灵活多样的动态考核、评价等考核评价体系，建立了对考核题目和考试内容进行监管的相关规定，充分发挥了考核评价的引导和激励作用。

1. 本课程考核注重以下几点

（1）突出过程评价与阶段（以工作任务模块为阶段）评价相结合，结合课堂提问、训练活动、阶段测验等手段进行综合评价，注重实践性教学环节的考核与评价比重。

（2）强调目标评价和理论与实践一体化评价，引导学生改变死记硬背的学习方式。

（3）在评价时注重学生动手能力和分析、解决问题的能力，对在学习和应用上有创新的学生给予鼓励。

2. 课程具体考核设计方案

本课程考核方式中对点钞与计算技术的考核也可作为学生的技能竞赛，在学生考试的同时可以选出班级甚至年级基本功过硬者参加全国会计技能比赛及学院举办的技能节竞赛，成绩优秀者获得表彰，从而大大促进学生的学习主动性与积极性（表2）。

表 2　课程具体考核设计方案表

考核项目	考核方式	评分标准	占总成绩比例	评价人
现金业务、银行存款业务、外币业务、资料整理、归档与交接	资源库试题库期末考试	熟练快速准确地登记每一笔业务，账面清晰，文字规范，数字准确。整理归档方法正确，粘贴整齐	30%	教师
点钞考核	现场技能测试（技能比赛）	将学生以 6—8 人为一组分组进行现场考核，每人 10 分钟，点钞 100 张为一把，每把 10 分，最高 100 分	30%	教师
计算技术考核	现场技能测试（技能比赛）	设计传票计算的段数，共 10 段，学生在 10 分钟内完成计算，算对一段得 10 分，最高 100 分	30%	教师
平时成绩	平时考核	学生按规定完成出纳实训报占平时成绩的 50%，上课的出勤、完成业务的情况占平时成绩的 50%	10%	教师

（三）教学反思与改进

可能在很多人看来，识别人民币纸币非常简单，但是因为学生没有防范假币的意识，一些很简单的事情在我们眼里都是问题，因此在在线课堂中一定要融入思政，在不经意间教育学生树立正确的人生观、世界观。培养学生诚实、正直、勇敢的良好品质，只要树立防范假币的职业意识，并能正确认识真币的防伪特征并熟练掌握这些特征的辨别方法，学生就能正确、快速地识别人民币纸币。

三、实施效果

价值引导之下的专业课程思政改革，是时代的需要，符合大学生成长的特点。在会计专业课程教授过程中，教师要增强意识，不断推进课程思政的教学改革，丰富教学内容，把课程思政与经济生活和专业技能结合起来，吸引学生的兴趣，切实提升会计专业课程思政工作的亲和力和针对性，努力解决"最后一公里"问题。把课程思政教学内容贯穿于整个教学过程中，并不断地改进、加强，提升专业课程思政的教学效果，切实将"培养什么人"和"如何培养人"进行深度对接，这既是专业课程思政发展的必然趋势，也是高校人才培养的应有的态度。

四、特色创新

（一）把课程的思政目标融入任务目标

在设计课程标准时把思政目标融合到每个项目任务中，在课程整体设计和单元设计中充分融合思政元素，把出纳实务的德育任职要求分解到每一个任务中，并且具体化、接地气、可操作，战"疫"背景下教学方式采用线上教学模式。

（二）实现"时间碎片化"课堂

本课程在线上教学实施过程中实现了教学手段的多样化、网络化和数字化，做到了"时间碎片化"课堂，只要有网络的地方就能随时、随地开展教学，提高学生的学习效果和教与学之间的沟通，大大提升了学生的学习兴趣和应用能力，学习效果优秀。

（三）录播、直播结合，教学资源丰富

在疫情防控背景下，老师们为了实现"停课不停学"，在线上教学平台采用钉钉直播课程，教学资源采用录播形式，把录播的资源事先传到云班课平台中，要求学生事先去观看，课堂中，采用钉钉直播的方式，讨论互动，用答疑、在线测试等方式来解决学生学习存在的问题。在平台中上传大量的资源，如案例、微视频、PPT 等丰富课程网络资源的趣味性与多样性。

"报关业务"开课第一讲

—— 白衣有勇士,蓝盾守国门!

商学院　农晓丹[①]

一、案例背景

1949 年,新中国海关成立,至今已有 70 年历史,海关,一直是"国门卫士"! 2020 年春天,新冠肺炎疫情席卷中国大地,疫情就是命令,在机场、在车站、在港口,在国门一线,无数的海关工作人员以守土有责的使命,坚守抗疫一线,无数的关务人员用实干书写责任,用汗水诠释担当,全力坚守、全速通关、全心保障。可以说,疫情当前,海关及关务人员的抗疫表现,凝聚了无坚不摧的中国力量,诠释了逆行而上的中国精神。

"报关业务"课程是一门体现关务职业规范及职业道德的专业课程,授课对象为未来的关务职业人,在全国抗疫的背景下开始线上授课,利用第一次课,充分挖掘及利用海关部门及关务行业抗疫的活生生的现实素材,将海关及关务人员的国家责任感和乐于奉献、不怕吃苦的职业品格融于课堂教学是非常必要的,同时可以让学生更深刻地领悟到海关是国门卫士的历史使命。

[①]　农晓丹,硕士,2004 年毕业于中国地质大学(武汉),2004 年入职宁波城市职业技术学院。主要研究方向为国际经贸,多年来一直从事经贸类相关课程,以及"报关业务""进出口商品编码查找及税费核算"等课程的教学工作。

二、具体举措

(一)教学理念与模式

教学理念体现在,在疫情期间开展线上教学的背景下,专业课应继续与思政课同向同行,在"停课不停教"的同时做到停课不停育,在"虚拟"课堂中做好战"疫"育人;同时,在线上教学期间,利用学生对网络使用的更便捷、熟悉的情况,真正把课程思政做到终端。

采用的教学模式为基于智慧职教的"课程学习平台+在线课堂"相结合的教学模式。目前,智慧职教平台建有学习资源完备的国家级报关与国际货运专业资源库,因此,课程资源建设采取"引用资源库资源为主,自建资源为辅"的模式,其中,国家资源库有专门的课程思政模块,可以直接引用以推动课程思政的开展,自建资源主要是增加疫情期间的海关及关务战"疫"经典案例,体现战"疫"背景下的课程育人;同时,智慧职教平台的在线课堂教学有明确的课前、课中、课后阶段体现,便于进行课前、课中、课后三阶段学习任务的布置,课中阶段有实时投票、头脑风暴、讨论、测试等多种形式的教学活动设计,配合腾讯直播课堂,可以有效与学生开展互动,并实时监测学生的学习效果。在课后阶段的当日课堂总结中可以有效观察到课程思政开展的达成度。

(二)教学组织与实施

1. 做好铺垫

要使学生在有限的时间内获得共情,必须做好事前铺垫(图1)。因此在课程简介部分,结合当前抗疫的现状和课程内容的特点,除了常规介绍课程基本信息外,还添加了抗疫期间老师给同学们的建议,使同学们在课前就了解《报关业务》课程不仅是一门时效性很强的课程,还包含大学生应当培养的爱国、敬业、诚信等社会主义核心价值观。

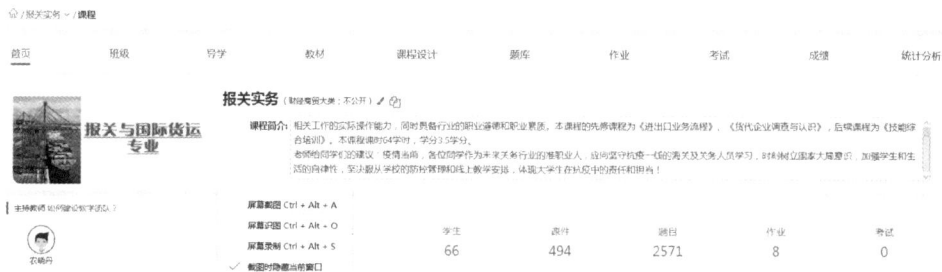

图 1　线上教学课程简介截图

2.准备素材

通过自建及引用的途径准备课件、视频等。一是对授课课件按照线上教学的特点进行重构及更新,在每个单元增加了学校任务单,引导学生逐步形成自主自律学习的习惯,这也是课程思政的一部分。二是搜集与海关及关务相关的时事视频、案例,将其充实到课程资源中(图2)。三是充分利用报关与国际货运国家教学资源库的各类资源,充实课堂教学素材(图3)。

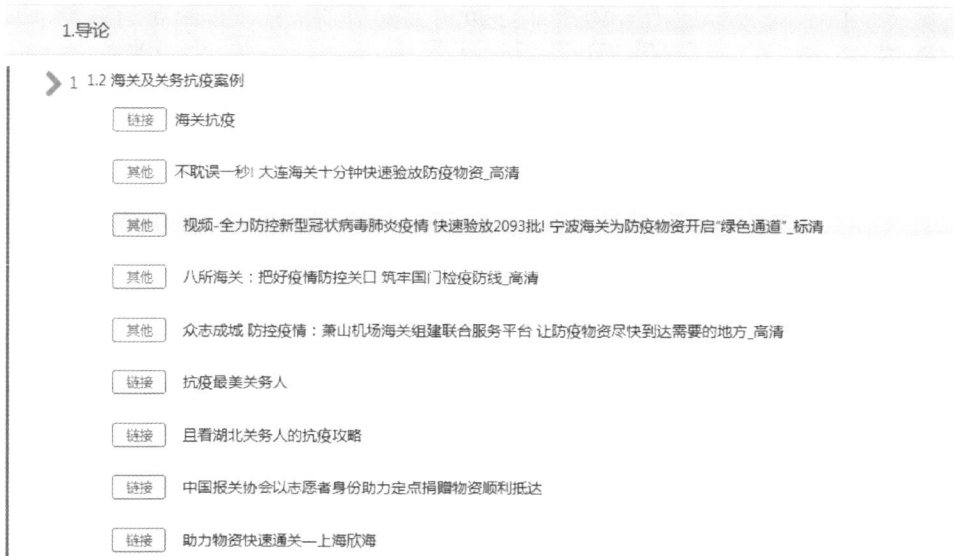

图 2　线上部分教学资源截图

3.提炼主题

针对线上教学存在师生不能面对面交流、学生关注持续力较低的特点,精准凝练课堂主题(图4),避免按部就班、平铺直叙、长篇大论。开课第一讲的

图 3　国家资源库引用图

目的，就是要结合当前抗疫，让同学们了解海关坚守国门的历史职责，以及在抗疫中海关及关务人员的担当，因此，开课第一讲的主题就提炼为：白衣有勇士，蓝盾守国门！

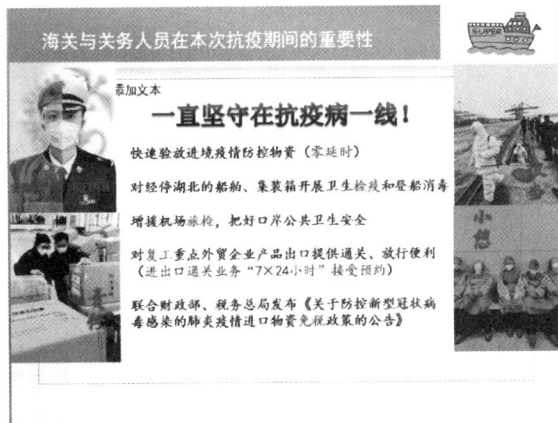

图 4　授课主题图

4.引导讨论

在课程网站进行"通过观看学习资源中海关抗疫的视频谈谈个人的体会和感悟"的专题讨论(图5、图6)，通过讨论中学生体会的自我抒发，使学生对海关守土有责的使命有更深刻的理解；同时，引导学生向奋战在抗疫一线的海关及关务人员学习，承担起大学生在抗疫期间的责任，培养未来关务人的职业品格。

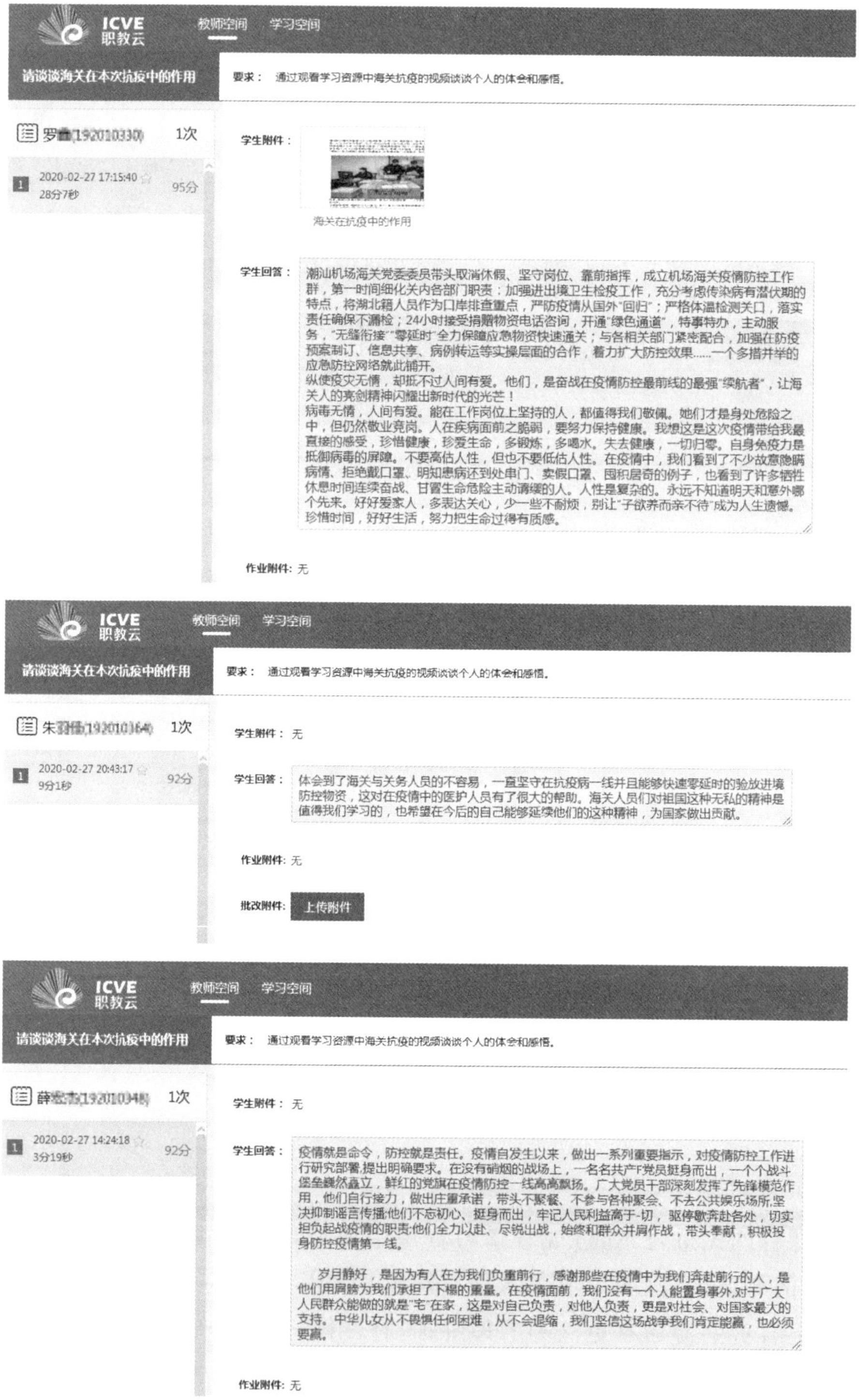

图 5 学生部分讨论情况截图一

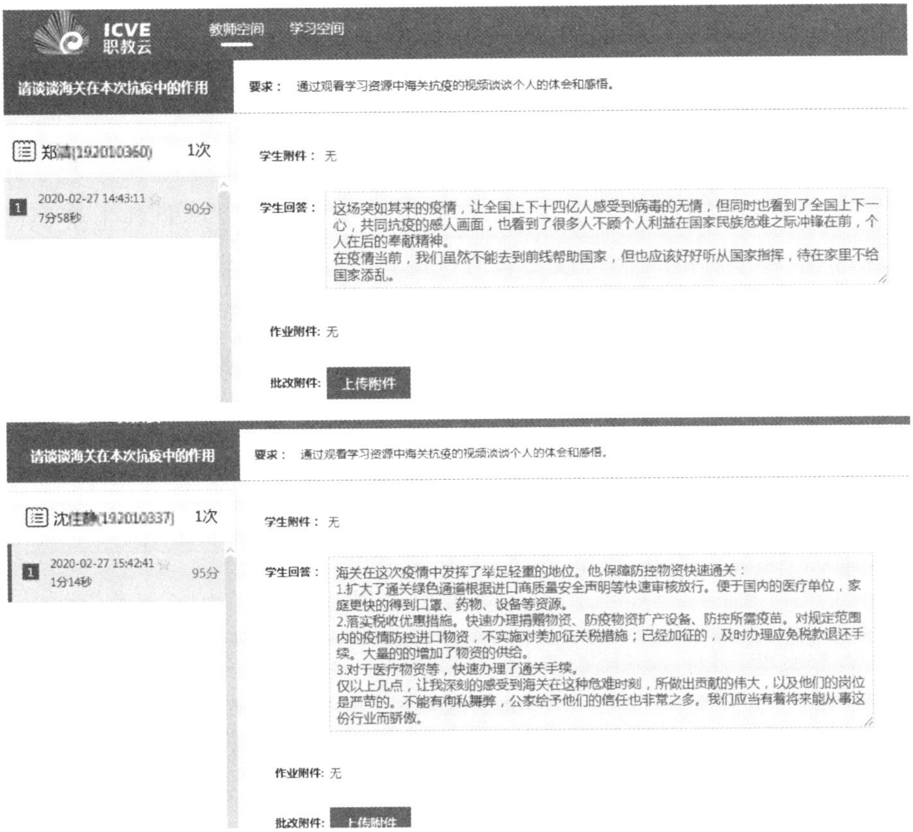

图 6　学生部分讨论情况截图二

5.课后拓展

课后参观报关与国际货运国家教学资源库中的海关及关务发展史虚拟体验馆(图7),进一步了解海关作为国门卫士的发展史及职责变迁。

图 7　海关及关务发展史虚拟体验馆截图

（三）教学评价与考核

本次开课第一讲对于课程思政实施效果的评价主要是通过观察教学课程思政的达成度来实现的（表1）。一是检查学生关于战"疫"案例线上资源的学习情况，包括有没有按时学习以及学习进度；二是检查学生有关战"疫"的专题讨论完成情况，主要是考查学生通过战"疫"案例的学习对职业道德和职业素养的感悟度；三是检查学生当日课堂小结的完成情况，主要是考查学生有没有在第一课结束后对个人的职业规划有所思考。

表 1 "报关业务"开课第一讲线上教学课程思政实施表

序号	教学过程实施	课程思政实现
1	课前准备、铺垫（老师给同学们的建议）	形成课程育人的共情
2	准备素材（PPT重构、视频搜集、资源引用）	帮助学生培养自律自主的学习习惯，同时以教师认真准备、克服线上教学困难的敬业精神感染学生
3	设计教学主题——白衣有勇士，蓝盾守国门	通过一起学习案例、视频，突出"报关业务"课程的课程思政目标：维护国家利益的责任感、乐于奉献的精神、不畏困难的品质、诚实诚信的品德
4	专题讨论:通过观看学习资源中海关抗疫的视频谈谈个人的体会和感悟	通过学生自我抒发达到自我领悟
5	课后拓展:漫游海关及关务发展史虚拟体验馆	进一步领悟海关国门卫士的历史职责

（四）教学反思与改进

在本次课的实施过程中，由于能够紧密结合当前战"疫"的具体案例，同时充分利用了报关专业国家教学资源库的课程思政板块的资源，因此能较好地获得学生的共鸣，也提高了教学的效率。因此，在接下来的教学中，继续加强对网络共享资源的利用非常必要；同时，在引用资源的基础上，围绕课程思政目标的实现，还应结合当前时事背景、专业教学内容以及学生的学情加大自有资源(案例视频、微课视频等)的建设。

三、实施效果

开课第一讲课程思政取得了较好的成效,具体如下。

(一)增强了学生的思想自觉性和社会及职业责任感

在当前全民抗疫的背景下,学生在观看丰富的海关及关务人员抗疫视频及案例后,真正切身感受到了海关作为国门的重要性及海关在维护国家利益中的作用,被海关及关务人员在抗疫一线坚决执行国家监管政策、敢于迎难而上、甘于奉献的精神所感染,也深刻领悟了作为一名大学生在抗疫期间的使命所在,以及作为一名未来关务人员所应具备的职业道德和职业精神。通过线上海关及关务行业发展历史虚拟体验馆的体验,学生了解了我国海关及关务行业的发展历程,增强了学生的行业自豪感;同时,在虚拟体验馆里还展出了历届同类院校关务竞赛的成果,对学生的学习起到了非常好的激励作用。

(二)提高了学生的学习积极性和自觉性

首先,针对线上教学的特点,将教学内容重构,注意提炼突出课堂主题,同时配合丰富的线上学习资源,有效提高了学生的学习积极性及学习专注力。其次,通过课前任务单的发布,帮助学生明确学习任务,有利于学生学习自主性和自律性的培养。最后,课后利用国家教学资源库的资源,可以帮助学生拓宽视野,进一步了解关务行业,从更广阔的领域和视角展开专业的学习,培养专业素养,有利于学生树立正确的职业观并进行职业生涯规划。

四、特色创新

(一)契合时代时事背景,融入战"疫"育人

将全国抗击新冠肺炎疫情的大背景引入课堂,利用新闻短视频、典型案例等时事素材,与海关的监管、关务的工作内容相结合,做到了授课内容时变时新,体现鲜明的时代背景,更容易引起学生的共鸣。

(二)整合多方线上资源,推动多维育人

在教学过程中,除了已有的自建资源外,还充分利用各种在线学习平台的学习素材和资源,尤其是国家教学资源库的学习资源,多维度进行教学;同时,利用课程网站、直播平台、班级微信群、钉钉群等互动交流平台,与学生进行全方位立体化交流,可以随时抓取学生的关注焦点,及时对学生进行引导,育人的时效性更强。

(三)结合线上教学开展,实现身教育人

线上教学需要主讲教师和课程团队投入大量的时间和精力,克服各种困难。在全国上下奋力抗疫的特殊时期,教师辛勤付出,精心准备教学素材和资源,搭建教学网站平台,编写课程学习指南,选用合适直播平台,解决各种直播突发情况,突破线下教学的传统课时限制,在 QQ 群、微信群、钉钉群等平台全天候解答学生的各种学习问题,帮助学生克服线上教学的困难,向学生传达方法总比困难多的价值观,消除学生的部分负面情绪。教师通过网络传递给学生的,不仅是专业知识,还有不畏艰难、锲而不舍的敬业精神,这本身就是一堂生动的育人大课。

"双线五有贯翻转，线上翻转保学习"

——以"Android 应用开发"课程为例

信息与智能工程学院　李利杰①

一、案例背景

Android 应用开发教学依托"双线五有"的线上翻转课堂教学模式，形成了特色鲜明的面向 IT 课程教学的教学范式。Android 应用开发课程在线上翻转课堂教学过程中以"线上微视频""直播授项目"两条不同教学主线为准绳，实施"提前布置学习任务—学生线上学习、预习作业—教师通过线上预习作业、学习任务的完成度了解学情—将知识重难点融于项目载体直播讲解—布置新的学习任务—课后辅导答疑—新的一轮学习"的闭环线上翻转教学过程，实现了教学有资源、授课有平台、学业有指导、过程有痕迹、学习有效果的线上教学，切实提高学生的学习有效性，提高课程教学的精准度。

二、具体措施

Android 应用开发课程教学依据疫情期间学生居家学习规律，应用信息技术对在线教学流程和结构进行重组与再造，创新在线教学模式，采用"蓝

---

①　李利杰，副教授，信息与智能工程学院骨干教师。主要研究方向：人工智能、数据分析。主持和参与项目 7 项，其中省部级 2 项，厅市级 5 项；出版教材 2 部；发表论文 11 篇。主要从事 Android 应用开发课程、以及 PHP 程序开发、大数据分析与处理课程的教学工作。

墨云学习平台＋钉钉直播"方式开展线上的翻转课堂教学。线上授课采用双线式贯穿课程教学。主线一是指平台上微视频和相关配套资源,实现课程知识的化整为散,降低知识学习和接受程度,益于学生自主学习。主线二是指直播阶段的项目载体(项目载体有别于微视频),实现知识的聚散为整,实现知识和技能的重组,提高学生综合运用 Android 知识和技能实现任务的能力。

(1)提前发布全方位学习资源、一周学习单,布置微视频学习和项目任务。教师团队根据课程教学大纲和课程标准,引用部分优质在线精品课程教学资源,制作 Android 应用开发微视频、项目开发文档和教学课件等全方位教学资源,为学生提供课程所需素材(图 1、图 2、图 3)。每周开课前 5 天发布本周学习任务单(图 4),给出详细的学习任务和知识清单,为学生自主学习提供清晰的学习路径。课程已提供近 50 个微视频,发布了 30 余个教学活动。

图 1　学习资源截图 1

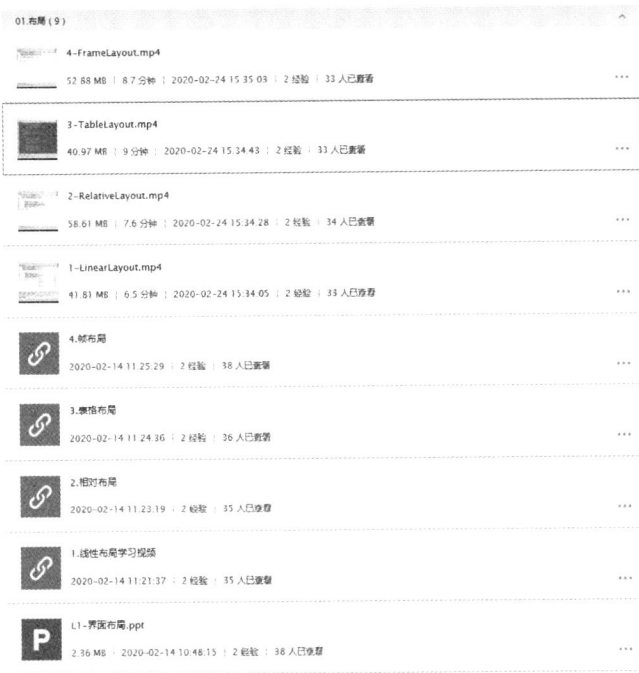

图 2　学习资源截图 2

图 3　学习资源截图 3

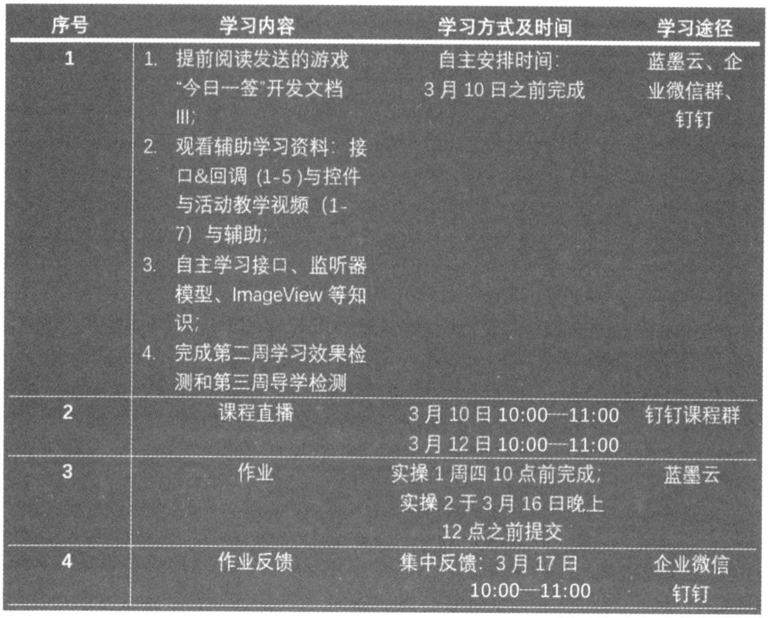

序号	学习内容	学习方式及时间	学习途径
1	1. 提前阅读发送的游戏"今日一签"开发文档Ⅲ; 2. 观看辅助学习资料：接口&回调(1-5)与控件与活动教学视频(1-7)与辅助; 3. 自主学习接口、监听器模型、ImageView等知识; 4. 完成第二周学习效果检测和第三周导学检测	自主安排时间： 3月10日之前完成	蓝墨云、企业微信群、钉钉
2	课程直播	3月10日10:00—11:00 3月12日10:00—11:00	钉钉课程群
3	作业	实操1周四10点前完成； 实操2于3月16日晚上12点之前提交	蓝墨云
4	作业反馈	集中反馈：3月17日 10:00—11:00	企业微信钉钉

图 4　一周学习任务单截图

一周任务单中给出了自主学习方式和时间，一周学习的详细内容以及相关联的知识。

（2）教师发布前一周学习效果检测和导学检测（图 5），根据一周学习效果检测和课后任务实施情况（图 6），进行错误知识再梳理和讲解，帮助学生查漏补缺。上一周理论知识检测强调理论知识考核，项目任务考核侧重 Android 技能考核，从理论和技能两维度对课程进行考核，达到理论和实操并重。

学生于本周上课前 1 天完成导学检测（图 7），导学测试情况反映了学生对本周所需要学习知识的掌握程度，这是教师开展直播的主要依据。教师根据导学测试反映，分析出本周课程知识的重难点，并将重难点梳理后将其整合到直播课程的项目载体中，通过知识讲解和项目载体融入帮助学生突破重难点。

（3）教师依托上一周学习效果检测和导学检测学生完成状况和学情，将难点知识融于直播的项目载体（图 8），课堂上讲授重难点知识，演示项目任务实施过程，在演示过程中对于重难点知识进行进一步释疑和阐述。直播过程不是机械地按照课程知识内容简单地进行传授，而是以学生的学为中心，围绕学生没有掌握或是掌握欠佳的知识点和技能点有的放矢地进行线上翻转课堂教学。项目中涉及的其他或是学生掌握比较良好的知识和技能，在演示项目实

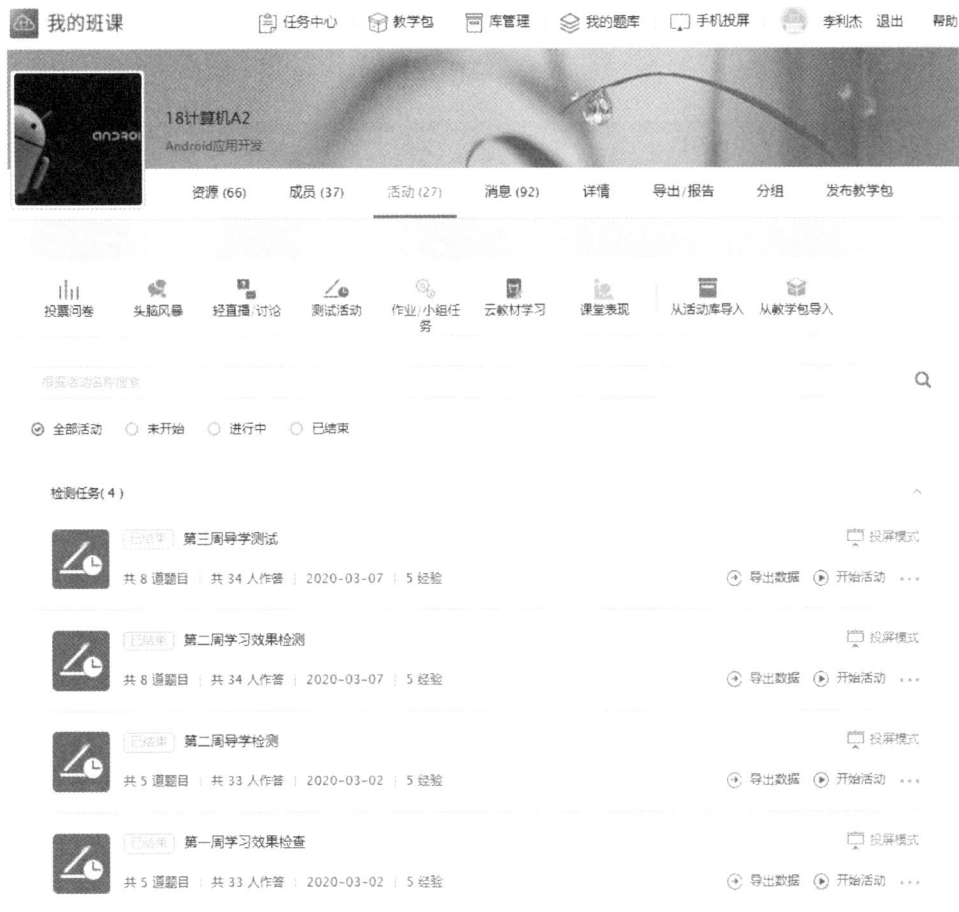

图 5　效果和导学检测截图

施过程中简略讲述，达到直播过程有详有略。

（4）在直播授课过程中教师布置新的学习任务，包括下一周的微视频学习任务和本周直播后所需完成的项目任务，并要求以效果图和代码工程文件形式提交到蓝墨云课程平台。授课教师采用钉钉、微信、QQ 三种不同实时通信软件为学生提供实时答疑（图 9），清除学生因任务实施过程而学习受阻的障碍。此外，对于无法简单依据描述即刻获得答疑帮助的，教师采用多种远程桌面形式给学生提供跨越距离的点对点的答疑帮助。

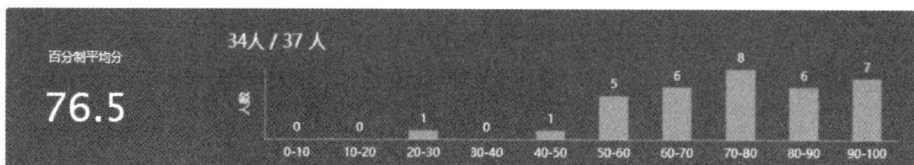

图6 一周学习效果检测截图

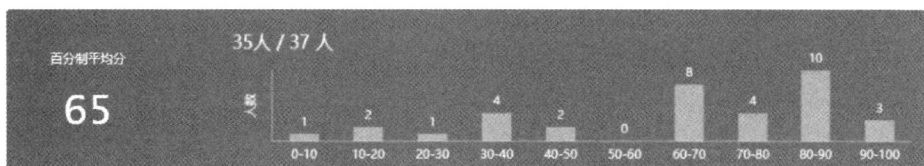

图 7　导学检测截图

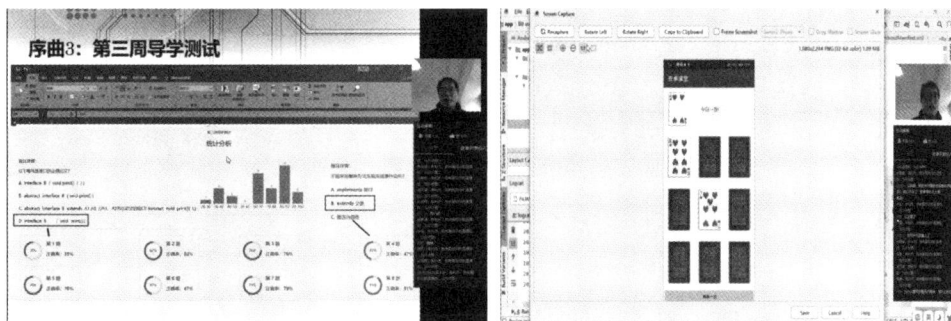

图 8　导学发现难点,融于直播课堂项目截图

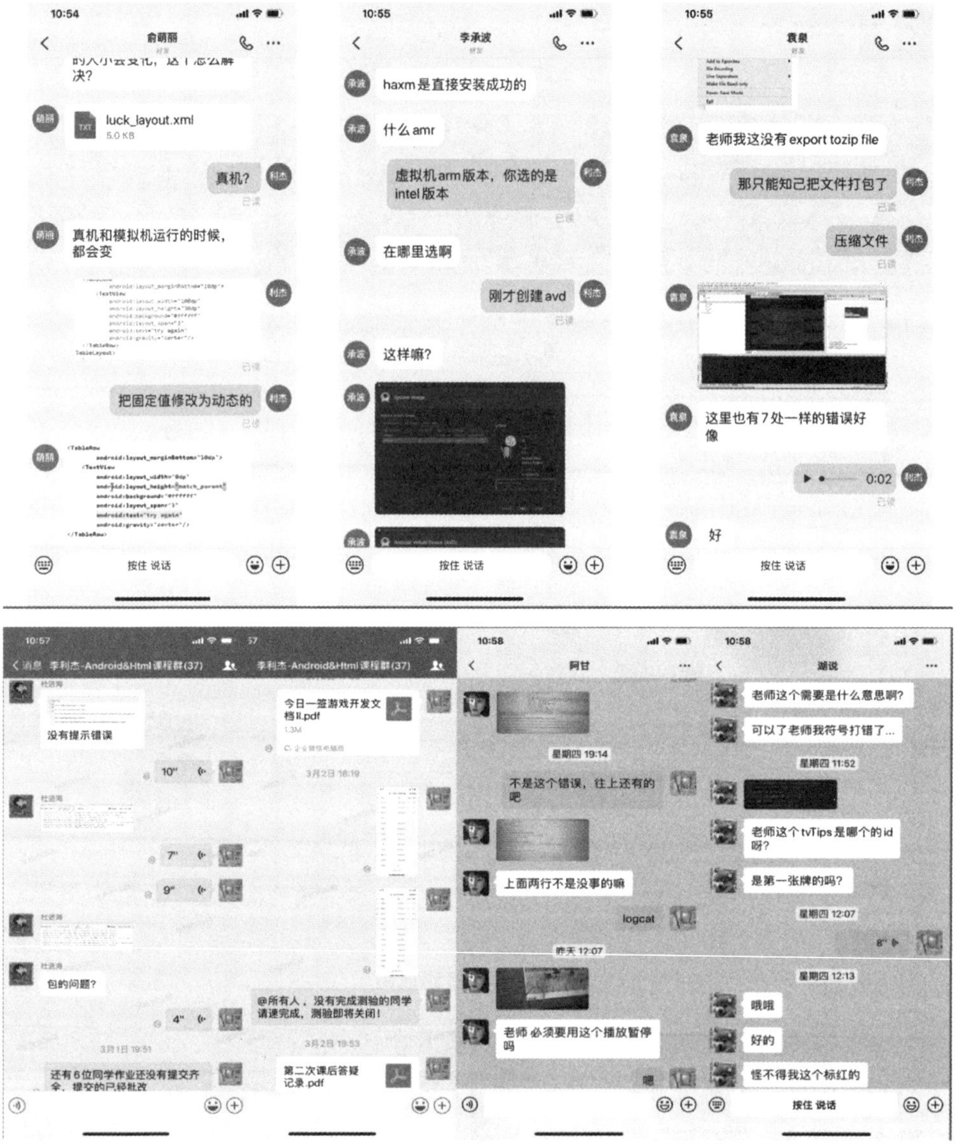

图 9　实时答疑截图

三、实施效果

Android 应用开发线上教学依托"双线五有"的线上翻转课堂教学模式，

以学生的"学"为中心,提高了学生学习主动性,确保学生学习有成效,目标达成度高,使学生的主动学习一直保持良好态势,使学生任务完成率一直保持在高位,使课堂挂机现象不再在课堂出现。

18计算机A2班同学人数共36人,截至目前,课程所有已经截止提交的项目任务实现了全班全员提交。根据学生完成的第一周和第二周的学习数据,学生对于已经讲授的课程知识点掌握得非常扎实。

四、小　结

通过蓝墨云在线学习数据分析来实行线上教学实时反馈、督促与管理,通过邮件或短信督促学习计划滞后的学生,使其养成主动学习的良好行为,充分提高了学习效率,学生线上生生互动、师生互动参与度高。以学为中心,有效地利用蓝墨云、钉钉、企业微信等网络平台贯穿于在线课程教学过程中,以"双线五有"为主干,搭载"学、问、思、用"系统化流程,使学生真正参与到学习过程中,取得了良好的效果。

"双线五有"线上翻转课堂教学模式强调"互联网＋教育"思维,体现疫情防控期间高职教育需求,尊重学生居家学习规律等特点,在教师的引领下,采用有组织、有计划、有引导、有交互的方式开展在线教学活动,大大加强了师生、生生的互动性和"黏性",既满足了教师对精准化教学的诉求,又耦合了学生的多样化需求,更是对学习教育痕迹化管理的具体体现,对疫情期间在线学习质量的提升是一种有效的保障。在疫情背景下,如何使在线翻转教学更有效,最核心的就是依据学习目标,设计高质量的交互教学活动,通过优良的学习活动设计、多元的学习评价、及时的督学反馈,遵循OBE理念,实践"学生中心,产出导向,持续改进"的在线课程学习。

跨越空间教与学，线上相长别样情

——以"实用英语"2A 课程线上教学为例

财会金融学院　李文星①

一、案例背景

基于云班课的混合式教学在"实用英语"1A 课程中已在 2017 级—2019 级的高职专科学生中实施过 2—3 轮。云班课在分层教学，特别是隐性分层教学（同一个班级中学生的英语基础、学习兴趣与动机差异较大，需要分层设计）、资源添加、任务布置、学习进度监控、在线测试、教学活动组织、活跃课堂气氛、签到考勤、统计平时成绩等方面与传统教学模式相比存在明显的优势。但是在 2019 年底开始的新冠肺炎疫情到来之前，纯线上的教学活动，在我承担的英语教学课程中还没有尝试过。2020 年 2 月开学以后，学生不能返校，师生们面临的首要问题就是"教什么"和"怎么教"，因为学生手上是没有教材的，纯线上的教学是没有开展过的。

从 2020 年 2 月中旬开始，根据学校的统一部署，我们开始在原云班课的基础上做线上教学的各项准备工作，并于 2 月下旬开始开展线上教学实践，直至 5 月中旬学生返校后才开始进入第二阶段线上线下相结合的教学模式。在实施纯线上教学的过程中，我们不断地总结、反思、改进，与平行课老师和学生们研讨，可谓教学相长，别有一番情趣，老师和学生都从中受益良多。

---

① 李文星，副教授，财会金融学院教师。主要研究方向为：英美文学、高职英语教学；主持省部级在研课题 2 项；主编和参编出版教材 3 部，发表论文 10 篇。主要从事基础英语综合、实用英语、实用英语翻译、英语国家社会与文化入门等课程教学工作。

二、具体举措

(一)教学理念与模式

1. 教学理念

(1)六个"有":按照学校的要求,线上教学要做到六个"有",即有平台、有资源、有指导、有收获、有记录、有思政。此外,在教学实践中还要有互动、反馈、改进等。

(2)分层教学,目标明确:按照我校分类培养、分层教学的设计理念,大学英语教学根据学生的英语基础、未来发展方向做出了 A、B、C 三个层次的分级,其中 A 层次的学生,基本都是普高生源,英语基础相对较好,在大一第一学期 A 级基本能全部通过,第二学期可安排大学英语四级考试的准备工作。但与此同时,一个班里的学生其英语的学习动力和基础还有一定差异,因此在教学设计和内容选材上还要进行适当的隐性分层,让学有余力的学生有更多、更难的学习资料,让基础相对弱的学生在大部分资料面前能体验到成就感,加强其自信心和学习兴趣。

(3)广泛取材,与时俱进:为了解决教什么的问题,我们在平时备课中,通过多种渠道组织和整理素材,课程组老师密切配合,发挥集体的智慧,通力协作,开发了丰富的素材库,并做出每周的教学计划供大家参考。

总的来说,我们的素材可以归为四类。

①电子教材:原配套教材的出版社提供了纸质教材的免费电子资源,这样,学生在不能返校取教材的情况下,可以登录相应网址获取电子教材。

②慕课资源:外语教学与研究出版社免费开放了中国外语教学慕课平台,中国大学慕课平台等也有不少课程资源免费开放,这些免费学习资源学生都可以通过注册、登录进行在线学习,它们可以作为教材学习的有效补充。

③四级真题:有些听力网站如可可英语、沪江英语、普特听力论坛等都有一些四级真题和模拟题的材料,大学英语四级考试作为教考分离的测试素材

和评判标准,在大学英语教学中的认可度比较高,其测试的信度和效度也比较高,可以作为第三方对教学效果评价的依据,也是企业招聘中衡量应聘学生英语水平的重要依据,因此教师和学生对四级考试都非常重视,也有些出版社免费提供了历年真题的电子素材。

④网络素材:51voa.com、中国日报等网站都有比较丰富的英语视听素材,如 VOA 的慢速广播经常更新科技、人文、社会、生态环保、健康医疗等方面的调查或研究成果,其时效性和趣味性比较强,我们会有选择地组织网络英语素材的学习,通过视听、阅读相关文章,针对性地提出问题,让学生参与互动,提高学生的学习积极性和英语综合应用能力。

(4)在教学实践中重视课程思政的融入,强化爱国守法意识,宣传正能量,弘扬社会主义核心价值观。

2.教学模式

"实用英语"2A 课程组有 7 位老师,承担着全校 10 个班 400 多位学生的授课任务,课程组老师们根据各自班学生的诉求,尝试不同的教学模式,总的说来有以下几种模式。

(1)轻直播+录屏:轻直播是借助云班课平台开展的一项教学活动,经过不断的探索与升级,云班课平台支持教师端 1 分钟录音、图片、截图、文字输入、MP4 短视频等方式进行直播,学生端可以有点赞、文字和语音发言等互动,教师也可在轻直播中发起抢答等活动,学生可以通过参与活动获得相应经验值积分,作为平时成绩评定的依据。另外,可以通过暂时关闭轻直播,切换到其他课堂活动中,如发起课堂测试等。轻直播中也可以播放教师提前准备好的视频材料、录屏教学等资源,学生可以自主播放,随意调节其进度,对重点、难点可以反复学习。

为了让学生及时进入云班课直播,每位教师都建了自己不同的群,对在云班课签到不及时的同学增加通知的渠道,这些群包括微信群、QQ 群、钉钉群等。有些课程除了可以在云班课发布通知以外,也可以通过这些交流群发布通知。

(2)直播+互动:为了增加教学活动的即时感,课程组老师也都尝试了不同的直播方式,有钉钉群直播,有 QQ 群直播,也有企业微信、腾讯极速课堂等直播,在直播过程中,教师可以连麦学生,检查课堂参与情况、教学和学习效果。

（3）线上交流：在上课时间之外，教师和学生可以通过线上平台就教学内容交流答疑。教师可以在学习群、班课里布置作业，对作业情况进行讲评。

（二）教学组织与实施

1.时间安排与考勤

以云班课平台为例，我们一般在上课前 5 分钟左右开始签到考勤，对没有及时签到的同学通过微信群或者班课的轻直播确认其已在班课里。有时学生端的考勤可能因为网络或平台状态原因不能及时更新，教师在确认其在班课的情况下，将其签到状态设置为"已签到"。

每次线上教学时间一般在 1 小时左右，为了避免时间过长引起学生的视力过度疲劳，我们采用录屏的方式，把教学讲解的内容以 5—15 分钟的短视频形式上传到轻直播中，学生可以在集中活动结束后，自由选择学习时间。

2.教学活动组织与课堂管理

教学活动一般有轻直播、视频学习、文章阅读或视听练习、课堂测试、头脑风暴、问题抢答、随机选人提问、作文或翻译的讲评等形式，每次课的活动和主题根据教学素材准备情况有所变化。每个活动持续时间一般在 5—15 分钟，学生每参与一项活动就会获得相应的经验值积累，作为其平时成绩的一个依据，在一定程度上增加了其参与活动的积极性。

3.师生互动

"实用英语"2A 的线上教学并不是传统网络精品课程、慕课课程的单向讲解，而是有师生之间的互动成分，这样教师既可以了解学生是否在线，是否在认真听讲，又可以及时得到来自学生的反馈（哪些问题比较难，什么知识点可以多一些拓展等），教师还可以了解到学生对什么样的主题、话题，或者素材更有兴趣，可以有针对性地多去搜集和整理。

4.作业安排

在线上教学期间，我们通过云班课平台布置不同类型的作业，包括阅读理解、课后练习、听力测试、视频学习、作文、翻译、网络文章阅读与听力训练等。

有些作业可以在课中完成,有些作业在课后完成,系统自动评分,有些作业是需要在课中对完成情况做出点评。总之,我们的作业内容丰富、形式多样,完成率高。

5.指导与答疑

除了云班课平台的指导与答疑外,老师们也用自己不同的班级群和学生实时互动,有问必答,让学生感觉到自己的问题没有被老师忽略掉。

6.课程思政、心理关注

为了加强课程思政,我们在授课过程中,经常会结合时事,添加一些相关的双语学习素材,如:3月16日,最高法、最高检、公安部、司法部、海关总署五部门联合发布的《关于进一步加强国境卫生检疫工作,依法惩治妨害国境卫生检疫违法犯罪的意见》。

同时,我们也让学生阅读讲评如"How to Keep Mentally Healthy During a Quarantine?"(《疫情期如何保持心理健康?》)这样的文章。

(三)教学评价与考核

1.线上测试

云班课的平台有线上测试系统,先下载试题模板,把题目和答案输入到模板里,再把编辑好的试题模板上传到试题库里,从试题库可以编辑题目,这种方式特别适合阅读理解和听力测试的选择题。给每道题或每套题设置经验值,经过在线测试后,系统自动评分,学生可以马上知道自己的成绩。累计的经验值自动添加。

2.作业评分

对于作文、翻译这样的主观题,只要输入文字,云班课就可以实现自动评分。如果学生提交的是图片答案,则需要老师手动评分。

3.互动加分

在授课过程中,老师可以在师生互动环节通过点赞的形式给学生加分,也可以通过选人、举手、抢答等形式给学生评分,这些评分既可以作为学生平时成绩评定的依据,也可以提升学生的学习积极性。

（四）教学反思与改进

1.互动方面可以进一步加强

限于每次集中的时间不能过长,留给学生参与互动的时间和机会不够多,教师也不能完全实时监测到每个学生的学习状态,而增加互动可能会改变这种不利的局面。

2.纯线上教学对网络和设备要求比较高

如果同时上课的人数比较多,可能会因服务器容量不够而造成拥堵,有些数据更新会有滞后,如学生端不能及时提交测试结果等问题可能会存在。另外,如果学习资源既有听力,又有阅读材料,仅有一部手机可能不足以应对,最好是在用手机的同时有电脑可以看屏幕;同时,手机阅读对视力损伤比较大,屏幕大的显示器或平板电脑要好得多。

3.测试和互动耗时相对较长

由于网络、信号等原因,在测试过程中有些同学不能及时答题或者快速提交答案,有时可能因为刷新或者不慎操作,在未完成答题的情况下提交了答案,相应地就会有学生提出重测的要求。而重测就意味着测试好的同学要等待重测的同学完成了才能进入教学的下一个环节,上课的效率就会降低。互动环节,特别是在直播过程中,如果教师和学生连麦互动,切换信号、窗口、连接过程等都会比线下教学耗时。

4.学生在互动环节复制答案的情况可能会出现

在轻直播互动过程中,在一个同学说出或输入对话窗口答案之后,其他同学可能会复制粘贴答案,改进的办法可以对最先提交答案的同学予以奖励,可以和学生提前约好,前几名有奖励,后面的逐渐减少或不予奖励经验值。

三、实施效果

（一）学习时间和空间上更加自由

线上教学的一大优势在于，学生在学习时间上有了更多的自由和选择，在空间上不受限制，只要有网络或手机信号就可以。需要学习的内容和素材都放在课程平台上，学生可以根据自己的实际情况随时调用。对学生进行限制的时间主要是在集中时段教师对他们学习效果的检测，以及重点、难点的讲评上。空间上的自由更加显而易见，多数情况下，教师并不对学生的学习环境、状态进行视频检查，所以学生基本上是在完全放松、自由的状态下学习；同时，这种自由度对学生的自律性的要求却有所提高，如果学生只是签一下到就去干别的事去了，其学习效果自然会大打折扣。所以，用问答、抢答、头脑风暴、在线测试等手段进行必要的检测、适时的互动是对这种自由的有益补充。

（二）资源更丰富，课程容量更大

为了提高学生的学习兴趣，也为了满足不同学习基础和不同学习目标的学生的不同需要，除了利用电子教材以外，教师还需要广泛地搜集教学材料，注重材料的质量、难易度、思想性等，因而四级的真题、网络的视听材料、阅读文章都成了我们的检索对象。教师还要对素材进行问题设计、视频或录屏讲解，其实工作量比线下教学增加了不少，但是优势在于课程建设的资源非常丰富，我们班课里的资源库积累得越来越多，种类也非常丰富。到 2020 年 5 月初时，我的班课资源已接近 200 个，有课件、有视频、有音频、有网页链接、有试题等，教学活动也有 70 多个，其中轻直播、测试比较多，每次轻直播里有 3 个左右的录屏，有时是以新闻为主题的阅读互动。

(三)学生保持着学习的积极性

尽管在线上教学期间,师生只能通过网络见面或互动,但是学生的学习积极性并没有下降,每到签到时间,绝大部分学生都会按时签到,个别没有签到的可能已经在班课里,或者因为信号不好签到不及时。尤其突出的是在头脑风暴这样的活动中学生参与的积极性比线下上课时更加踊跃,在教室里比较害羞的同学,在网课上倒是比较活跃和洒脱。当然我们也不能排除有学生偷懒的可能性,但是大部分时间同学们在集中时段都能在线学习,课后大部分学生都能够及时下载和学习课程资源,完成作业。

四、特色创新

(一)课程资源更加丰富,推进了教学工作的信息化

虽然云班课平台在我们的授课中已经使用了几轮,但是视频数量,特别是自制视频的数量还不够多。在纯线上教学期间,经过与学生们的沟通,大家认为,录屏或直播的形式更加受欢迎,因此,我们录制了大量的视频教学资源。电子教材、历年大学英语四级真题、网络文章、外语或双语新闻、外语慕课平台资源等都可以作为我们教学的素材。视频、录屏、音频等材料的录制,在线上教学实施的过程中声音录制与播放、摄像头控制、屏幕分享、截图等小操作,使教师们的信息化教学技术水平也得到了提高。素材资源库有了量的积累,会给以后的课程资源更新、取舍打下基础,为课程建设提供资源保障。

(二)受众面广,受益学生多

"实用英语"2A 课程,作为全校公共英语的一门必修课,面向全体英语基础较好的大一年级学生开放,各专业大约有 10 个班,400 多位学生,只要云班课不关闭,即使学期课程结束,学生依然可以学习课程资源。班课结束后,本

课程的教学资源可以通过复制和分享教学包的形式,转给下一批选课的同学,只需要不断地更新资源,就可以保证课程的先进性和有效性。

(三)集体备课,有利于教学团队建设

在疫情期间,教学资源开发和准备的时间紧,工作量大,需要教学团队的所有成员共同商定教学计划和进度,分工协作完成教学设计和素材整理,各任课教师再根据自己和学生的需要做出变通和取舍。集体备课的好处在于,首先,在短时间内发挥集体智慧、凝心聚力完成整体课程的规划、调整和教学素材量的积累,为后续的教学活动开展和课程资源建设奠定基础。其次,在面临共同的问题时,可以商量讨论更好的解决方案,如对于抢答互动环节中遇到学生复制同学答案的问题时该如何操作和调控;对于个别学生学习积极性不高,有逃课倾向时该如何做工作;对于疫情期间课程考核的标准该如何调整等诸如此类的问题,大家共同商定对策比每个教师自己决策更加科学、更加容易被学生所接受。

总之,线上教学摆脱了空间上的限制,时间掌控上也有更多的自由度。疫情期间无论是教师还是学生都非常努力,教学方法、模式、手段、工具、平台等方面都有所创新或提高,真正做到了教学相长。我们相信,进入后疫情时代,基于云班课的混合式教学将会在大学英语的教学中有更好的应用和存在。

基于"教学平台＋教学工具"开展思政课
线上混合式教学的实践

—— 以"毛泽东思想和中国特色社会主义理论体系概论"课程为例

思想政治理论课教学部/基础课教学部　沈陈敏[①]

一、案例背景

2020 年 2 月,教育部印发了《关于在疫情防控期间做好普通高等学校在线教学组织与管理工作的指导意见》(以下简称《指导意见》),要求采取政府主导、高校主体、社会参与的方式,共同实施并保障高校在疫情防控期间的在线教学,实现"停课不停教、停课不停学"。《指导意见》指出,各高校应充分利用线上的慕课和省、校两级优质在线课程教学资源,在慕课平台和实验资源平台服务支持带动下,依托各级各类在线课程平台、校内网络学习空间等,积极开展线上授课和线上学习等在线教学活动,保证疫情防控期间教学进度和教学质量。

"毛泽东思想和中国特色社会主义理论体系概论"思政课根据"停课不停教、停课不停学"的指导思想,开展基于线上"教学平台＋教学工具"的思政课线上混合式教学的设计和实践,并在全校学生教学满意度大调查中,成为最受欢迎的前 20 门线上教学课程,实现了较好的教学质量。

---

① 沈陈敏,讲师,毕业于厦门大学法学院,获得法学硕士学位。主要从事思政课的教学,曾获得 2016 年全国职业院校教学能力大赛一等奖、2019 年全国林业院校十佳优秀思政课教学案例、2017 年浙江省微课比赛二等奖、宁波市优秀教师等。

二、具体举措

（一）教学理念与模式

1. 教学理念：线上翻转课堂教学理念

线上翻转课堂教学理念符合思想政治理论课的教学目标。线上翻转课堂教学理念是一种线上"课前自学、课中探究、课后实践"的三维立体线上教学结构，教学时间和空间从传统课堂"一维"教学结构延伸到课前和课后，以"知识讲授"为主的单一性目标转变为"知行合一"的系统性目标。思想政治理论课教学不是一般意义上的知识传授，而是一种含有价值取向的思想教育。大学生选择的价值立场和价值认同，不是思政教师强加的，而是学生在运用已有知识进行理性分析、思想碰撞、打破重构、实践巩固的思考过程中形成的。这必然要求采取翻转课堂教学理念，来促进教与学的互动互助。

2. 教学模式：基于"教学平台＋教学工具"的线上混合式教学模式

合理并有效选择和使用线上"教学平台＋教学工具"，形成"课前自学、课中探究、课后实践"的线上混合式教学模式。基于翻转课堂理念的线上混合式教学，是指利用线上教学平台实施线上异步教学活动，结合利用线上教学工具实施线上同步教学活动，两种教学活动形式有机结合，实现知行合一的深度教学，形成的"课前自学、课中探究、课后实践"三维结构全线上混合式教学模式。线上混合式教学不是简单的"传统课堂"在线上的搬家重现，而应该是以教育信息技术为支撑的教学活动的创新设计，重塑传统教学内容、重构传统教学结构、再造传统教学流程和创新传统教学方法，变革现有教育组织模式、服务模式和教学模式，进而构建智能时代新型教学关系、教学环境、教学互动和教学生态。

（二）教学组织与实施

思政课"线上混合式教学"把线上教学环境构建、选好线上信息技术、创新线上混合式教学设计三方面作为教学组织与实施的关键因素,实现"课前自学、课中探究、课后实践"三维立体教学结构中的线上实时交互性和仿真课堂代入感。

1.线上教学环境的构建

根据学生居家学习的特点和规律,线上直播课的视频呈现的教学环境的营造非常重要,提升线上课堂的仿真性,比如选择书房环境、小黑板背景等。

2.选好线上信息技术

针对教学困境,合理并有效选择和使用线上"教学平台＋教学工具"。线上"教学平台＋教学工具"的有效选择和使用,是实现翻转课堂教学理念的基础。线上"教学平台"是指爱课程(中国大学 MOOC)、学堂在线、超星平台、智慧职教等在线开放课程平台;线上"教学工具"是指云班课、学习通、腾讯课堂、钉钉直播等具有线上签到、教学互动、作业提交、直播教学、数据统计等功能的手机教学软件。线上"教学平台＋教学工具",贯穿"课前、课中、课后"始终,随时随地开展"移动教学",使得教学时间、空间、方式实现颠覆式变革(图 1)。

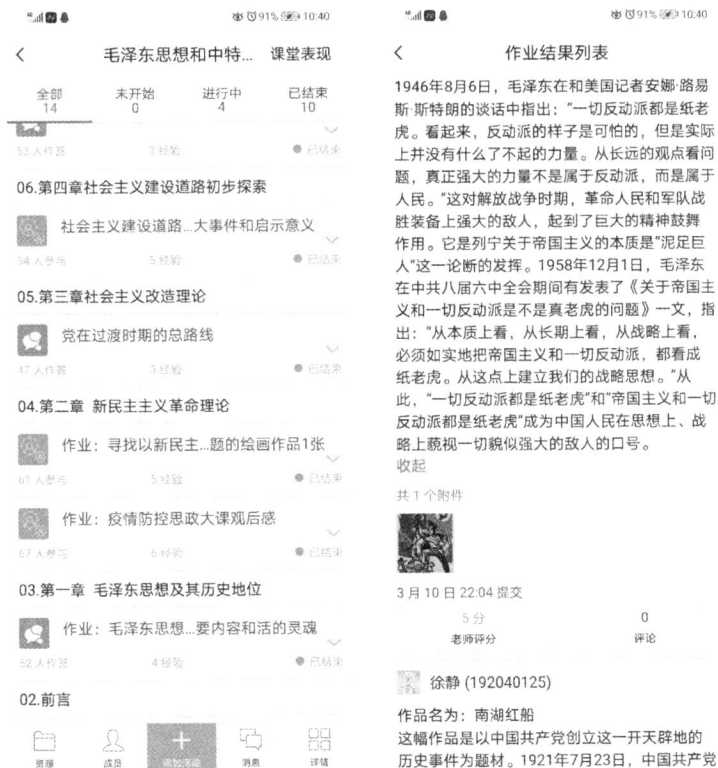

图 1　线上教学资料截图

3.创新线上混合式教学设计

构建"课前自学、课中探究、课后实践"线上混合式教学结构,以学生为中心,开展"慕课学习与知识测试＋直播教学与互动＋作业实践与答疑"的混合式教学组织(图 2)。

第一,线上"课前自学"依托爱课程教学平台,通过慕课视频学习、知识测试、作业任务开展充分的课前学习和学情分析,知识性传授前移,通过学情分析掌握学生的学习难点和疑点。

第二,线上"课中探究"依托钉钉直播实施线上课堂教学,通过视频的"面对面"课堂教学,坚持"以问题链为导向"开展以"信息化教学活动任务驱动"的"探究互动式"教学,实现由"浅层互动"向"深层互动"转变,提升线上课堂的互动性、思考性和共享性。

第三,线上"课后实践"依托云班课(图 3)或者钉钉群,根据章节体系设计作业、测试、实践项目等,线上发布、线上提交、线上互评、线上答疑,使得理论知识通过课后的作业实践任务得以应用和反思,达到知行合一的效果。

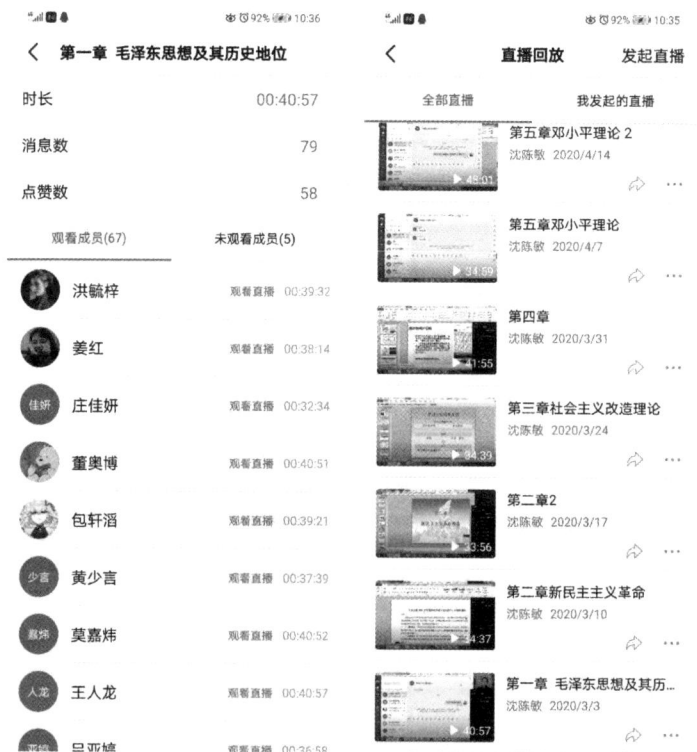

图 2　线上混合式教学截图

图 3　云班课截图

(三)教学评价与考核

1.建立"教、学、考"联动的线上立体考核方式

线上教学平台和教学工具上实施的"课前＋课中＋课后"教与学的全过程,实现线上同步考核、全程记录,用过程性的、全程信息化记录的考核方式来促进学生的学。

2.采取线上过程性评价与终结性评价相结合的多元化考核评价模式

线上过程性评价占60％,其中爱课程慕课平台的课前学习占30％,自学内容为教学视频观看、章节知识测试;钉钉直播工具的线上集中教学活动占30％,包括直播教学考勤、线上教学互动答疑、线上课后作业等。终结性评价占40％,以期末闭卷考试的方式实施,期末闭卷考试试题从课程试题库中选取。具体构成比例如表1。

表 1　多元化考核评价比例表

线上过程性评价		终结性评价
60％		期末试卷考试占40％
爱课程慕课平台课程自学成绩占(30％)	线上集中教学活动(包括直播、讨论、作业等)成绩占(30％)	

（四）教学反思与改进

1. 加强慕课视频学习与线上直播教学的有效衔接

在"慕课学习与知识测试＋直播教学与互动＋作业实践与答疑"的线上混合式教学组织中，依托爱课程教学平台开展慕课视频的自主学习的学时和考核比重都近三分之一，要避免线上直播教学与慕课视频教学在教学内容上的重复性、在教学形式上的单一性、在教学目标上的低阶性。

根据混合式金课应具有高阶性、创新性、挑战度的要求，改进措施：注重慕课视频与线上直播在教学内容上的衔接，基于慕课视频大多为教材体系知识性内容，线上直播教学内容要反应前沿性和时代性，围绕新事件、新观点开展专题式教学内容的整合与提炼；教学形式上提升互动性和探究性；教学目标上提升高阶性，在知识掌握的基础上提升学生运用理论知识的综合能力和深度思维能力。

2. 提升线上"面对面"课堂教学的仿真性、互动性

依托钉钉直播，通过视频实施"面对面"线上课堂教学，因为真实课堂环境的缺失、师生隔着屏幕无法实时面对面、师生互动受到网络不畅的局限等原因，线上课堂的互动性和探究性受到时间和空间的局限比较大。

改进措施：做好充分的学情分析，梳理学生的难点和疑点，在课前通过云班课发布课中互动探究的主题、内容和要求，让学生充分了解课中探究互动的安排，坚持"以问题链为导向"开展以"信息化教学活动任务驱动"的"探究互动式"教学，实现由"浅层互动"向"深层互动"转变，提升线上课堂互动的充分性、畅通性和共享性。

三、实施效果

线上教学不等同于"空中课堂""课堂搬家"，而是基于线上教育理论、线上教学信息技术和环境的支持，重塑线上教学环境、建设线上教学资源、重构线上教学模式、开展线上多元评价，以提升学生获得感，强化课堂问题探究、思考

解构的功能,最终达成更好的教学效果。

(1)重塑线上教学环境,打破因疫情影响造成的教学时空和教学行为的物理隔离。

通过对线上教学硬环境和软环境的营造,实现"课程有思政、教学有资源、授课有平台、学业有指导、过程有痕迹、学习有效果"目标,打破教学时空和教学行为的物理隔离,构建线上混合式教与学的深入互动互助。

(2)建设线上教学资源,利用资源实现翻转课堂和深度互动,形成"以学生为中心"的教学生态。

为实现线上混合式教学提供丰富的自学资源、测试资源、作业资源、互动资源和讨论主题资源,为"课前自学、课中探究、课后实践"的线上混合式教学的实施提供了"信息化教学任务驱动式"的丰富的教学活动资源。

(3)重构线上教学模式,改变只关注课堂教学的"一维"教学模式。

基于翻转课堂理念的线上混合式教学,是指利用线上教学平台实施线上异步教学活动,结合利用线上教学工具实施线上同步教学活动,两种教学活动形式有机结合,形成的"课前自学、课中探究、课后实践"三维结构全线上混合式教学模式,实现知行合一的深度教学。

(4)构建"教、学、考"联动的线上立体考核方式,采取线上过程性评价与终结性评价相结合的多元化考核评价模式。

改变"一张卷子定成绩"的封闭考核,依托手机教学软件,构建"教、学、考"联动的线上立体考核方式。

四、特色创新

(一)实现线上教学高阶性目标

线上教学不是简单的"空中课堂""课堂搬家",而是基于线上教育理论和线上教学信息技术和环境的支持,重塑线上教学环境、建设线上教学资源、重构线上教学模式、开展线上多元评价,提升学生获得感,强化课堂的思考互动、深入探究、思想建构功能,实现教学目标从知识层面到认知、行为、情感层面的高阶性提升,能解决复杂问题的综合能力和高级思维,能用科学的世界观、方法论分析和解决问题。

（二）创新线上教学设计理论

线上混合式教学不是传统教学的"网上复现",也不是多种信息化教学的"照搬套用",而是针对师生教学时空分离和教学活动分离的教学困境,以学生居家学习的特征和规律为出发点和落脚点,融入互联网思维和工具有效合理使用理念来选择和获得线上教学信息技术和环境的支持,重塑线上教学环境、建设线上教学资源、重构线上教学模式、开展线上多元评价等线上教学设计理论。本案例,合理并有效选择和使用线上"教学平台＋教学工具",依据翻转课堂教学理念,提出构建"课前自学、课中探究、课后实践"线上混合式教学设计与实施的理论和实践。

（三）以建立"教、学、考"联动的线上立体考核方式,来实现线上教学的深层互动探究

一是互动探究内容有前沿性、时代性和应用性;二是线上混合式教学资源的整合和重构,注重把"点状教学资源"整合为"线状活动项目",形成"以问题链为导向"的"探究互动式"教学体系,实现课堂由"浅层互动"向"深层互动"转变,提升线上教学功能价值。

"插花艺术"课程混合式教学探索

景观生态学院　邱迎君①

一、案例背景

插花艺术是一种生活艺术。自古以来,插花与挂画、点茶、燃香并称为"生活四艺",是追求生活品质的人们不可或缺的文化修养。中国插花技艺精湛,风格独特,在世界上曾独树一帜。随着中国特色社会主义进入新时代,人们对美好生活的需求日益增长,希望用插花作品装点生活,满足精神上的需求。花店从业人员亦愈发感到专业知识的不足和技艺不精。人们渴望得到专业的插花艺术培训。而社会上插花培训机构的良莠不齐和高昂的收费,使人们望而却步。

随着"互联网＋"成为国家战略,"互联网＋教育"呈现风生水起之势。慕课的出现为"互联网＋教育内容"模式提供了创新样板。慕课作为一种新型的教学模式,在授课方式上发生了变革。它弥补了社会上师资力量薄弱和不足的问题,学生只需要手机和网络,就可以在线学习全国甚至全球优秀教师的课程,随时随地学习最新的理论和实践操作技能,人们的生活和学习发生了重大变化。

① 邱迎君,教授,毕业于中国科学院研究生院,获得植物学博士学位。主要研究方向:插花艺术、居群遗传与保育遗传学。主持国家自然科学基金等科研项目 10 余项。发表包括 SCI 等学术论文 20 余篇。曾获中国花卉博览会银奖、省级花卉园艺博览会金奖、市级科学技术进步奖等各类奖项 20 余项。指导学生获全国职业院校职业技能大赛花艺项目二等奖、浙江省职业院校技能大赛花艺项目一等奖等各类奖项 10 余项,并获浙江省优秀指导老师奖。主讲的"插花艺术"课程先后荣获"浙江省精品在线开放课程"和"国家精品在线开放课程"荣誉称号。

为顺应"互联网＋"时代的发展趋势,深化教育教学改革,丰富教育教学资源,提升教育质量,"插花艺术"课程组联合行业企业优质的师资力量,建设了适合网络传播和教学活动的"插花艺术"在线开放课程,课程于 2015 年在中国大学 MOOC(爱课程)上线,成为中国大学 MOOC 职教频道首批上线的高职类课程。先后入选学堂在线、宁波市高校联盟平台、学银在线等多个平台。2018 年"插花艺术"荣获"国家精品在线开放课程"称号。

二、具体举措

(一)教学理念与模式

在全面调研和分析宁波市及国内外花艺行业对人才需求的基础上,以岗位需求为导向,以花店业的实际工作任务构建教学内容。项目设计以社会需求和行业发展要求为原则。根据花店业实际工作岗位流程编排教学情境,以一件件花艺作品的设计制作和成本核算引领学生参与到课堂教学过程中来,学生经过课程的各个项目的综合训练,全面掌握花艺师工作岗位的各项要求,从而提高学生多方位的适应能力。

1. 以实际工作岗位的工作任务要求构建课程教学内容

按照花店业的实际需求构建课程的内容体系,专业知识渗透到每个实训项目中,确保学生在练好基本功的同时,具有花艺设计必需的理论知识,提高教学的实用性和学生的可持续发展;在实践教学中要求所有的实训项目源于企业、高于企业。

2. 采用实际工作岗位的流程顺序编排教学情境

教学内容确定后,按项目实施的难易程度进行"学习情境"的编排。学生通过完成每个工作任务,熟悉每个插花流派的插作要点,并具有更高层次的设计能力,提高学生的适应能力。

3. 构建新型混合式教学模式

将传统的实体课堂"师讲生听"的教学模式转变为以调动学生主动学习为

目标的教学模式,教师从传统课堂的讲授者转变为引导者,学生的角色更加突出学习的主体性和主动性,完成从关注教师的"教"向关注学生的"学"的转变。学生通过 MOOC 和 SPOC 平台,在课前完成基础知识的学习,课堂上通过分组讨论,进行花艺作品实践操作等,实现知识的内化;课后通过完成拓展训练作业,实现知识的巩固和深化。

(二)教学组织与实施

1.课前

改变传统的课堂讲课模式,学生从课前观看 MOOC 和 SPOC 视频以及各种富媒体资料,进入课堂内容的学习中来,通过完成教师精心设计的讨论区问题讨论、师生互动等方式完成知识的初步理解和吸收,并通过完成测验来检验学习效果。教师通过讨论区与课程后台数据,就能发现学生学习中存在的问题。

2.课中

在课堂教学阶段进行实践操作,完成知识的内化。通过分组讨论、点评总结等形式,解决学生在慕课学习中存在的问题,重点培养学生的动手能力;通过教师示范→学生插作→教师修改→作品介绍→小组互评→教师点评等环节,充分调动学生主动学习的积极性;通过整理花材、桌面清理、卫生打扫等环节,培养学生的职业素养。

3.课后

教师根据学生应掌握的专业技能,设置拓展性花艺设计任务,以培养学生的开拓精神和创新能力。学生结合知识的积淀,以小组为单位,通过线上讨论来制订个性化设计方案,线下协作完成创意作品,并提交到学习平台展示,相互评价交流。通过师生互动、生生互评等方式,引导学生分析鉴赏作品,创新应用场景,带动知识的迁移,完成基础知识的进一步内化;同时,鼓励学生参与企业的花艺设计与制作项目,工学结合,提升学生的综合素质和适应能力,为学生就业创业奠定基础。

(三)教学评价与考核

设置带有激励机制的多元化考核评价体系,既重视对知识技能目标的评价,更注重过程性评价。

1.针对本校学生的 SPOC 模式

(1)课前的在线学习评价。加强对学生学习过程的考核。建立以形成性评价为主的考核体系。通过对学生的学习时间、参与讨论次数、在线测验成绩、作业,以及作业互评等参数进行权重设置,给出每个学习任务的综合评分,并通过学习平台发布,让学生实时掌握自己的学习情况。

(2)课中实践活动评价。在课堂上,教师给定应用场所,布置花艺设计任务,学生以学习小组的形式完成任务,并通过作品介绍、小组内自评、小组间互评的形式,对每个学习任务进行评定。

(3)期末理论考试。梳理课程重要的知识点和技能点,建立了《插花艺术》试题库(1300题),在学校综合考试平台发布。期末随机抽取100个试题组卷考试,检验学生对理论和技能知识的掌握程度。

2.针对社会学习者的 MOOC 模式

通过课程管理后台,设置线上线下学习的各项评价指标的权重,并通过定期发布公告,督促学员完成课程学习。

(1)线上学习:要求学员观看所有视频及其他富媒体资料,并在线完成视频后面的测验题,检验学习效果。

(2)线下作品制作:学员通过视频学习,制作完成一件插花作品,上传课程平台。根据教师设置的评分标准,对其他5个学员的作品进行评价,提高学生的动手能力和鉴赏水平,加强学员间的交流学习。

(3)问题讨论:针对交流论坛提出的问题,在线进行讨论,加强师生、生生的互动交流,及时解决课程学习过程中的问题。

(4)期末考试:针对整个课程内容,在课程结束一周内完成在线期末考试。

（四）教学反思与改进

一个成功的课堂不仅需要教师的引导和知识传授，也必须促使学生参与其中，激励他们通过反思及内化去建立相应的知识体系，提出问题，进而解决问题。我们在插花艺术翻转课堂的构建中，提出了"任务驱动""做中学"的构想，把课堂交给学生，由学生自行组织学习小组，共同完成插花作品的设计与制作。在这一过程中，老师只是辅助角色，根据实际需要对学生进行个别指导，引导学生将理论知识用于实践操作。学生在 MOOC 学习中加强自主学习能力，在课堂插花操作中提高专业技能，在小组合作中培养团队协作精神，在作品介绍中训练思维表达，在作品互评中提升鉴赏能力，在清理现场中养成职业素养，在课后作业中拓展宏观视野。

此外，为了弥补实训经费的不足，我们鼓励学生参与企业花艺项目，让学生得到更多的锻炼机会。例如，2020 年企业迎春插花展，我校技师班的学生全程参与，协助企业完成从作品制作到布展的工作，交流展圆满结束。看到自己制作的作品得到了大众的赞赏，同学们收获了成就感，增强了自信心。

三、实施效果

混合式教学结合了课堂教学与网络学习两种学习环境，以传统课堂教学和在线学习相结合的方式，既满足了学生个性化学习的需求，又能够发挥教师的主导作用，体现了以学生为主体的教学理念。线上线下的结合避免了传统教育中学习内容的强制性和思维过程的依赖性，提升了学生的自主学习能力、协作能力和创新能力。

"插花艺术"课程混合式教学实践证明，采用线上线下混合式教学，可以有效提高教学效果，使专业课堂变得更加生动有趣，学生的学习积极性明显提高，花艺制作水平明显提升。自 2015 年课程进行混合式教学以来，取得的成果主要有下面这些。

2015 年，"插花艺术"入选首批浙江省高等学校精品在线开放课程；"插花艺术"微课获浙江省高校教师教育技术成果评比三等奖。

2016 年，浙江省新型职业农民农业技能大赛暨职业院校农业技能大赛，我校园艺专业 3 名学生参加了比赛，分别以总分第 1 名、第 3 名、第 8 名的成绩，荣获 1 等奖、2 等奖和 3 等奖。团体成绩排名第一；两名同学获"浙江省第九届插花艺术交流展"铜奖；一名学生获浙江省第十四届"花之舞"花艺设计大赛的最高奖"特等奖"。

2017 年，2 名学生参加了宁波市第九届插花花艺大赛，获大奖 1 项、金奖 3 项、神秘箱亚军 1 项。浙江省第十届插花艺术交流展银奖 1 项、铜奖 1 项。

2018 年，"插花艺术"课程获"国家精品在线开放课程"荣誉称号。

2019 年，浙江省高职高专院校技能大赛"艺术插花"项目，我校 2 名选手参加了比赛，以总分第一的成绩获一等奖 1 项、三等奖 1 项，总分获团体三等奖。

四、特色创新

为了更好地构建师生互动平台，更加有利于学生在线自主学习与交流，本课程根据当前花艺设计岗位的实际需求，经过与企业（花店经理、设计总监等）、行业（花卉协会会长、副会长等）相关专家的反复研讨，对插花技艺知识体系进行了重新梳理，构建了适于网络传播、自主学习、容易上手、便于操作、岗位实用的课程体系。课程上线后的结果表明，新的课程结构与知识体系有效地促进了教学目标的完成，课程的趣味性与实用性对增强学生自主学习的积极性和社会学习者的积极参与起到了重要作用。

1. 构建了基于工作过程的课程体系

以企业真实项目为基础，把握插花行业最新动态，充分体现以学生为中心的课程教学组织模式，把花艺设计理论与技艺知识点融入典型工作任务，构建了适合在线学习和混合式教学的课程教学体系。

2. 教学内容编排循序渐进，项目结果可视可验

教学内容遵循教育教学规律，反映了行业最新动态，将当前商业流行插花和日用插花作品与技法融入教学内容，充分利用各种多媒体手段，课程资源配置合理。学生通过在线观看由浅入深的视频及其他富媒体资料的学习，制作

个性化的插花作品,有利于学生的自由发挥,提高了学生的参与积极性。

3. 线上线下同步互动,翻转教学灵活多样

面对社会学习者,学员通过线上学习和线下同步互动完成作品的自由发挥,同时又可根据学习者个人的情况通过在线完成课程平台提供的测验、作业、考试、答疑、讨论、作品互评等教学活动,进一步提升插花理论修养和检验自主学习效果;对专业学习者来说,经过重新序化并具实操性的信息化资源,可灵活应用于个性化的翻转课程教学,课后的在线指导、测评与讨论,提高了学生的学习兴趣和学习热情,有效促进了师生、学生之间资源共享、自主式与协作式学习。

基于 PDCA 教学目标管理的线上教学实践

——以"国际贸易应用"课程为例

国际学院 应晓红①

一、案例背景

近几年,信息化教学、资源库建设、线上教学一直是各院校的热门话题。关于信息化教学,我们学校走在同行前列。微课、慕课以及教学资源库的立项和建设一直在有条不紊地申报、立项、建设中。而线上教学更多是在商业教学环境中使用。大家可能都在想:大面积地进行线上教学,还有待时日。

然而,一场突如其来的疫情,打乱了原定的新学期的开学和教学计划。从而将线上教学以极速的状态推到了教学一线。

无论是传统的课堂教学,还是线上教学,教学目标的实现是永恒的话题。课程教学目标管理是指由教师(或教学团队)制订出本学期某课期望达到的总目标,然后由教师根据总目标的要求,制订每次课(每个教学项目)的分目标,并积极主动地想方设法实现这些目标的系列管理方法。

在教学目标管理的运用上,不外乎是教学实施前的准备、设置单元教学目标、教学目标执行与教学绩效评估等一系列过程。

现以"国际贸易应用"这门课程为例来详细说明。

---

① 应晓红,讲师,毕业于浙江工业大学,获得工学学士学位和工商管理硕士学位。主要从事外贸和货代相关课程的教学,曾获得浙江省微课比赛三等奖,学校职业教学能力测评优秀奖和校线上教学案例优秀奖。

二、具体举措

(一)教学组织与实施

1.教学实施前的思考

作为一名一线的教师,深知教学目标的设置、分解、实施与评估对教学工作的重要性,特别是在疫情期间的线上教学阶段。而有一个载体一直贯穿在整个教学活动中,那就是作业。

本次的线上教学实践,我将以教学目标为引领,以作业为抓手来实施。

2.明确单元教学目标,改版作业形态

(1)措施之一:单元教学目标双向明确化。

在此次线上教学中,实现了单元教学目标的双向明确化,教师知晓教学目标无可厚非,也要让学生知道。出于这个目的,改版后的作业出现了一块内容:教学目标和实施途径(图 1)。这样可以让学生明白这次课(或几次课)要学什么怎么学,以及我究竟学得怎样了,大大增强了学生在教学过程中主人翁的地位。

教学目标与实施途径

1. 通过观看今日课堂里的 PPT 和微课,掌握外销合同标的条款描述的常用术语及含义
2. 通过观看今日课堂里的 PPT 和微课,会书写文具产品外销合同中的标的条款
3. 通过学习和总结,能说出此类商品拟订标的条款的一般规律

图 1 教学目标和实施途径示意图

(2)措施之二:教学目标与作业内容显性对应。

充分利用线上教学电子作业的便利,用不同的色彩块将教学目标和作业内容一一对应,提醒学生不能顾此失彼,既然是教学目标,那么都要求一定程度的掌握。

授课条件	计划安排	完成情况	备注
时间	2020 年 3 月 12 日		
班级	19 英语 B1/B2		
人数	39/40		
授课方式	QQ 直播＋线上学习		
其他说明：			

图 2　教学目标与作业内容显性对应示意图

如上图所示(图2)，黄色区域的教学目标和实施途径对应的作业区域也是黄色的；绿色区域的教学目标对应的作业区域也是绿色的，依此类推。这样学生时时被提醒完成此作业的必要性，如果遇到困难了，也知道解决途径在哪里。

(3)措施之三：融合授课情况。

措施之三，充分体现线上教学的特点，将授课的相关情况同步作为作业的一部分，如到课情况，教学是采用直播、录播还是线上学习，均体现在上面(图3)，使每位学生都能感受到教师的认真和公平的记录。

教学目标与实施途径

1. 通过观看今日课堂里的 PPT 和微课，掌握外销合同标的条款描述的常用术语及含义
2. 通过观看今日课堂里的 PPT 和微课，会书写文具产品外销合同中的标的条款
3. 通过学习和总结，能说出此类商品拟订标的条款的一般规律

课后作业

相关术语	中文含义	相关术语	中文含义
COLOR·BOX		ITEM·NO.	
INNER·BOX			品质条款
CARTON			数量条款
PACKING		/	/

请根据所示的文具出口企业网站上的商品信息，写出以下商品出口时外销合同中的品质条款与包装条款。

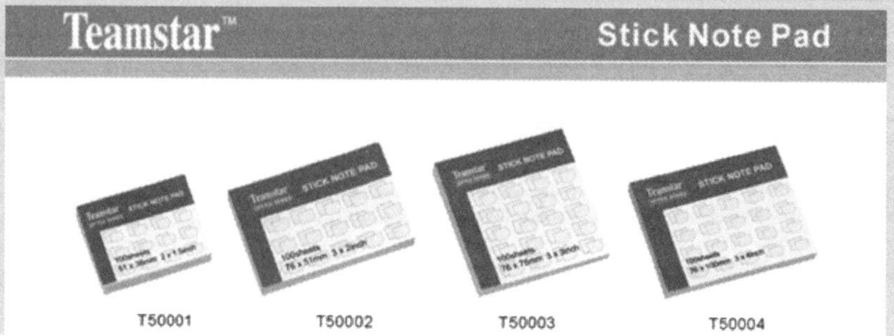

图 3　融合授课情况示意图

(4)措施之四:作业名称充分体现主要教学目标。

作业的名称能力化,体现主要教学目标,起名不呆板,增强对学生的吸引力。比如,改版前的作业名称是"作业三",改版后变为"我会看外贸公司网站上的商品信息了"(图 4)。

图 4 改版后作业示例截图

3.教学的实施

教学的执行主要有三步。

其一,较多采用翻转课堂的方式,将教学素材交给学生,告诉学生怎样去学。

其二,以作业为载体,考核学生课外学习的成效。

其三,后一次的课内主要对作业进行讲解与补充,充分实现教学目标。

(二)教学评价与考核

单元教学效果评估,以作业的完成度为主,不仅考核学生在课外的学习效果,还同时考核翻转课堂实施完毕后的效果,即完善或订正后的作业的完成度。

另外,还要结合线上教学的其他方式与手段多方位进行评价,如下图中的作业等(图5)。

03 我会看外贸公司网站上的商品信息了

姓名:⋯⋯⋯⋯⋯学号:

图5 作业完成度示例截图

(三)教学反思与改进

最后,还要结合学生对课堂的评价与总结(图6、图7),看看教学内容和方式手段还有哪些可以调整,完美实现目标管理的 PDCA(PLAN-DO-CHECK-ACTION)循环。

姓名 ⇕	所在班级 ⇕	是否评价	评价星级 ⇕	评价内容
***	19英语A4	已评价	★★★★★	老师讲得很详细,用实物给我们讲解,内容容易理解
***	19英语A4	已评价	★★★★★	很多迷糊的地方得到了解答
***	19英语A4	已评价	★★★★	听得懂但是实际操作就不怎么会了
***	19英语A4	已评价	★★★★★	无
***	19英语A4	已评价	★★★★★	老师用奥利奥来举例子非常好,容易理解
***	19英语A4	已评价	★★★★★	好
***	19英语A4	已评价	★★★★★	对课堂内容有了扎实的理解
***	19英语A4	已评价	★★★★★	订正了作业,更加清楚地知道了商品信息应该如何表示
***	19英语A4	已评价	★★★★★	了解到packing后要写多少CARTONS
***	19英语A4	已评价	★★★★★	老师讲解得很清楚,纠正了我们的错误

图6 学生评价截图

在教学内容方面,项目之间的衔接程度还可以进一步提高;部分教学内容的展现可以更直观、更生活化一些,这样将更适合网上教学,也更便于达成教学目标。

在教学方式手段方面,将采用双直播平台(钉钉屏幕分享+QQ直播),这样既能实现钉钉更为友好的直播界面,又能充分强化平台优势(QQ直播的大屏幕)。

序号	学号 ⇕	姓名 ⇕	所在班级 ⇕	是否自评	自评星级 ⇕	总结内容
1	193190431	孙惠慧	19英语A4	已总结	★ ★ ★ ★	学到了，我会认真去订正上一次的作业
2	193190411	邵泺纳	19英语A4	已总结	★ ★ ★ ★ ★	学会了如何看外贸公司网站上的商品信息，并且知道了如何订正上次自学的作业…
3	193190429	鲍翊彬	19英语A4	已总结	★ ★ ★ ★ ★	做了笔记，对之前的疑惑有了解答
4	193190413	陈杨凌凡	19英语A4	已总结	★ ★ ★ ★ ★	还OK，就是有些地方老师讲太快了跟不上，要加油
5	193190430	陈卓	19英语A4	已总结	★ ★ ★ ★ ★	好
6	193190414	薛雨欣	19英语A4	已总结	★ ★ ★ ★ ★	好
7	193190420	卢宁宁	19英语A4	已总结	★ ★ ★ ★ ★	好好听 也有好好补充
8	193190417	林望	19英语A4	已总结	★ ★ ★ ★ ★	知道了错误所在可以自己订正完善
9	193190406	朱梦璐	19英语A4	已总结	★ ★ ★	经过老师的讲解会自己订正作业
10	193190421	李晨斐	19英语A4	已总结	★ ★ ★ ★	这次课堂让我学到了很多商品包装的知识，查漏补缺，能很好地了解到商品信息…

图 7　学生自评总结截图

三、实施效果

(一)课程有思政

课程思政既体现在课程设计上，更体现在课程教学中。

本课程所涉及的行业职业内容就是如何完成一份外销合同，而合同是最能体现一个人的思政修养的。所以本次教学就有了很坚实的思政落地点，并特别注意将社会主义核心价值观(个人层面：爱国、敬业、诚信、友善)的内容进行了融合和实践。

课程思政的各个方面是彼此成就的，作为一门跟国际贸易密切相关的课程，本课程更能将课程思政落地到相关的具体的教学内容中，并致力于培养德、智、体、美、劳全面发展的学生。

(二)教学有资源

本课程的教学资源非常丰富。在课程建设网站上有详细的统计数据：素材种数 253;素材总量 31.27G;视频总时长 940 分钟;原创教学素材占 80% 左右;素材总类丰富,有视频、微课、专家访谈、动画、PPT 等。

（三）授课有平台

本课程的授课是基于智慧职教和职教云进行的。智慧职教用于存放所有的教学素材;职教云则用于针对某一门课程、某一个班级的建课并予以使用。

在疫情前,已在职教云平台上进行了一个学期的完整授课,对整个平台的操作比较熟悉,各项功能均能正常使用。

有了之前的使用基础,有了充分的素材积累,本学期的授课平稳且顺利。

（四）学习有指导

除了智慧职教和职教云平台外,为了更好地实施教学,还需要对学生进行指导,以确保完成教学目标。为此,我为每门课的每个班均建了一个 QQ 群,既可以配合平台在课内使用,也可以用于课后的指导与沟通。

（五）过程有痕迹情况

课内任务和课外作业,书面化的部分均在职教云平台上完成,口头任务则在 QQ 群内完成。两方面均得到很好的痕迹保留。

（六）学习有效果情况

充分利用平台功能,时时获悉学生对课堂的评价与总结。评价主要针对教学内容和老师的授课反映;总结则针对学生本人学习情况的反馈。这样将两方面的情况结合起来,在以后的教学中进行适当的改进与提升,整个课程的教学将进入良性循环。

四、特色创新

(一)线上教学资源的积累丰富

本人在建和参建的校级慕课有两门:"国际贸易应用(创业方向)"和"国际物流实务",同时还有一个教育部创新创业资源库项目的子项目("国际贸易创业实务")在建设过程中。以上三个项目的建设已接近尾声。通过上述三个项目相关教学素材的积累,为接下来顺利开展线上教学做了非常扎实的铺垫,使线上教学不会显得局促,资源的调用游刃有余。

(二)教学目标的整合更适应于线上教学,并显性展示

既然是基于教学目标管理的教学,就得从教学目标做起。在保证整门课程的教学目标实现的前提下,对每次课或每个项目线上教学的分目标重新进行了整合,以更适应线上教学。

同时,将教学分目标以显性的方式告之学生,并让学生知晓实现此目标的学习途径、资源获取方法等。

(三)多直播平台的结合使用

目前可选用的直播或轻直播平台不少,选用哪一个,怎么选,都是一门学问。目前接受线上教学的学生的学习环境各有差异,比如:有的学生只有手机没有电脑等设备;学生家里的网速各有差异等。

为保证教学质量,本课程的教学采用多平台同时进行,主要有三个:钉钉直播、QQ 直播和 QQ 课程群。钉钉直播的不延迟,大家有目共睹,但给老师的画面太小,不利展示;QQ 直播有滞后,但非常方便展示;QQ 课程群只能接近于轻直播,但文字、图片和语音的传送最安全快速,哪怕网络不畅,直接用流量也是可接受的。所以三者各有利弊。但将三者结合起来使用,收到了意想

不到的效果。

(四)注重课程思政的融入

具体表现在四个方面。

(1)爱国。无论是合同的磋商、订立、操作还是善后,国际贸易的操作的每一环节均能很好地表现当事人的爱国情操。本课程的教学也是如此。

(2)敬业。如何将外销合同的相关条款订立得完善,且彼此支撑,既是专业的体现,更是敬业的体现。课程注重在敬业中培养专业技能。

(3)诚信。将外销合同中的商品信息客观展示,是国际贸易诚信的基本层面。在课程内,要求学生不欺骗隐瞒。

(4)友善。跟外商的沟通要做到有理有据,对事不对人,均在课程教学中得到融合。

基于 SPOC ＋钉钉＋云班课等多平台的
思政课线上教学探索

——以"毛泽东思想和中国特色社会主义理论体系概论"课程为例

思想政治理论课教学部/基础课教学部　谈秀丽①

一、案例背景

　　疫情之下,根据教育部、省教育厅和学校关于新冠肺炎疫情防控期间教学工作的总体部署,切实把"延迟开学、如期开课"的要求落到实处,进一步发挥我校"互联网＋教学"的优势,我校已于 2020 年 2 月 24 日全面开展疫情防控期间的线上教学。作为一名思政专任教师,我积极响应上级教育部门和学校的号召,全身心投入线上教学工作,努力学习尝试各种平台及方式,并热心帮助团队其他教师开展线上教学,不仅保证了本学期自己所承担的三门课程线上教学任务得以顺利实施,而且为整个思政课程团队线上教学工作的有序推进做出了自己应有的努力。本学期,本人共承担三门课程的教学任务,分别为"毛泽东思想和中国特色社会主义理论体系概论"(以下称"概论")、"职业素质与职业发展"、"形势与政策",选课学生 655 人次。下面,仅以"概论"课程的线上教学开展情况做如下分享。

---

　　① 谈秀丽,讲师,毕业于宁波大学工商管理专业,获得硕士学位。主要从事"思想道德修养与法律基础""毛泽东思想和中国特色社会主义理论体系概论""职业素质与职业发展"等课程的教学工作,曾获得浙江省高校微课教学比赛高职组二等奖、浙江省高职院校教学能力比赛二等奖、校微课教学比赛二等奖等荣誉。

二、具体举措

(一)教学理念与模式

2019年,习近平总书记在学校思想政治理论课教师座谈会上提出办好思政理论课最根本是要全面贯彻党的教育方针,解决好"培养什么人、怎样培养人、为谁培养人"这个根本问题,做到八个"相统一"的教学要求,为深化新时代学校思想政治理论课改革和创新提出了新的要求,指明了新的方向。2020年初,这一场突如其来的疫情,更是颠覆了高校思政课的传统教学方式,给思政课教学带来前所未有的挑战,大大地推动了思政课信息化教学改革的进程,引发全体思政教师对思政教学模式的深度思考。

本学期,我校疫情之下"概论"课,采用"1+1+1+1"的线上教学模式(图1),即:一个慕课平台(引用中国大学MOOC开设SPOC课程),一个直播平台(如钉钉直播),一个互动平台(如蓝墨云班课),一个联络备用平台(如QQ群)。

本人的具体操作为:引用中国大学MOOC开设SPOC课程,用于学生自主在线视频学习;采用钉钉直播平台实施每周一次的面对面直播授课,相当于平时的课堂教学;选用蓝黑云班课互动平台用于弥补直播平台一对多单向传递的互动性不足,作为直播教学的补充,同时可延续至疫情结束,作为正常课堂教学中过程考核的重要依据;另外,借用学生班级QQ群,用于开课前期的通知和联系,并且在网络拥挤或平台过载的情况下,作为临时应急用。

(二)教学组织与实施

1.前期教学准备

特殊时期,第一次以线上直播的形式开展思政课教学,不论是对于教师还是对于学生,甚至对于所有直播平台本身,都是一次全新的尝试和挑战。为了

学生信息	学生分组	有效成绩	视频观看个数	视频观看次数	视频观看时长	讨论区主题数	讨论区评论数＋回复数
我会好好学习哦_曹文娴_193010515	19报A工商A（谈秀团）	21.43	52	52	12:10:28	0	19
小oua_蔡舒琪_193010514	19报A工商A（谈秀团）	21.43	29	29	06:11:51	0	6
mooc3607353561260361_徐真_193010516	19报A工商A（谈秀团）	21.43	46	46	07:27:23	0	14
mooc7196173652874 4239_朱丽梅_193010806	19报A工商A（谈秀团）	21.43	28	28	05:42:47	0	4
mooc447500119258516167_张诗嘉_193010824	19报A工商A（谈秀团）	21.43	26	26	03:40:16	0	1
小熊穿了比基尼_叶婷_193010842	19报A工商A（谈秀团）	21.43	28	28	04:23:39	0	2
mooc7699432337163734_王彩萍_193010845	19报A工商A（谈秀团）	21.43	42	42	07:56:31	0	9
mooc7861424297571263_钱富霞_193010841	19报A工商A（谈秀团）	21.43	36	36	10:52:13	0	7
modk1271693244334884438_刘陈瑶_193010517	19报A工商A（谈秀团）	21.34	52	52	08:35:29	0	14

图 1　"1＋1＋1＋1"的线上教学截图

避免来自设备、网络、平台等多方面不确定因素的干扰影响,确保课程顺利进行,使学生更好地进入课堂状态,提高课程学习效率,我主要做了以下准备。

（1）慎重选择教学平台,熟悉平台功能操作。

"概论"课采用"慕课教学＋教师线上教学"相结合的模式,慕课教学统一组织,共覆盖全校 3400 余名大一学生。教师线上教学由教师本人实施。教师在教学平台的选择上,分为直播平台的选择和互动平台的选择。前者的重点是为了确保直播教学的顺畅有序,后者的重点是为了增强课程互动感和生动性。

为了选择性能优越、网络稳定、操作简便、功能丰富的教学平台,我认真聆听了学校教务处组织的每一场线上教学平台运用培训,并向学生调研各平台的使用体验,将钉钉、腾讯、企业微信、职教云、学习通、云班课、雨课堂等各个平台进行了比对,选择了相对稳定、功能齐全且具有回放功能的钉钉直播作为直播教学平台,选择了界面美观、操作简洁且学生认可度较高的蓝墨云班课作为互动教学平台。平台选定后,我们几位教师共同建立了"直播课试验用群",用直播试验的方式来调试和验证各项操作与功能,以确保正式上课时直播和互动的顺利有效进行(图 2)。

（2）手工抄录班级名单,合理利用教学设备。

由于开学前期仍处于疫情防控的关键时期,我滞留在乡下老家,家里没有

图 2　在线教学截图

打印复印设备,甚至连张像样的 A4 纸都没有,教学设备也极为简陋,一台平板电脑,既要满足我的教学需求,又要满足儿子的上课需求,而且无线网线还时不时地罢工。为了减少占用电脑的时间,我将汇总统计等工作搬到线下,借用了儿子的笔记本,手制班级名单,对学生的出勤情况 、视频观看情况、作业完成情况和课堂互动反馈情况等,用手机查看后在手制名单上进行登记,也方便及时查看和提醒学生(图 3)。

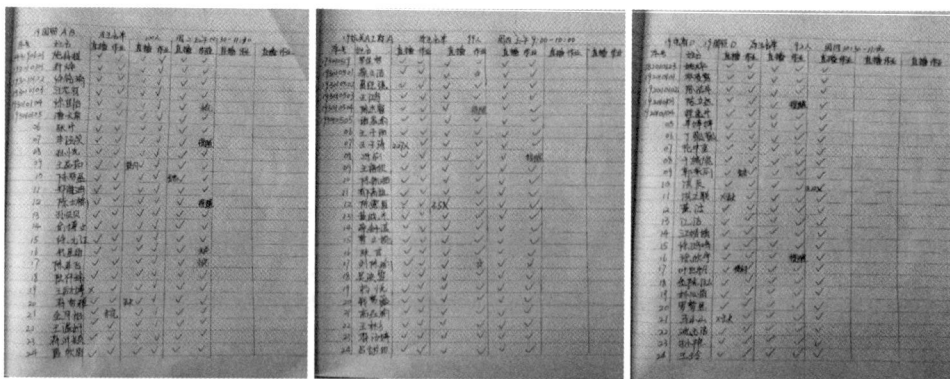

图 3　手工抄录班级名单截图

2.教学环节设计

在本学期的课程安排上，SPOC 视频学习、直播教学和互动讨论学习，几乎各占 1/3 的课时，其中，直播教学的教学设计按四个环节进行。

环节一，学习作业情况反馈。教师提前掌握学生在 SPOC 视频观看情况、云班课平台的资源查看和作业完成情况、上次直播课程的观看时长情况等，并在每节直播课前进行反馈提醒。

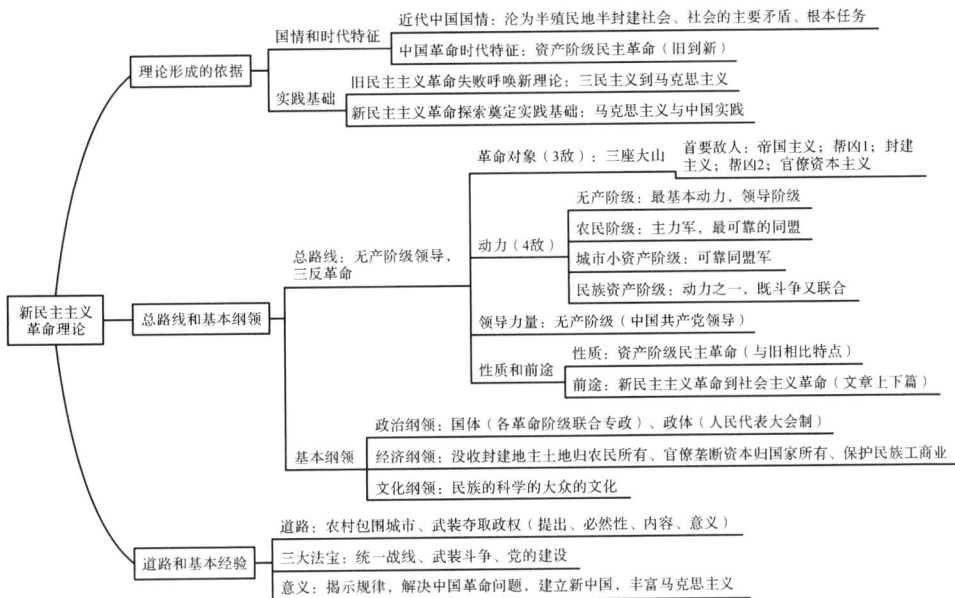

图 4　思维导图

环节二，本章知识要点讲解。对本周对应线上学习的章节知识点进行梳理，制作思维导图(图 4)，帮助学生更好地进行自主学习；对视频教学中讲解不深的知识点进行补充探究，帮助学生理解掌握。

环节三，头脑风暴活动。每节课设置 1—2 个互动话题，在云班课上进行头脑风暴的互动讨论，教师进行简要分享和总结(图 5)。

环节四，作业布置。布置本次课的课后作业与下一周的学习任务(图 6)。

3.教学过程控制

思政课的教学性质决定了既要注重教学过程又要注重教学结果的培养目标，而网络教学方式，缺乏与学生面对面的现场感和亲近感，学生的学习时间自由支配，学习进度难以统一，学习场景无法时时查看，学习状态也无法跟踪。

图 5　云班课头脑风暴截图

名称	修改日期	类型	大小
概论课第二周学习任务（19报关A工商A）	2020/3/8 20:46	Microsoft Word 文档	68 KB
概论课第二周学习任务（19电商D国贸D）	2020/3/8 20:47	Microsoft Word 文档	88 KB
概论课第二周学习任务（19国贸AB）	2020/3/8 20:46	Microsoft Word 文档	77 KB
概论课第三周学习任务（19报关A工商A）	2020/3/8 20:58	Microsoft Word 文档	20 KB
概论课第三周学习任务（19电商D国贸D）	2020/3/8 20:58	Microsoft Word 文档	20 KB
概论课第三周学习任务（19国贸AB）	2020/3/8 21:01	Microsoft Word 文档	20 KB
概论课第一周学习任务（19报关A工商A）	2020/2/24 13:13	Microsoft Word 文档	68 KB
概论课第一周学习任务（19电商D国贸D）	2020/2/24 13:18	Microsoft Word 文档	88 KB
概论课第一周学习任务（19国贸AB）	2020/2/24 11:30	Microsoft Word 文档	77 KB

图 6　学习任务清单截图

针对这个问题,我采用了不定时直播连线和不定时签到的方式,以此将学生锁定在直播课前,督促学生认真听课,提升学习效果。

同时,按照不同班级的不同学习进度,为每班学生制订每周学习任务和进度表(图6、表1),利用云班课平台每周推送给学生,让学生按照任务表进行视频观看和作业安排,同时定期完成各项互动讨论。帮助学生合理安排学习进度,按时完成各项作业,让学习过程变得步调统一、张弛有度。

表 1　学习任务安排示例

序号	学习内容	学习方式及时间	学习平台
1	一、通过中国大学 MOOC 平台观看慕课教学视频和课件"前言"部分： 0.1 中华民族从"站起来"到"强起来"的重要法宝究竟是什么？ 0.2 为什么要学好"概论"课？ 0.3 前言自学课件 二、完成中国大学 MOOC 平台完成前言测试题与前言作业	自主安排时间 2 月 28 日之前完成	中国大学 MOOC
2	课程直播	2 月 25 日（周二） 10：30—11：00（提前 15 分钟进入钉钉直播课程）	钉钉直播 QQ 群（群号：829646752）备用
3	作业：蓝墨云班课中题库测试和讨论（直播时会布置）	自主安排时间 2.28 日之前完成	蓝墨云班课
4	一周反馈	（第 2 次直播）3 月 3日 10：30—11：00	钉钉直播 QQ 群备用

（三）教学评价与考核

结合本学期教学的特殊安排,为了适应线上线下多平台、多样化的教学形式,思政部专门组织讨论并修改制订了"线上与线下兼顾""过程与结果结合"的教学考核方案,以便学生更好地明确学习目标和学习任务。

具体如下：平时成绩占 60％,期末闭卷考试占 40％（表 2）。期末闭卷考试试题从课程试题库中选取。

表 2　教学评价与考核赋分表

平时成绩 60 分			期末成绩 40 分
爱课程网络课程（慕课学习）成绩占 30％	线上集中教学活动（直播与互动）成绩占 15％	线下正常教学平时成绩（疫情恢复后）占 15％	线上考试,满分 100 分,按 40％权重计入总分

（四）教学反思与改进

第一次担任"概论"课程的教学,第一次使用钉钉、云班课,第一次当"主播"……面对来自网络、设备、平台以及自身技能等多方面的不确定,内心是忐忐的,也是新奇的。再加上本学期是第一次上"概论"课,我对课程内容缺乏总体的把握和了解,又逢疫情前期出不了门,手上能用的教学资源非常有限,给前期备课带来了极大困难。

于是,我一边自己先进行线上慕课学习,弥补自身对教学内容不熟悉和教学经验不足的问题;一边联系兄弟院校思政老师,向他们寻求帮助,解决备课中的资源短缺问题;一边将部门分享的集体备课课件进行认真熟悉、梳理整理和修改,将其转换为既符合自身语言习惯,又符合学生口味,同时还适合网络教学风格的教学课件内容,取得了较好的效果(图7)。

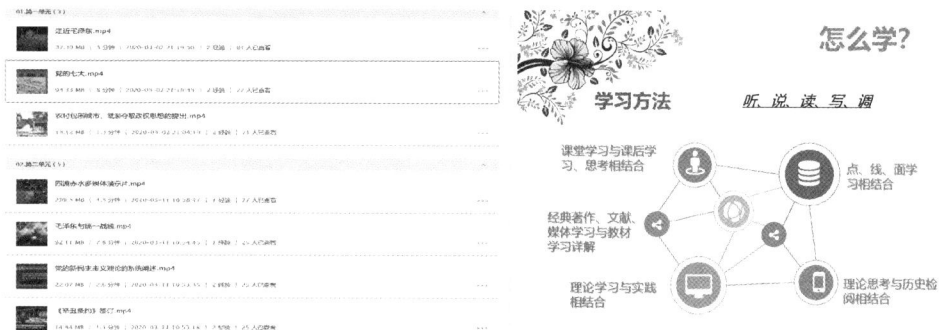

图 7　教学反思截图

三、实施效果

爱课程平台不仅记录了每个学生的视频学习数量、时长、测试成绩,还能自动进行分数的折算;云班课平台不仅以经验值的形式记录了每位学生的互动测验情况,还能帮助同学们时时查看学习记录,生成学习报表;钉钉直播不仅能及时反馈学生直播参与情况,还能提供随时重复观看,方便统计和复习。线上平台这些强大的数据统计能力和各种辅助功能,不仅为教学增添了乐趣,还记录下整个教学过程和所有教学痕迹,方便查看,便于考核。SPOC＋钉钉＋云班课等多平台的思政课线上教学取得了明显的优于传统教学的效果(图8)。

线上教学实施几周以来,从一开始的忙乱逐步走向有序,除个别省外学生家庭网络受限,不能准时到课外,其他学生到课和参与率达到99％以上。课堂氛围活泼、回应积极、讨论热烈。一些性格内向、平时不太发言的学生也能积极参与直播间提问、讨论和抢答。尤其同学们对直播连线和头脑风暴两项活动兴趣高涨，参与率高；上传的测试题提交及时且完成情况较好；对题库能进行反复训练和巩固，为期末考试打下基础；多数学生观看慕课视频能走在教师每周任务安排的前面。

图 8　教学效果截图 1

四、特色创新

为了提升思政理论课的教学水平，更好地落实育人目标和各项教学任务，思政教研室按课程组建教学团队，进行教学细化和分工；在团队中组织开展"读原著、悟原理"的经典原著学习打卡活动；延续之前已经开展的集体备课制度，每章安排专人备课并定期分享；并把部门公开课制度搬到了线上，每月安排一人进行示范分享，课后组织同行点评和磨课。

本学期，为了更好地推进线上教学工作的开展，提升教学效果，并使之规范化、常态化，思政课教研室又成立了"青老结队"的互助机制。由一名青年教师结队一到两名中老年教师，帮助其进行线上教学设计和线上平台的运用指导，提升整体线上教学的水平。在本次结队中，本人主动承担起了结队和指导任务，结队 2 位老教师，帮助其进行平台的操作和使用。此外，在另一名思政教师生病住院期间,我积极承担起该教师在 5 个行政班的教学任务。

通过团队建设和互助机制,不断完善思政课程体系建设,提升教师理论水平和教学能力,丰富线上线下的教学形式,不断增强思政课的思想性、理论性、亲和力和针对性,营造了教师认真讲好思政课、学生积极学好思政课的良好氛围(图 9)。

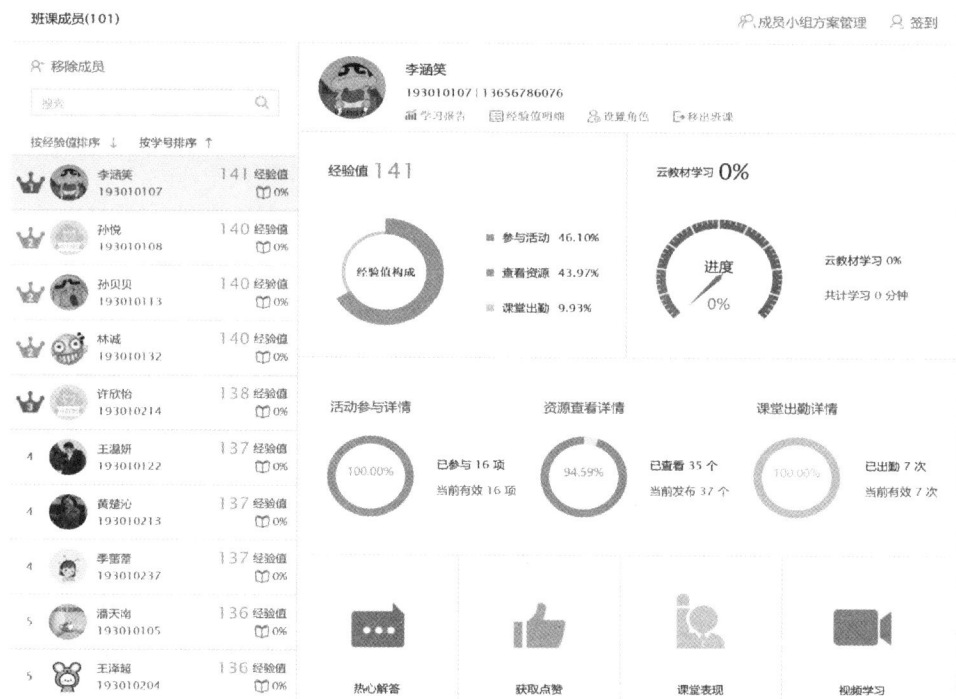

图 9　教学效果截图 2

拥抱变化,才能不断创新;保持学习,才能不断进步。"信息化教学"在我校已经推行很多年了。在这次全民"抗疫"形势的倒逼下,使得所有教师或主动或被动地往前走,在跌跌撞撞中,既收获了不少的经验,也体会出不少的心得。

下一步,学校在信息化教学工作中需要做的是进行平台和资源的整合,进一步加强操作培训,完善线上线下师生考核机制。每一位教师需要做的是,保持一种学习开放的心态,多请教,多练习,多摸索,多探讨,一定会掌握未来必需的在线教学技能,适应教学模式的变化。

基于腾讯课堂的"汽车网络系统检修"在线教学案例

信息与智能工程学院　李建兴[①]

一、案例背景

为进一步落实教育部《关于在疫情防控期间做好普通高校在线教学组织与管理工作的指导意见》，以及浙江省教育厅《关于疫情防控期间高校教学组织和管理相关工作的意见》等文件要求，做好疫情防控期间网络教学工作开展的准备工作，保证疫情防控期间"停课不停学"的要求，从本学期 2020 年 2 月 24 日开始，全校大部分课程开始进行线上教学工作。本案例以"汽车网络系统检修"课程为例，该课程利用超星网络教学平台＋腾讯课堂＋钉钉群的综合教学方式，开展在线教学工作，收到了较好的效果。

二、具体举措

(一)教学理念与模式

受到疫情影响，我们的教学方式从线下转为线上，从"面对面"变成了"屏

---

① 李建兴，硕士，副教授，2004 年毕业于哈尔滨工业大学，2007 年入职宁波城市职业技术学院。主要研究方向为汽车使用技术，多年来一直从事汽车专业相关课程的教学工作。主持和参与项目 10 余项，发表论文 10 余篇。

对屏",这给教师教学的方式和效果带来了不小的挑战。与传统课堂教学相比,在线教学虽然在教学方式上发生了根本性的改变,但是教学目标、对象、内容都没有变,因此教学的"道"不变,只是"术"略变。同样在实施教学的过程中,要坚持以学生为中心,不断创新自己的教学方式,提高课程的吸引力和感染力,让学生从"要我学"变成"我要学",培养学生的自学意识。

(二)教学组织与实施

1.教学准备

教学准备工作分成课程资源平台的建设、直播平台的开课、备选平台的准备、引导学生熟悉线上学习环境等几个方面。

(1)课程资源平台的建设。

为了保证学生有充分的学习资源,积极收集、整理、制作"汽车网络系统检修"课程教学资源,包括系统的电子教材、相关的图片视频资料、教学课件、作业题库等等。并且在2月15日之前已经基本上传完毕,后期制作新的教学资源陆续上传到网络教学平台(图1),供学生使用。

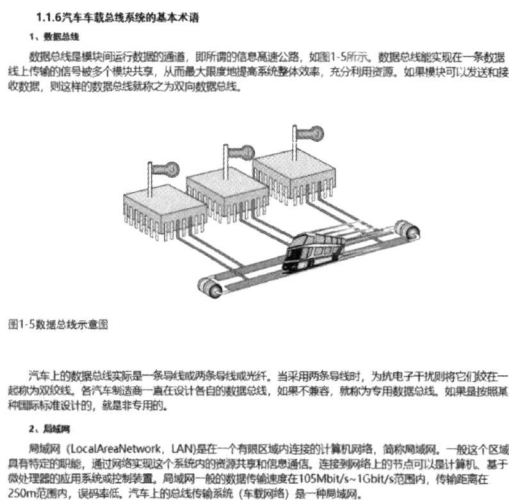

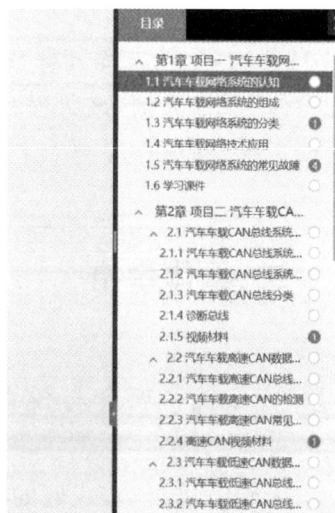

图1　汽车网络系统检修课程教学平台截图

(2)直播平台的开课。

直播平台目前有很多,经过认真考察,最终确定采用在"腾讯课堂"开设免费课的方式进行。开课前,大约提前一周左右的时间,在"腾讯课堂"申请免费开课,首先申请教师入驻腾讯课堂,通过以后(图2),即可申请开课。

图 2　腾讯课堂开课审核通过截图

课程获批以后,按照课程标准和教学日历要求,进行教学安排,填写完毕后,便正式开展教学活动(图 3)。

图 3　腾讯课堂教学安排截图

优点:教师或学生进入 App 或网络平台,系统可以随时提醒授课时间及内容(图 4、图 5)。

图 4　教师提醒窗口截图

图 5　学生提醒窗口截图

　　通过提醒窗口,学生能够清晰地看到每次课的授课时间和授课内容,并且每次课前都有提醒功能(图 6)。同时师生可以连麦、可以讨论互动,可以导出听课人数、听课时间等等。腾讯课堂还有很多功能,比如视频管理、习题管理、资料管理等,目前这些功能正在学习过程中,以后我将逐渐应用到本课程的日常教学过程中。

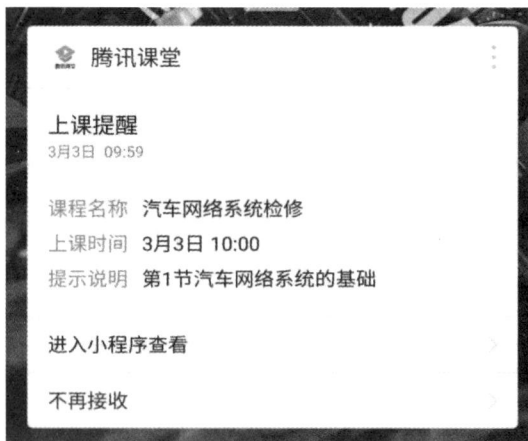

图 6　学生上课通知截图

（3）备选平台的准备。

为了保证每次课直播的顺利进行，防止平台瘫痪拥堵等问题，在钉钉上建立了一个钉钉群作为备选方案，从而保证腾讯课堂一旦出现故障，就可以马上转到钉钉群进行直播。

（4）引导学生熟悉线上学习环境。

各种线上学习都准备完毕以后，联系班长和学习委员，引导大家登录网络教学平台进行学习，进行线上直播一对一测试，保证每一个人都能够熟练使用网络平台进行学习，都能够熟练参与直播学习及直播交流互动。对于个别有问题的同学通过电话单独指导。

2. 学生课前学习要求

课前在"网络教学平台"班级通知中发放本周的"学习须知"，"学习须知"包括课前学生需要完成的任务和教师直播的内容以及课后的任务，来辅助学生探究式自学（图7）。

3. 课中直播教学

课前40分钟左右，在学习通上向学生发布签到，主要目的是提醒学生课程即将开始，以免迟到或错过。

直播前半小时左右教师进入直播间，首先利用这段课前预热时段，播放一些行业准则、职业道德方面的正反面案例小视频，然后与提前来的学生在比较轻松的环境下进行沟通交流，激发学生的爱岗敬业的道德意识。

直播开始，首先对网络平台学习情况进行点评，包括统计出来的学习情况、作业完成情况等等，对于学生提出的问题与学生进行探讨和交流。对于新的教学内容，以启发式为主，经常与学生保持互动，互动主要以举手连麦及在腾讯课堂讨论区进行讨论的方式来实现，一方面可以让学生都动起来，另一方面也可以监控学生是否在听课，从目前的运行情况来看，效果非常好。

直播最后，线下任务布置结束，不建议教师立即下线，此时可以与学生进行一些比较轻松的交流，可以回答问题，也可以不回答。实践证明这样可以大大增进师生之间的感情。

汽车网络系统检修 课程门户　　　　　　　首页　活动　统计　资料　**通知**

我的通知

第二周学习须知	**第一周学习须知**
发布时间：02-28 14:05	发布时间：02-21 18:58
发送人：李建兴	发送人：李建兴
班级：18汽车检测A	班级：18汽车检测A
已读：19/29	已读：27/29

18 汽车检测 A 班汽车网络系统检修第二周学习须知				
序号	习阶	学习任务	学习方式、时间	学习途径
1	课前	1.复习前面学过的内容 2.浏览学校网络教学平台,学习电子教材1.2、1.3、1.4、1.5,并且学习项目——课件	3 月 3 日之前	网络教学平台学习通
2	课中	课程直播： 1.回顾上次课(提问交流) 2.考查预习情况(提问交流) 3.新知识解析(教师讲解) 4.布置作业(教师讲解)	3 月 3 日星期二上午 10：00—10：40	腾讯课堂
3	课后	1.消化本次课程学习内容 2.完成作业	3 月 12 日之前提交	网络教学平台学习通
		反馈交流(包括讨论)	3 月 3 日至 12 日	网络教学平台班级微信群

图 7　学生学习须知示例截图

4.直播结束以后

　　直播结束以后,线下利用班级微信群和网络教学平台的讨论区进行交流(图8),为学生答疑解惑,指导督促学生进行线下学习,完成作业任务等等。通过这种方式,教师和学生交流的时间和频率远远高于在校上课,师生的距离更近了。

（三）教学评价与考核

　　(1)在传统课堂,教师面对面授课可以随时观察学生的学习情况,随时提

图 8　讨论交流截图

问或测试检验教学效果,然而线上教学师生互动受限,教师看不到学生,只能看到学生开着终端设备却不能获悉其具体听课情况,学生吸收知识情况得不到及时反馈。为此,学期初我对教学评价方式进行了重新修订,并在第一次课上向学生进行了说明,该课程的考核方式加大了线上考核项目内容,增大了平时成绩的占比,特别是增加了直播课堂回答问题及网络平台成绩的占比。

另外为了了解学生的学习效果同时检查学生的考勤,我在每次直播前都会通过学习通进行一次测试,一般都是 2—5 个选择或判断题,时间控制在 5 分钟以内,这样一方面考查了学生的学习效果,另一方面督促了学生的出勤,不要迟到、不要漏考,等等。实施测试以后学生迟到的现象明显减少,效果非常好。

(2)该课程的具体考核方案如下:课程总成绩 100%=平时 80%+期末 20%。

①平时成绩:平时成绩包括课堂回答问题(10%)、过程考核(30%)以及课程网络平台学习成绩记录(60%),其中网络教学平台成绩由课程音视频学习、

浏览访问次数、学习签到、学习讨论、考试几个方面组成(图 9)。

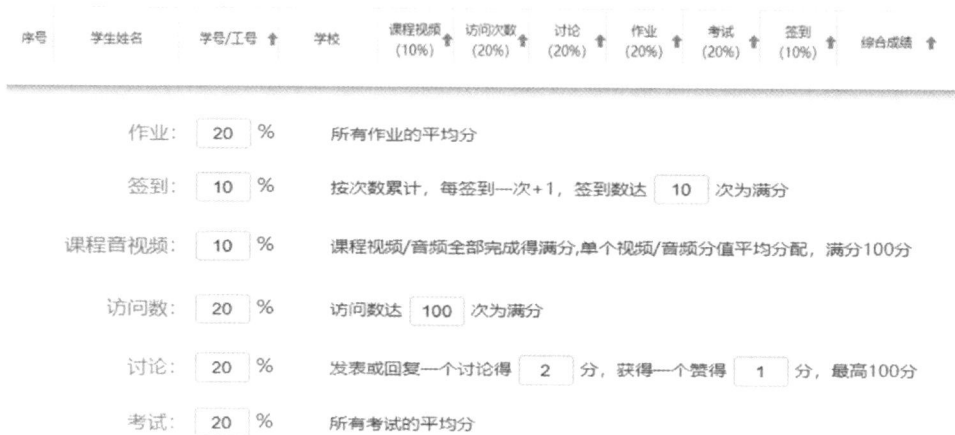

序号	学生姓名	学号/工号 ↑↓	学校	课程视频(10%)	访问次数(20%)	讨论(20%)	作业(20%)	考试(20%)	签到(10%)	综合成绩 ↑↓

作业： 20 %　所有作业的平均分

签到： 10 %　按次数累计，每签到一次+1，签到数达 10 次为满分

课程音视频： 10 %　课程视频/音频全部完成得满分，单个视频/音频分值平均分配，满分100分

访问数： 20 %　访问数达 100 次为满分

讨论： 20 %　发表或回复一个讨论得 2 分，获得一个赞得 1 分，最高100分

考试： 20 %　所有考试的平均分

图 9　网络教学平台成绩构成截图

②期末成绩:期末总成绩包括两部分,一部分是期末理论测试,另一部分为期末技能测试,分别占总成绩的 40％和 60％。

(四)教学反思与改进

受疫情的影响,"汽车网络系统检修"课程首次以在线形式开展。我在课前投入大量时间和精力进行在线教学资源建设和课程组织。在线教学的准备和实施,还让我对课程的现状和未来的发展有了深入思考的契机,待疫情结束后,结合网络优质数字资源进行线上和线下的混合模式教学将成为"汽车网络系统检修"课程教学改革、提高教学质量的重要思路。

在线上教学活动取得一定效果的同时,也反映出一些需要改进的问题,比如新颖教学方式与教学效果的问题等,由于初次开展纯线上的教学,教学效果有待检验。如何保证教学质量,督促学生观看直播时"人在心也在,教学效果不走样",这是值得我们去思考和探究的问题。另外,本课程是一门实践性很强的课程,而目前学校还没有汽车故障仿真教学的平台或软件,如何实施在线实践教学,达到理论与实践不脱节的教学目标,是我们下一步要思考的问题。

三、实施效果

(1)学生参与度较高：本课程"汽车网络系统检修"这学期共有 28 位学生参与网上学习活动，截止到第八周，"汽车网络系统检修"网络课程平台点击量达到 30400 多次（新建的），平均每人浏览超过 1000 次。由此可见，学生参与线上教学活动的积极性非常高。

(2)学生学习主动性强：绝大部分学生都能够按照老师每周下发的学习任务要求，按时在网络课程平台上完成预习任务及课后作业；大部分学生还能够多次反复观看网络课程平台学习资源；直播过程中无论是教师提问还是要求学生反馈学习效果，学生在讨论区回复踊跃积极主动，气氛异常活跃。

(3)学生学习效果较好：从课堂提问、学生作业及课程测试情况来看，对于概念性的内容基本都能够掌握，学习效果较好。但是由于目前还没有进行实践操作学习，学生对于故障的诊断与排除思路有些不太清楚，待返校后再加强这方面的训练。

四、特色创新

(1)利用腾讯课堂的教学安排功能，按照教学日历的教学进度，每次课前都会通过手机短信、微信或 QQ 进行上课提醒，防止学生忘记上课时间和记错授课平台，较好地提高了出勤率。

(2)利用课前 5 分钟，进行学习情况测试，不仅考查了学生的学习效果，同时也提醒学生不要迟到，否则将没有考试成绩，一举多得。

(3)直播平台和网络课程平台有机结合，为学生学习创造条件。教师编写了电子教材、教学课件，收集整理了实操视频资源，使学生学习有资源，通过直播授课，对学生学习的重点、难点进行讲解，解决学生的各种问题。

疫情背景下高职院校公选课混合式教学模式探索

——以"基础泰语"课程为例

国际学院　孙从众①

一、案例背景

疫情防控对于传统教学模式的冲击既是挑战也是机遇,高职院校课程的实践性与职业化对线上授课提出了更高要求。如何适应高职院校的学生特点,利用互联网平台各种学习工具保证教学质量的稳定性与有效性,本文将以我校公选课"基础泰语"作为经验分享的案例,围绕案例背景、具体举措、实施效果、特色创新几个方面进行讲解。

二、具体举措

(一)教学理念与模式

1. 以生为本,避免在线授课形式化与统一化

疫情防控下在线授课出现各种乱象,如直播信号问题、移动端服务器系

---

① 孙从众,讲师,国际学院骨干教师。2010年毕业于美国印第安纳波利斯大学英语语言文学硕士,泰国易三仓大学组织发展学博士在读。2011年起从事英语文学、跨境电商、西方文化、泰语小语种等课程的教学工作。发表论文20余篇,主持课题研究10余项。参与教材及专著2项。

统堵塞、一刀切使用直播平台、主播打赏问题、网课设备等,使网络授课流于直播的形式。不仅给学生上课带来了困扰,还无法保障教学质量的可控性。因此,高职教师应该本着"服务学生,以生为本"的理念,丰富教学手段,解决为学生授课过程中的困难,积极与学生交流线上授课模式与建议,使线上授课成为师生在疫情防控背景下加深了解与互动的契机、掌握学生学习心理的手段。

2. 以质取胜,提高在线授课内容质量高效性

疫情防控背景下网络授课的关键在于教学内容准备的充分与否,教学效果与学生互动的关系,以此培养高职学生的自主学习能力。以慕课平台为知识点的短视频录屏、以移动端学习工具作为师生互动的桥梁、以实操平台作为培养学生技能的媒介,才是保障在线授课内容与形式一致的根本,它们分别从三个维度来保障师生互动、生生互动、理实融合,是有效的智慧教学模式,能够提高在线授课内容与质量的可控性。

3. 教学相长,加快提升教师信息化教学能力

在线授课模式的提出对于高职教师的信息化教学能力也提出了更高要求,直播、录屏、编辑、线上平台操作、互动等多维度的信息化能力,也是网络授课对于教师的新挑战。教师应该以身作则,不断学习信息化媒介,并服务于日常授课,将自身学习过程和体验,与学生进行互动交流,在吸取学生合理建议的基础上,多面向掌握有利于提升教学质量与教学过程有效性的信息化教学能力,从而进一步提升高职学生在线学习的主动性,并促进学习动机的培养。

(二)教学组织与实施

1. 师生互动视阈下基于移动端学习为载体的智慧教学工具

在当下疫情防控的背景下,智能手机的普遍与互联网的使用,让传统师生互动交流突破了时间和空间的限制,各类以移动端为载体的学习工具在课堂中的普遍应用,丰富了智慧教学形态。雨课堂、超星学习通、蓝墨云班课、课堂派等移动端智慧学习工具的出现,有利于补充与完善传统课堂教学中的互动表现、作业监督、日常考勤、过程考核、成绩汇总等各个教学环节。

(1)移动端学习工具的智慧功能(图1)。

移动端学习工具的智慧功能首先体现在与社交软件的结合上,以学习通App应用于"基础泰语"课程为例:教师可以创建所授课程,生成邀请码,当学生自动组班成功后,教师可以看到学生姓名、学号、联系方式等基本信息,还可以根据需要将学生分组。在完成班级的创建后,教师可以借助课堂派学习工具即时发布公告、资料、作业等信息,提醒学生完成相关的课前准备与任务要求。

图1 移动端学习工具的智慧功能截图

(2)移动端学习工具的智慧互动(图2)。

移动端学习工具的互动功能,可以解决传统课堂教学中以教师为中心的知识传授型模式,突破讨论的形式和空间限制。以"基础泰语"课程为例,在移动端学习工具学习通的话题讨论板块,提前发起课程相关知识点的讨论,在课前即可让学生了解课程的重点与难点。线上话题的讨论给了学生自由表达意见的机会与平台,对学生主动参与和融入课堂教学提供了可能性。同时,教师也能在课前掌握学生对于课程知识点的认知程度和讨论重点,提高课堂教学效率。

图 2　移动端学习工具的智慧互动截图

（3）移动端学习工具的智慧监督。

移动端学习工具的监督功能主要体现在日常考勤、各类测试与成绩考核等方面（图 3）。日常考勤是传统教学环节的重要一环，对于学生课堂纪律具有约束作用，利用移动端学习工具可以使考勤这一监督功能体现智慧效果。"基础泰语"课程等公选类课程，学生数量比较大，如果使用传统点名方式进行日常考核，必定会浪费宝贵的课堂教学时间。

移动学习工具中如实时发起问卷、投票、考试等形式多样的监督互动的智慧功能，使教师能随时获取学生的反馈、学习进度及效果；同时，成绩考核的智慧体现在各类过程性任务中，如作业、小组任务、头脑风暴、讨论等。这让整个课程的考核内容及结果有据可查、公正公开。

2.自主学习理念下基于慕课平台为抓手的混合式教学形态

慕课作为复合型、多媒体新型网络课程教学平台成为混合式教学形态的重要载体，对于智慧课堂教学模式的创新与发展具有积极作用。以慕课平台为基础，结合实际教学过程，根据学生特点展开线上线下混合式教学，是疫情防控背景下高职人才培养的智慧体现。有助于提高高职学生的应用性、实操

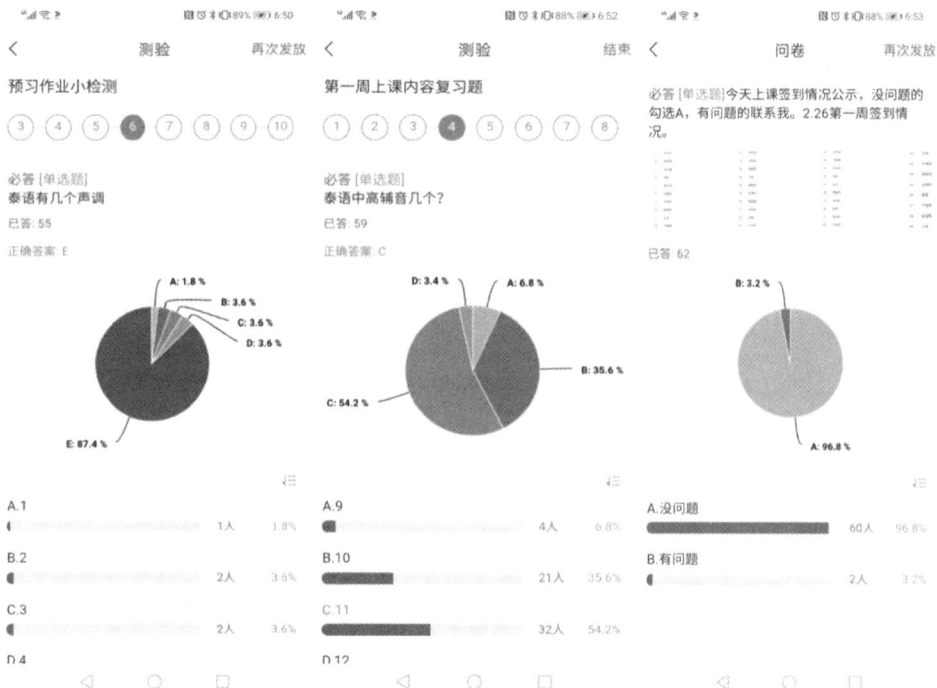

图 3　移动端学习工具的智慧监督截图

性及创新性的意识和能力,对于在线课堂教学有效性不无裨益(图 4)。

"基础泰语"课程门户网站:https://mooc1.chaoxing.com/course/205675
595.html。

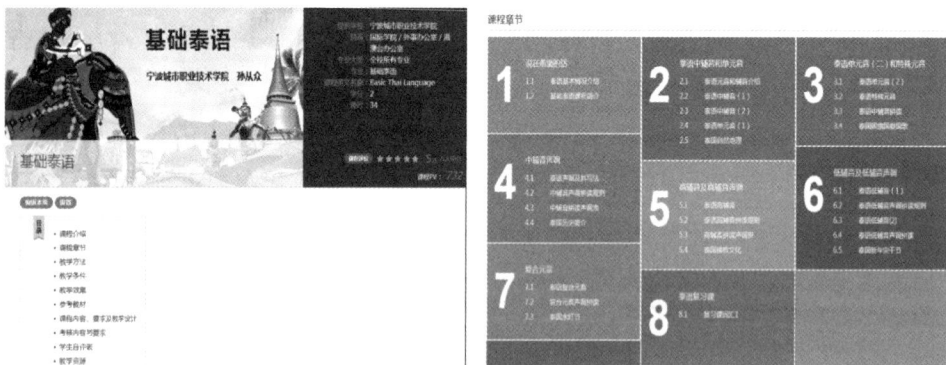

图 4　"基础泰语"课程慕课截图

(1)以短视频为自主学习的主要内容(图 5)。

在互联网背景下,知识接受碎片化趋势不断深入,传统课堂教授模式已经无法适应新时代背景下高校学生的学习需求。以短视频为主题的自主学习教学视频，能丰富学生接受知识的媒介，鼓励学生在课余时间更好地进行课前预习、课后复习等各个教学环节。尤其作为高职院校以技能型人才培养为导向，以知识点为载体的教学短视频可以提供更多操作环节的演示、企业资源的介入和实景模拟的展示。以慕课平台为基础的短视频也能提供反复观看的可能性，有助于学生查漏补缺，有效掌握课程内的各项教学目标。

图 5　"基础泰语"课程内容资料截图

（2）以小测试为自我检验的主要途径。

慕课平台中的测试环节可以作为学生学习效果掌握情况考核的主要依据，其智慧形态主要体现在课前、课中与课后的多样态测试形式上（图 6）。通过判断题、多选题、配对题、简答题、填空题等各类题型，有效鼓励学生进行教学知识与目标的自我检验。不仅激励学生培养主观能动性，还节省了教师进行传统课后布置作业的时间与精力。让学生在学习过程中真正贯彻在学中做、做中学的教学理念。高职院校学生普遍学习主动性不强，以多样态测试为抓手的智慧教学模式的应用，不仅为教师节约了课堂教学时间和减少了作业批改的工作量，还强化了学生自我学习的认知能力。其他形式的测试也可以采用学生互批、教师参与的模式，提高学生参与度和主人翁意识。

（3）以讨论区为自由提问的主要场所。

讨论区作为慕课平台的重要组成部分起着沟通与解惑的功能，将教室中的有限教学课时进行了延展。尤其对很多性格内向、没有主动参与到课堂讨

图 6 "基础泰语"课程测试内容截图

论中的同学,该平台为他们开放了发表自己想法的功能,因为讨论可以通过匿名等模式进行,让学生能将课程学习过程中的问题得到及时的解决。教师也可以方便即时解答,真正做到"以学生为本,服务学生"的理念在讨论区中的师生对话与生生交流中得以有效的落实(图 7)。

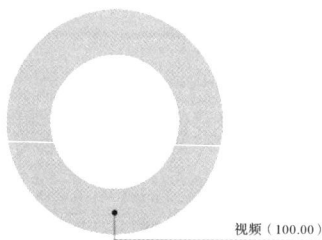

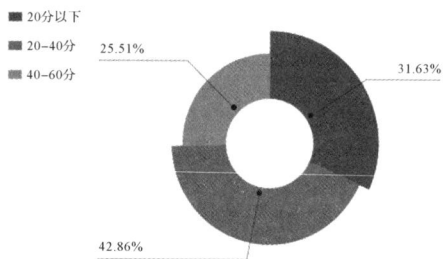

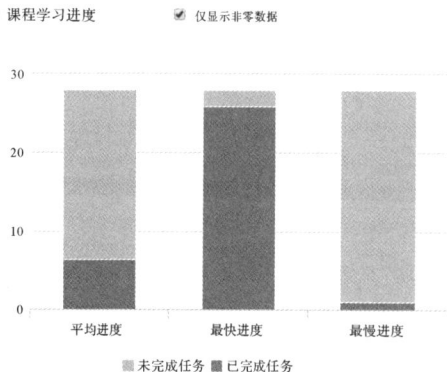

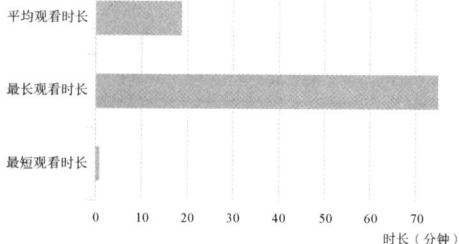

图 7 "基础泰语"课程学习过程截图

（三）教学评价与考核

"基础泰语"作为一门理实一体的课程，课程考核方式创新对于信息化教学理念的贯彻具有重要意义。基于语言规律的特点，结合信息化考核方式可以有效地培养学生的主观能动性与语言交流技能。

1. 过程性项目化考核，培养学生主观能动性

"基础泰语"课程的教学目标就是要鼓励学生掌握相关泰语交流技能。过程性项目化考核让学生有学习的主观能动性，将自主学习能力与积极性转化到项目任务中，在学中做、做中悟，真正将学习时间还给学生，教师则作为指导者在发现问题中真正解决问题。在完成项目任务的过程中，培养自身学习能力，在任务中学会语言交流技能，在讨论中培养学生交流与合作能力。

2. 线上线下复合考核，鼓励学生的交流互动

线上线下复合考核是基于慕课平台与移动端学习工具的使用，在丰富传统课堂教学手段的同时，也对考核的模式进行了改革。线上线下的复合考核，不断突破课堂教学的时间与空间，将课程中的表现与线上平台上的讨论也纳入考核范围，使过程性考核的内容更加深化与科学，贯穿于学生的整个课程学习过程中。移动端学习工具与慕课后台的数据统计也有利于考核的合理性与准确性，激发学生在课前、课中、课后各个环节的学习动力。创新意识也在互相讨论中得以培养，师生关系、生生关系在线上与线下的交流中更加密切，有利于因材施教与课程思政理念在教学过程中自然地融入与结合。

（四）教学反思与改进

1. 工匠精神是贯穿于教师信息化教学能力提升的理念认同

工匠精神不仅是学生职业技能养成过程中进行课程思政导入的重要观念，对教师而言更是如此。在教学过程中贯彻工匠精神体现在不同层面，但是信息化教学能力的提升是教师在互联网背景下，加强自身学习与提升的重要手段之一。工匠精神融入教师信息化能力提升过程，有助于完善在线课程建设体系。

2.服务学生是贯穿于教师信息化教学能力提升的根本目标

在教师信息化教学能力提升的过程中,应该始终本持服务学生的理念来改革自身教学模式与课堂管理。教师信息化能力的加强其目的是优化课程建设,提升教学质量,让在线课程体系在信息化教学媒介的支持下得以完善与优化。掌握学生学习心理、理解学生学习困难、沟通学生学习过程等各个层面都是服务学生的基础,既可以利用在信息化教学工具的过程中,也可以运用于学生管理与思想教育过程中。教师在授课过程中更应该倾听学生的反馈与建议,及时根据学生学习进度来调整教学手段与教学监控,使得课程的教授与师生的交流在潜移默化中得以融合,让学生在课程的学习过程中感受到教师的服务理念。

3.行为示范是贯穿于教师信息化教学能力提升的显性特征

教师不仅是教学活动的主导者也是行为示范的主体,以信息化教学能力为契机,不断改进教学模式,将自身业务水平与终身学习能力相结合。学生作为互联网背景下成长的授课对面,教师更应该虚心接受学生的建议,分享信息化教学的感受,在教学相长中融洽师生关系,促进课堂教学有效性。在教学过程中,教师可以和学生沟通想法,提升学生岗位技能的真实性、职业化、市场化。

三、实施效果

(一)课堂过程有据可查,学生学情数据体现

通过利用学习通平台,整个教学过程都在统计功能里得到体现,包括课堂报告中的课堂回顾、学情统计、成绩统计等模块。利用后台自动的数据统计功能,帮助教师有效掌握教学进程,经过数据分析、图表展示来体现学生学情,适时调整课程上课形式、上课手段及课程监督等功能。

（二）明确考核依据，在线课程有据可依

在线课程的考核与监督和课程考核依据尤为重要，以"基础泰语"课程为例，在课程平台上要明确各类课程的考核标准与考核依据，让学生要明确在线授课的学习要求与纪律，有效保障在线课程授课有效性。

"基础泰语"课程的考核成绩包括平时成绩、实训（实践）成绩和期末考核成绩三部分（表1）。

表1 "基础泰语"课程考核成绩赋分表

序号	组成部分	评分项目	要求	比分	总分（满分100）
1	平时成绩（60%）	学生自评	按照学生自评表要求	30	100
		教师评价	学习态度	20	
			作业	20	
			测验	10	
			出勤情况	20	
2	实训成绩（20%）	实践（实训）项目考核 100			
3	期末成绩（20%）	考核得分 100			
4	总评成绩	平时成绩（60%）＋ 实训成绩（20%）＋ 期末成绩（20%）			

（三）利用在线授课契机，促进混合式与翻转课堂的教学实践

翻转课堂就是将课堂教学时间更多地给予学生，改变以授为主的传统课堂模式，强调以学为主，注重学习的体验和互动。以"基础泰语"为例，课前预习和导入部分可以提前放在慕课平台上，让学生知晓学习单元的主题和重难点，完成相关任务。在课堂教学实践中，有更多的时间把课前预习的知识进行内化，以讨论交流的方式，在课堂上提出问题，进行辩论。而教师则成为课程的参与者和组织者，将课堂还给学生，启发和点评学生的观点及内容，真正做到教学相长。在课堂教学过程中，激发学生批判性思维和提出问题的能力。

四、特色创新

(一)适合高职院校学生特点的需求

高职院校以实践性、职业性、应用性为教学目的,有别于综合性学术型大学,客观上学生素质与学习习惯都无法与本科院校学生相比较。MOOC平台完全以学生自觉性和兴趣点为学习基础的新型课程学习模式,线上与线下相结合的模式、网络资源与课程资源相互补的形式、传统授课与翻转课堂相适应的尝试,都契合高职学生学以致用、能力本位、教学相长的基本特征。在课前与课后通过互联网学习平台完成必要的学习储备和知识吸收,提前知道学习任务与操作步骤,能够更有目的性地参与到整个学习过程中。

(二)顺应教学变革和课堂创新的需要

随着教学变革和课堂创新的趋势,作为高职院校在面对教学形态信息化的过程中,如何体现自身特色与教学效果?在线教学模式的探索给出了答案。将以传统的知识传授为主转化为能力培养为主,将以课堂教学为主转化为课内外相结合,将以终结评为主转化为过程终结相结合,最后完成以教师教为主转变为以学生学为主的新型教学模式。通过在线教学模式的尝试,对于教师的业务水平与教学观念的转变都有积极作用,学生也能在课堂教学创新中获得新鲜感与积极性。

(三)利用互联网技术契合学生学习心理

传统教学强调理论教授与系统化教学,知识点过于繁密与复杂,脱离现实需求。作为高职院校,互联网技术可以大大丰富知识的新鲜度,在线授课模式更能细化及碎片化知识点,以点及线,以线及面,从微观掌握到宏观了解、从易到难的过程更符合高职院校吸收理解知识的过程。网络资源的丰富与平台学习的多样,都有助于学生学习动力的增加与学习效率的提升,作为互联网原住民的"00后",在线教学模式更能适应学生学习习惯与学习需求,真正做到学以致用的良好效果。

原味素材渗透，多维剖析触达

——"基础法语"线上教学案例分析

国际学院　郭　崧①

一、案例背景

新冠病毒汹涌来袭，全民抗疫却无法隔绝知识的传播，为了积极响应教育部"停课不停学"的号召，我们教师团队涌现了许多闪亮的"主播新星"。我可能算不上咱们"新主播届"最瞩目的那颗星，但也早早地就已经开始潜心修炼酝酿发电，将法语这一号称全世界最美丽的语言艺术从线下请到了线上，通过自创的"法式原味多维度互动教学法"，带着我那深宅长达两月的学生们，零距离叩开语言学习的大门。

二、具体举措

（一）教学理念与模式

线上语言教学最忌按图索骥、照本宣科，没有课堂的约束，隔着屏幕要将

---

①　郭崧，硕士，2008 年毕业于法国佩皮尼昂大学，2012 年入职宁波城市职业技术学院国际学院。主要研究方向为法国政治经济文化，多年来一直从事基础法语相关课程，以及二外法语等课程的教学工作。

学生们的学习兴趣和能动性充分调动起来，以实现课堂效果的最优化，着实不是一件容易的事。"法式原味多维度互动教学法"的教学理念是将语言教学还原到真正的语境中去交流和领悟，通过"原汁原味的法语素材渗透教学＋全流程互动交流＋多维度知识点全剖析教学"的模式分三个步骤循序渐进地开展线上教学，将线下停课对课程的影响降到最低，同时通过充分的线上语境渗透，培养更为重要的语感能力。

（二）教学组织与实施

1."法式原味多维度互动教学法"第一步：学前预热，点燃学习热情

正式开展本次线上教学历程的首要任务是先将我那被一个史无前例的漫长假期泡散了心的学生收拢起来。我祭出的第一击就是通过多堂预热的直播课（图1），点燃学生的学习热情。预热课经过了精心的设计和准备，结合了前学期知识重点和新学习内容预设，但形式更加生动吸睛，对于当前的社会热点和时事新闻也做了恰到好处的整合梳理和思维引导。在我看来，语言的学习惯性非常重要，因为疫情而断档的惯性需要重塑，一定要做好充足的铺垫和准备。每一个被迫成为"宅男""宅女"的学生都有对学习的自我理解，通过这些针对性明确、指向性清晰的直播课，让深宅的心逐渐回到正轨，就好比要搬进新家，就得先把家里原来的东西梳理归类、整合吸收，才能够把新家具妥妥帖帖地安顿进新家来。这也是我开设这堂预课的主要目的。

图1 课程预热直播课截图

特别幸运的是，预热课的形式和内容都达到了我所预期的效果。学生通过节奏适度的预课开始端正学习态度，走进线上教室，也为之后的线上课程开

展奠定了良好的基础。

2."法式原味多维度互动教学法"第二步:多维度教学包,原味素材大整合

在接下来的线上教学过程中,我采取"钉钉"平台直播,校网学习通平台展示课件+课后作业和阶段测试回检,校网学习讨论区发起各种主题讨论+外拓知识点展示的教学模式。

我在原有积累的素材上更进一步,对教材知识点进行了多维度的剖析和细化解读。同一个知识点,往常在线下课堂教学时,因受限于课堂时长和授课现场展示课件的篇幅,往往就一种理解模式重点讲解,其他模式一笔带过。而在当下的线下教学中,双方之间有了更多的选择余地和空间。我会把一个知识点通过多种理解模式来展示,包括但不限于视频图片的理解法、中英文结合法、思维导图扩展法、各种不规则动词变位拓展理解法等,每一个学生都可以选择更加适合自己的学习模式去理解和掌握,大大培养了学生的自主学习能力。

同时,这些年我一直有收集国外教学素材和包含简明生动的法语知识点音视频资料的习惯,日常也有将这些素材作为我课堂教学的有益补充。特别是上学期在参加学校组织的青年教师教学技能竞赛拿到首奖后,我更是有计划地在假期伊始整理竞赛期间的收获和积累,对碎片化知识点进行资源整合。而这些看似日常的铺垫,在这次的突发疫情停摆期间为我提供了较大的助力,成为我"法式原味多维度互动教学法"第二步的重要力量,更让我的"直播间"人气爆棚、教学效果事半功倍。

例如我结合时事热点,在法国相关网站找到了一些更加生动有趣的素材,就某一个主题的视频对话,拓展开相关法语语法知识以及动词变位的思维导图包等等,内容包罗万象,形式别具一格,无论是横向的展开还是纵向的深拓,总有一款能抓住学生们的眼球(图2)。

图2　课程原味素材截图

果然，开学一周来这些素材在网上收到了学生的良好反响，学生普遍感受是自学更加容易，预习不再枯燥。线上授课有别于传统教学的模式，我通过对碎片化知识点的梳理整合，侧重于将学习重点以一种更加直白和突出的方式展示出来，以求通过视觉的冲击触达内心，启发思维，举一反三。

在这里我忍不住一定要为我们的学习服务群点个赞，更要为我们学校的学习通平台鼓掌。在我最初准备网课还有点无所适从，进展缓慢的时候，教务处陈波老师把我加到了学校学习通平台的学习服务群，正是因为有这个群，让我学习了怎样在平台上进行教学知识体系的构建；和各位同我一样的教育界"新手主播们"在这个群里互相交流备课心得和新功能的开发应用，许多学习通平台的"隐藏功能"在我们彼此的摸索中渐渐展现出它强大的信息整合能力和资源展示效果，也时不时刷新我对这个平台的认知。未雨绸缪的前期软件开发和先人一步的功能储备，让我的各种脑洞大开的尝试都能够在平台中得到实现，有时候备课备着备着，我都会情不自禁感叹一句，学习通平台真是太过优秀！

附几张图来感受一下经过系统的自动梳理优化后，我的在线课堂瞬间变得一目了然（图3）。

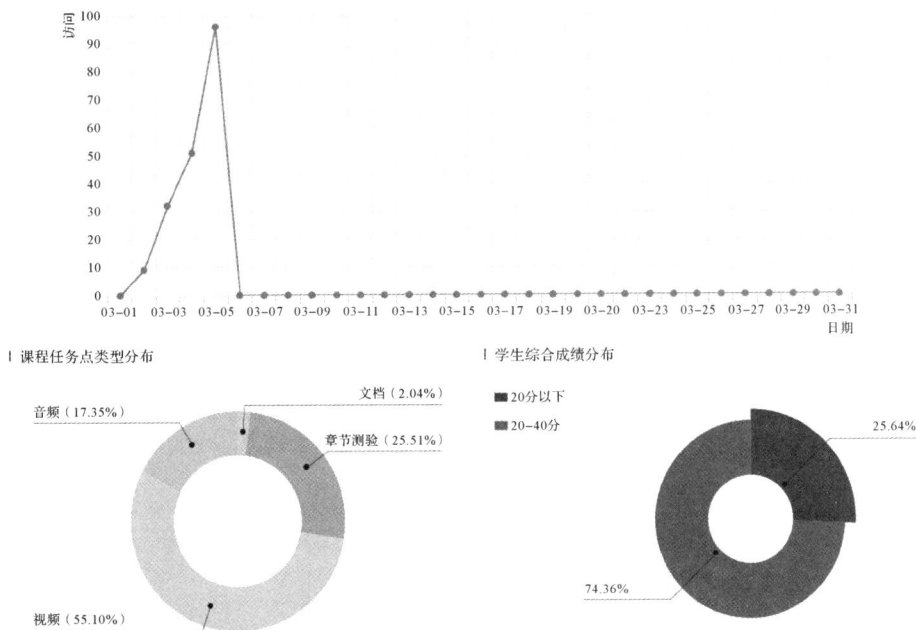

图 3　在线课堂数据截图

3."法式原味多维度互动教学法"第三步:互动多样化,走得更近学得更透

对于语言类教学,线上模式最大的难点和痛点就是怎样有效回检课程掌握程度。看不见?听不到?不知同学们到底学会了没有?学会了多少?不怕,我有妙招!"法式原味多维度互动教学法"第三步:互动多样化,讨论深度化。学习通平台的讨论功能,可以起到很好的展现预习以及学习成果的作用,同时又能够搭建师生之间的情感纽带。关键的步骤是教师要学会提问,也就是"带好讨论的节奏",一方面需要教师抓住日常生活、国际局势、时事新闻等敏感性话题进行发挥,另一方面可以通过多样化的互动来加强交流、加深沟通、加速消化吸收。

实战演示:以本单元的学习课文"les repas des français 法国人的一日三餐"为例,在这个主题基础上,我首先在课前发布讨论帖,和大家一起讨论法国人平时的饮食习惯和他们享誉国际的法餐文化(图4)。

在课后,发布一个帖子让学生同时来感受中餐的法语地道翻译(图4)。

在第二天的复习过程中,结合热点适度展开。将巴黎日报的头条新闻标题"法国巴黎口罩售罄"结合我们所学的部分冠词以及否定句中冠词的使用进行了针对性的复习。学生使用学到过的知识成功翻译出这段头条新闻的标题,树立了学好法语的坚定信心(图5)。

以上这些讨论帖,师生之间进行了非常融洽的讨论交流,学生主动获取知识的意识变强,达到了很好的学习效果,学生对所学知识的掌握程度也比以往提高了不少;同时,通过以上这些回复我感觉在线课程激发了那些平时不敢在课堂上回答问题的学生的学习兴趣和积极性,教师要善于观察,对于这一部分学生要积极进行互动,主动调动其积极性,鼓励其进行发言。

(三)教学评价与考核

展开线上教学之后,通俗的教学评价与考核模式也势必因时而变。原来的模式是平时成绩占比50%,终结性考核成绩占比50%,而现在的考核模式发生了较大的变化。调整后如下。

终结性考核占比下降至30%,平时考核成绩占比上升至70%。而这70%包含了:出勤10%,课堂发言和课上参与实时讨论10%,课后平台讨论区互动10%,课后作业完成20%,线上阶段性测试回检20%。

基础法语2 课程门户　　　　　　首页　活动　统计　资料　通知　作业　考试　PBL　讨论　管理

目录　　　　　　　　　　　　　　　　✏ 编辑

默认班级　　19法语A

∧ 第1章 复习　　　　　　　　　　　　　发放
　1.1 语音复习1　　　　　　　　　　　2 ✓
　1.2 语音复习2　　　　　　　　　　　2 ✓
　1.3 语音复习3　　　　　　　　　　　5 ✓
　1.4 le contexte ...s（法国人"吃什么"？）　6 ✓
　1.5 les repas de...nçais 拓展朗读练习　3 ✓
　1.6 法语名词和冠词　　　　　　　　4 ✓
　1.7 Dans un restaurant Chinois à Paris　○ ✓
　1.8 Pour command... repas 课外拓展阅读　2 ✓
　1.9 法语第二组规则动词及其特殊形式　2 ✓

∧ 第2章 Parcours III... vraie 真实的生活
　2.1 Vive les sol... mode"？　　　　1 ✓
　2.2 Vocabulaire ...ssoires服饰与配饰　1 ✓
　2.3 Vocabulaire ...e-couleur 颜色　4 ✓
　2.4 疑问形容词Quel;Qu...elle;Quelles　1 ✓

新建话题

郭裕　03-04 20:40

Venez traduire c ...

Comment pouvez-vous me dire que vous n'avez
pas_____ _____? Je vais partager avec vous ma
lourde _____.

👍 赞 0　　📷 回复

郭裕　03-01 20:08

郭裕　03-01 22:44

看看法餐的菜单，有你认识的菜肴吗？

👎 0　👍 2　📷 1 ⑮

王诗莹　03-02 09:43

soupe de poisson 是鱼汤

郭裕 回复 王诗莹：bravo! 03-05 18:00

郭裕　03-01 20:08

Vous savez comment traduire ces plats en Chinois ?

法国中餐馆里的Menu是怎么翻译中餐名的呢？用到了哪些我们学过的词呢？部分冠词还是缩合冠词呢？Venez en discuter！大家一起来
讨论下吧！

👎 0　👍 1　📷 ⑮

郭裕　03-01 20:24　　　　　　　　　👎 0　👍　回复 | 编辑 | 删除

结合书本111页的词汇表来翻译下吧

严思倩　03-01 20:25　　　　　　　　👍 3.0　👍　回复 | 删除 | 举报

boeuf aux oignons一眼看出这个，应该是洋葱牛肉吧

郭裕 回复 严思倩：Oui tu as les yeux d'aigles 03-01 21:05

图4　多样化互动案例截图

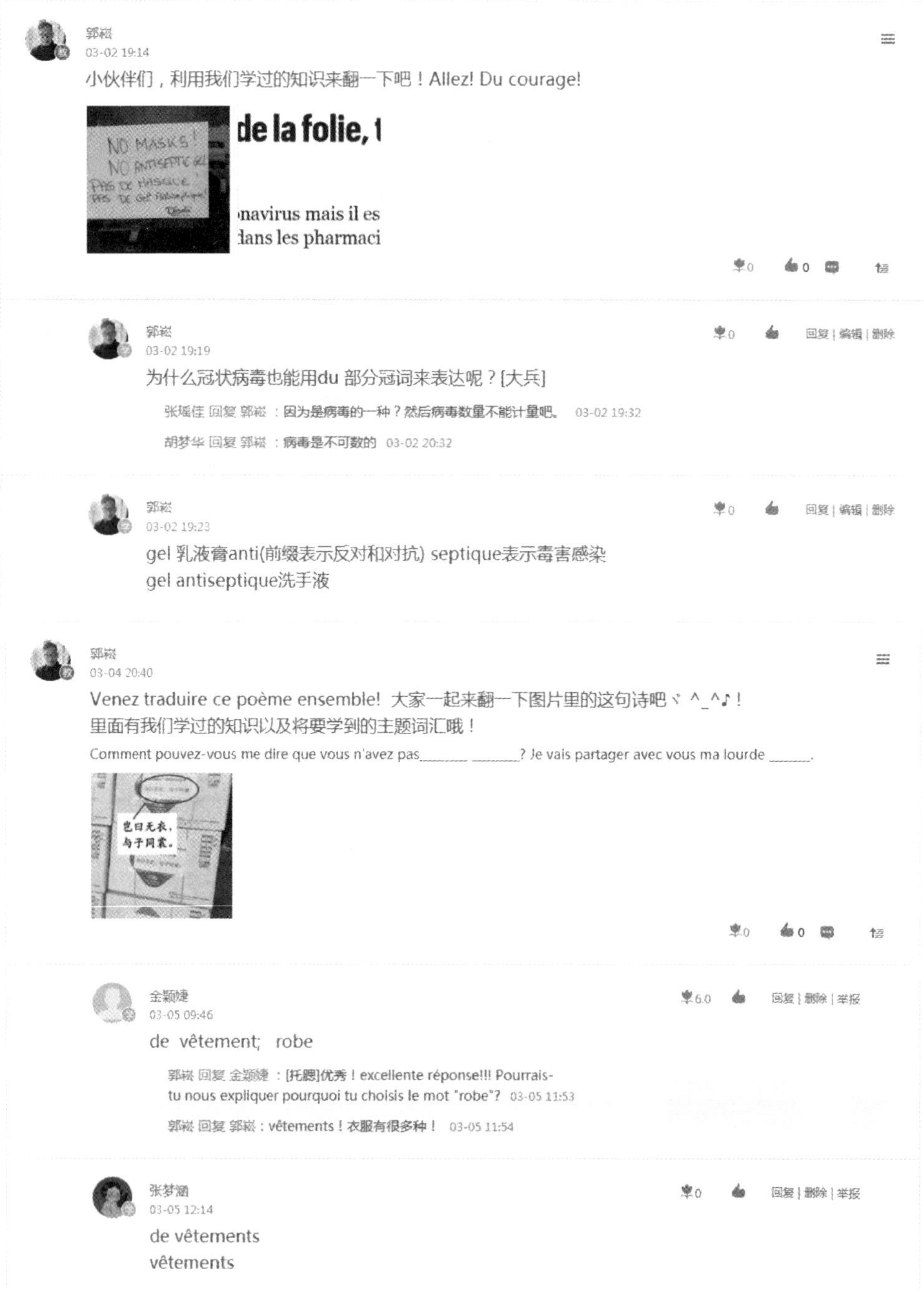

郭裕
03-02 19:14
小伙伴们，利用我们学过的知识来翻一下吧！Allez! Du courage!

de la folie, 1

...navirus mais il es...
...dans les pharmaci...

♥0 👍0 💬 ↻

郭裕
03-02 19:19
为什么冠状病毒也能用du 部分冠词来表达呢？[大兵]
张璇佳 回复 郭裕：因为是病毒的一种？然后病毒数量不能计量吧。 03-02 19:32
胡梦华 回复 郭裕：病毒是不可数的 03-02 20:32

郭裕
03-02 19:23
gel 乳液膏anti(前缀表示反对和对抗) septique表示毒害感染
gel antiseptique洗手液

郭裕
03-04 20:40
Venez traduire ce poème ensemble! 大家一起来翻一下图片里的这句诗吧ヾ ^_^♪！
里面有我们学过的知识以及将要学到的主题词汇哦！
Comment pouvez-vous me dire que vous n'avez pas_____ _____? Je vais partager avec vous ma lourde _____.

♥0 👍0 💬 ↻

金颖婕
03-05 09:46
de vêtement; robe
郭裕 回复 金颖婕：[托腮]优秀！excellente réponse!!! Pourrais-tu nous expliquer pourquoi tu choisis le mot "robe"? 03-05 11:53
郭裕 回复 郭裕：vêtements！衣服有很多种！ 03-05 11:54

张梦嫕
03-05 12:14
de vêtements
vêtements

图 5　多样化互动讨论帖截图

针对线上教学所拟定的新评价与考核体系更加具象与细化,也更加适合当下的教学模式,能够更好地辅助回检教学成果。

(四)教学反思与改进

1.远程互动,交流不透明

在直播过程中,我无法实现在现实课堂中那样对于全班学生的实时掌握动态和百分百互动交流,不能够确认每一个学生是否都有在认真听课,并通过学生们的听课状态反馈实时调整授课过程的一些细节,例如,对于学生掌握速度较好的内容加快讲课节奏,对于学生比较难理解的部分反复多讲多练不断巩固。在上网课的过程中,我只能够根据自己的经验和既定的教学模式进行授课,灵活欠缺,交流不透明。

对此我的改进方式是加强直播互动和课后的讨论回检。在直播中,可利用钉钉等直播软件自带的监测功能,监测学生的在线听课时间。在直播课中有选择性地点名提问和连麦,加强互动频率;同时,在课后的讨论平台中及时展开各种范畴的法语话题,加强学生的交流频次。

2.天南地北,团队作业受限

线上教学有一点硬伤,这在语言教学中很难逾越,就是对于团队作业的难度加大且展现效果大打折扣。在日常的线下教学中,团队讨论、小组对话练习和主题内容展示是经常性且较为重要的一种教学方式。但是转战线上后,小组成员天南地北,网络实时同步和信息传递不畅,导致多数的小组对话练习无法展开,团队讨论和主题展示也不能达到好的效果。对此,我除了加强其他形式的互动方式来填补这块缺失外,并没有特别有效的解决方式。团队作业在布置过程中考虑到异地操作的可行性,也偏向于简单明了的题型和展现模式,对于复杂的团队展示,我计划放到正式线上开学后再行布置。

三、实施效果

本课程的实施效果根据教学法分三个步骤来展示。

第一步学前预热阶段:这阶段的目标是引导学生通过节奏适度的预课开始端正学习态度,走进线上教室,也为之后的线上课程开展奠定良好的基础。从接下来的上课状态来看,基本达到了我所预期的效果。学生们的语感轨道通过引导开始进入正式启航状态。

第二步线上教学阶段:对教材知识点进行多维度的剖析和细化解读,大大拓宽了学生们汲取知识的渠道和方式,也培养了学生的自主学习能力。结合时事热点,添加多渠道素材的授课方式,让我的教学课程包内容包罗万象,形式别具一格,上线伊始便收到了良好反响,同学们普遍感受是课堂内容变得更加生动活泼,学习语言不再索然枯燥。

第三步互动回检阶段:通过多样化的互动和深度的讨论,起到了很好的回检学习成果和加深知识点记忆的作用,同时又能够搭建师生之间的情感纽带。通过对热门时事结合课程知识点的讨论交流,学生主动获取知识的意识变强,学生对所学知识的掌握程度也比以往提高了不少;同时,在线课程也有助于激发那些平时不敢在课堂上回答问题的学生的学习兴趣和积极性,通过有针对性和有意识的引导,激发这部分学生的课堂参与感,融洽课堂氛围,巩固回检成效。

四、特色创新

本次突发疫情所带来的影响涉及方方面面,对于我自己的切身体会而言,把课堂从唾沫横飞的现实教室搬到了"网络一线牵,珍惜这段缘"的线上云课堂,未尝不是一种对未来教育新模式的提前试水。本案例的特色创新点主要体现在以下三方面。

(1)充分利用线上功能设置和特色,对我的教学课程包进行了充分的深化和扩充,既包罗了多维度的知识点剖析和解读方式,又包含了时事热点的解读和讨论,把课堂中的知识应用到了实际运用中,且给了学生多种理解方式的选择,学习模式更加多样化。

(2)线上的课程内容较线下授课模式更加具象化,通过丰富的语音视频和国外教学素材的引入,有助于学生在原汁原味的语境中培养语感和递进学习。

(3)互动模式更加多样化和有针对性。通过直播软件监测,可以看到学生们学习的在线时长和频次,对于学习频次不达标的学生,可以有针对性地组群强化学习;通过学习讨论平台的互动交流频次,对互动不够频繁的学生有了数据的支持,有助于在非大庭广众的环境下进行一对一的沟通,对于平日线下学习并不主动的学生,通过鼓励线上讨论的方式,培养其主动学习和交流的习惯,并提高其互动的信心和自信。

总而言之,只有好好地贯彻在线教学文件精神,苦练内功备足干货,才能在这场没有硝烟的战争中多维度出击,触达学生内心,把不可能变为可能,把不完美趋于完美,把我们的努力,从课堂的板书延伸到更加广阔的云端之上。

"三微一库"提升疫情防控时期线上教学时效

——以"产品设计手绘"课程为例

艺术学院　李　娜①

一、案例背景

新型冠状病毒肺炎造成的大规模疫情对正常教学造成了较大影响,教育部对此发布了《关于2020年春季学期延期开学的通知》和《关于在疫情防控期间做好普通高等学校在线教学组织与管理工作的指导意见》,要求采取政府主导、高校主体、社会参与的方式,共同实施并保障高校在疫情防控期间的线上教学,实现"停课不停教、停课不停学"。各个高校相继推出适应本地教学的线上教学资源。线上教学不是简单地把课堂教学搬到网络上,而是将信息化技术与教学资源深度融合,通过"微课程、微互动、微型展"并融合"课程试题库"一实践进行产品设计手绘课程的线上教学,保障和提升线上教学的质量和时效。

二、具体举措

(一)教学理念与模式

1.教学理念

(1)由传统的注重教学向注重学习方式转变,再从产品设计这个班级的学

---

①　李娜,讲师,艺术学院骨干教师。主要研究方向:产品设计、艺术设计教育。主要从事"产品设计"课程的教学工作。曾获得省级教学能力竞赛三等奖等。

情出发设计线上教学,以学定教,先学后教,因学而教。

(2)由重结果向重过程转变,注重系统知识的形成过程,指引学生学会知识的汲取途径、学习方法及自我管理。

(3)由重传授向重指导转变。

(4)由落实一维目标向落实三维目标转变。

2.教学模式以线上教学平台和钉钉直播平台相融合为主

(1)首先用"微课程"整合知识点,备课过程中认真思考不同难度的内容即哪些内容应该安排学生在学习通上自主学习,哪些内容需要学生自学后再讨论,哪些内容需要教师在直播平台详细讲解,哪些内容必须通过实践才能达到要求,然后制作相应的自主学习的"微课程"课件。

(2)其次以学习通讨论平台、钉钉直播群、微信为载体实现"微互动",改变传统线上教学方式中"一言堂""满堂灌"的"单向传授式"教学形式,实现知识点中重难点的解答、讨论及作业点评互评等环节。

(3)再次通过微信公众号平台实行"微型展",将每周的学习成果进行梳理、汇编,激发学生的学习积极性和线下投入度,并能进行同学间的横向比较,形成一种互相学习互相促进的网络教学氛围。

(4)最后借《产品设计专业基础知识》这一试题库的内容,根据产品手绘课程章节选取相应的知识点,既可以进行理论知识的测试,也可以进行手绘表现的实践,补充线上教学的资源。将现有的信息化技术与自制的教学资源深度融合,通过"微课程、微互动、微型展"并融合"课程试题库"一实践进行产品设计手绘课程的微模态教学。

(二)教学组织与实施

贯彻以学定教、先学后教、因学而教的教学理念,根据各单元的学习任务要求,将单元整个教与学的流程按照顺序也分为四个阶段。

1.活动一:基于在线学习平台,进行课前"微课程"学习,掌握单元核心知识

"微课程"是针对每一单元的知识点进行展开教学,课程内容简洁明了,学习针对性强。学生可以通过"微课程"快速掌握单元核心知识和手绘表现的方法技巧。教师在前一天解锁下一单元的"微课程"知识点,学生根据教师的"微

课程"在课前进行自主学习,并进行知识小测验或案例模仿绘制。提前一天解锁课程内容既让学生有相对宽裕的时间安排学习,又能阻止学生短时间内囫囵吞枣地完成全部课程的"微课程"学习。在线测试,使学生能够对本单元内容进行系统的学习与巩固。案例模仿绘制,能很好地检验每位学生的手绘基本功和了解学生的"微视频"学习效果。

教师通过学习平台数据了解学生课前学习任务的执行情况,并提炼学生在学习过程中存在的问题和知识难点,以学定教,辅助完善直播课堂的教学内容。

2.活动二:基于钉钉直播平台,进行课堂"微互动",巩固单元重难点

"微互动"主要是在线学习平台、钉钉直播课堂、微信群交流互动。学生通过线上学习、讨论、社交,在学习中获取知识,在讨论中分享知识、交流学习心得,在交流中巩固知识。教师充分发挥线上平台、钉钉连麦、微信、微弹幕的互动作用,把学生的思想和注意力聚集到直播课堂上来,提升学生的课堂参与度,激发他们的自主探究学习能力。在课堂互动环节,设置直播间前5分钟学生路演汇报作业演示视频或者教师提供的当前网红产品案例等待学生进入直播间。

简单的微互动既让学生交流了彼此的作业情况,扩大了设计眼界,还激发了学生学习的积极性、主动性和创造性。在线上课堂互动环节,教师围绕教学内容抛出一些能引发学生思考的问题,在限定的时间内让学生钉钉连麦或者发送自己的观点,通过线上平台讨论或者弹幕进行表达。引导学生的思考、锻炼学生的表达能力和自信心及创新力,同时也收获了参与感、受益感和获得感。

3.活动三:课后延续课堂任务再战"试题库",完成教学目标与任务

案例模仿绘制直播课堂结束后,每单元继续下发试题库中的相关题库,让学生在线下继续锻炼手绘表现技能,最后选取自己满意的手绘作业上传到学习通平台。线下的反复训练,巩固和提升了学生的产品手绘表现技能,并保证有效地完成相应的教学目标与任务。

4.活动四:基于微信公众号平台,课后开设课程"微型展",融会贯通知识与技能

"微型展"是指通过微信公众号平台,每周每位学生对自己的学习作品进行梳理、汇编,以图形编排的方式进行展示。"微型展"在检验学生课程学习效

果的同时,也鞭策学生用心、尽心地去完成每一张作品,使线下实训也存在一种无形的监督力量,促进学生对知识和技能的融会贯通,保证学习效果;同时,"微型展"也成就了各兄弟院校的交流,他们的有效点评,促进了教师对课程教学的再次完善,再次提升教学的时效。

(三)教学评价与考核

1. 课前"微课程"学习、课中"微互动"和课后"微型展"多元过程评价

综合考虑任务目标、教学目标和具体学习活动实施情况,整个评价过程分为课前"微课程"学习、课中直播课堂"微互动"和课后"微型展"三个阶段(表1)。课前考评个人的"微视频"学习进度、知识点小测验和案例绘制情况;课中直播课堂上考评学生课堂知识点的提问及讨论互动频率、学生手绘表现视频路演的汇报效果;课后考评最终试题库中的实训作业效果及微信公众号平台的周期作品"微型展"展示效果。

表 1　学习过程评价表

学习活动		评价内容	比例
课前	学习活动一:课前学习与准备	1. 个人的"微视频"学习进度	10%
		2. 知识点小测验	5%
		3. 案例绘制	15%
课中	学习活动二:钉钉直播课堂、学习通平台	1. 直播课堂上考评学生课堂知识点的提问、讨论互动频率	5%
		2. 学生手绘表现视频路演的汇报效果	5%
课后	学习活动三:课后实训作业的绘制	1. 实训作业效果	50%
	学习活动四:拍摄作品、后期处理图像	2. "微型展"展示效果	10%
总计			100%

2. 过程评价与结果评价相结合

每一单元的课前、课中及课后的情况汇总作为过程评价,在课程结束后每位学生还需要对自己的绘画纸张作品进行整理、汇编,并由产品专业教研室教

师团队统一评价。其中过程评价占 70%,结果评价占 30%(表 2)。

表 2　课程考核评价表

评价内容		具体评价内容	比例
过程评价	每单元的课前、课中、课后评价	1. 手绘专业基础知识	20%
		2. 手绘表达造型训练	25%
		3. 马克笔上色实战训练	25%
结果评价	绘画实物作品展示	整理、汇编展示效果	30%
总计			100%

(四)教学反思与改进

1. 进一步加强信息化技术的学习,丰富"微课程"教学资源

因为缺乏信息化技术使用的实践经验,在制作"微课程"过程中存在摸石头过河现象,一边探索一边制作,在短时间内既要根据学况整理教学内容,又要把平面化的教学资源通过立体的形式展示出来,致使后期工作量较大。因此,在"微课程"的制作上出现虎头蛇尾,不够精致的现象。教师应该在日常课余时间加强信息化技术的学习,掌握娴熟的信息化技术,服务于日常教学。

2. 根据学生特性,进一步深化分层教学

由于学生各自的专业水平、学习态度、个体悟性的差异,在学习通自主学习和课堂实践的过程中,有部分学生存在被动学习、延迟提交课堂实训作业的现象。因此,在"微课程"制作的内容选取上可以尝试模块化内容组织。基础模块的"微课程"供相对基础薄弱而又不愿主动学习的学生选取,进阶模块"微课程"供学有余而能主动探求知识的学生学习。既保证大部分学生掌握课程的基本知识目标,又能激发一部分学生的潜力,提升他们专业知识的深度。

三、实施效果

(一)实施"三微一库"的微模态教学,显著提升线上教学的实效性

首先,"微课程"是教师对教学内容按照学生的认知规律进行设计、整合、制作的微视频,可视化精悍的教学内容符合感性至上的设计类学生的特性,它既增强了学生学习兴趣,又降低了学生的学习负荷,提升了学习效果。

其次,"微互动",是指学习通讨论、抢答、钉钉连麦、学生视频录制路演等方式,实现重难点的解析、知识点的讨论及作业点评互评等环节。它改变了"单向传授式"的教学形式,将教学从重传授向重指导转变,让学生主动参与到教学过程中,调动了学生学习的积极性、主动性和创造性,使学生在互动中锻炼了表达能力、自信心及创新力,同时也收获了参与感、受益感和获得感。

再次,"微型展"是指通过微信公众号平台,将每周每位学生的学习作品进行梳理、汇编,以图形编排的方式进行展示,激发学生的学习积极性和线下投入度,并能进行同学间的横向比较,形成一种互相学习、互相促进的网络教学氛围。

最后,借《产品设计专业基础知识》这一试题库的内容,根据产品手绘课程章节选取相应的知识点,既可以进行理论知识的测试,也可以进行手绘表现的实践,补充线上教学的资源,有利于巩固学习效果。

(二)基于在线学习平台,借鉴翻转课堂优化教学过程,提升教学效率与效果

基于在线学习平台,借鉴翻转课堂的模式,突破传统线上教师讲解、线下学生操练的授课模式。对于学生通过自学能掌握的知识和技能,制作成"微课程"并提供充分的学习素材,指导学生在课前根据自己的节奏和时间自主学习。钉钉直播教学则专注于汇报、讨论、修改等深入互动环节,并及时解析重点和难点,让学生在课后能继续自主地完成任务。这样,在一个教学单元内学

生能够达到更高的目标,扩充了学习容量,提高了学习效率,改善了学习效果。以学定教,先学后教,因学而教,优化了教学过程,提升了教学效率。

(三)实行多元评价,考查课前课后强化过程监控,保证教学的实施与完成

多元化的评价模式综合考虑了任务目标与教学目标、学习过程与学习效果、量化评价与质性评价,能从各个方面对学习开展进行监控与考评,确保教学的实施与目标的达成。

四、特色创新

(一)微模态教学,符合艺术设计类学生教学交流的趋势

在疫情防控阶段、信息化技术日趋成熟的背景下,在学习通平台搭建"微课程",在线上平台实现"微互动",在微信公众号开展"微型展",融合《产品设计专业知识》试题库,既提高了线上教学的效果,又促进了艺术设计类专业教学模式的创新。

(二)借鉴翻转课堂的模式,精心设计课程的导入

这相当于给学生一个支架,让学生通过在线学习平台自主学习,掌握核心技能和整体知识框架。钉钉直播则专注于作业点评、知识点讨论、章节重难点的解析等互动环节,并及时解决每个学生在实际绘画过程中遇到的难点,让学生在课后能继续自主地完成任务。

(三)扬长避短,发挥互联网优势加深校企、校校合作交流

在产品设计手绘课程中,邀请了企业一线设计师,根据他自己的学习和工作经验,给我们提供了一套适合设计师日常使用的手绘练习方法。因线上教学不受空间、时间限制,学生能很随意又很快速地进行针对性的训练,使教学过程与社会实践能同步进行,加强了企业需求的培养方向;同时,课程的安排与其他高校的产品设计教学进度基本一致,因此以"微型展"的模式在教学过程中加大了作品交流、专业学习的宽度,同时也提升了专业的社会影响力。

(四)项目实践悟真知,促进学生提素养

充分利用手绘表现中的第四个知识模块,产品手绘实战训练,鼓励学生加强党史、中国精神的学习,在手绘创意表达中用自己的专业知识表现红色主题的产品创意、表现中国精神的抗疫创意产品。在巩固手绘表现技能的同时,也让学生养成现代设计师欣赏中国历史、弘扬中国精神的使命感。

"网课战'疫',知行实践"

——混合式教学创新案例

艺术学院   朱   梅①

一、案例背景

"广告设计"是高职院校视觉传达设计专业主干课程之一,人才培养方案中该课程是我校艺术设计专业二年级学生的必修课,目前面向 4 个班授课,共117 人。它是"图形设计""版式设计""企业形象Ⅵ"等课程的延续和深入,在艺术设计专业中起着专业学习与就业市场之间承前启后的作用,通过广告设计课程的学习能使学生掌握广告设计的内容、原则、方法和技巧,不仅培养了学生的创新能力和实践能力,还增强了学生学习专业知识、从事专业实践的信心,锻炼了学生的策划能力、创意能力和运作能力,是学生从事艺术平面设计工作的必备课程,对培养学生的专业能力和职业素养起到重要作用。

"广告设计"课程通过理论探讨、市场调查、设计与制作实践等教学环节,逐步提高学生的人文知识、艺术修养和专业实战能力。历年来,通过积极参与系列实训项目如大广赛、浙江省大学生多媒体竞赛等重要赛事,2013 年获得省多媒体竞赛平面海报类《城市品牌》一等奖,2019 年获得省多媒体竞赛海报类《禁毒》三等奖,2019 年大广赛海报作品《游乐园·杜蕾斯》入围等。

---

① 朱梅,讲师,毕业于厦门大学艺术学院,获得硕士学位。主要从事"广告设计""图形设计""企业形象设计"等课程的教学。2017 年曾获得校课堂教学优秀奖二等奖。

二、具体举措

(一)教学理念

结合课程思政,专业课程要实现对学生的价值引领。"广告设计"课程除了要教会学生习得专业课程知识、提升艺术修养和专业技能之外,还要以"道"对学生进行价值引领,引导学生讲道理、走正道、行道德,使学生通过实践项目的设计进一步理解新时代中国特色社会主义核心价值观,更好地传承和弘扬中华民族几千年沉淀下来的优秀道德规范和道德准则。

(二)教学组织与实施

"广告设计"课程于 2019 年 12 月申报了校级混合式教学改革课程,借助于超星学习通平台完成课件、视频、作业、资料库、考试等相关项目的课程建设,4 名教师和 120 名学生使用这一教学平台完成专业课程的线上学习。目前运行情况良好。教学实施过程主要基于项目驱动的混合式教学,主要包括三个环节。

1. 课前在学习通平台围绕项目任务自主学习

课前学习,通过课程微信群、学习通平台发布学习任务单,让学生紧扣时间节点围绕项目任务观看视频及课件,完成知识自测,进行自主学习(图 1)。教师可在微信群或 QQ 群在线指导学生的预习,同时根据学生预习的平台数据及自测情况掌握学生自主学习存在的问题,为接下来的课堂教学做好准备。学生有不明白的问题或想讨论的知识点也可通过学习通平台的话题发布,引发师生讨论。

2. 钉钉在线直播课上围绕重难点探究学习

教师一方面对重难点课程内容进行补充,另一方面可以设计项目专题训练,通过小游戏、抢答、测试等方式巩固、检测重难点课程内容的掌握情况(图 2)。在案例赏析环节,还可以增强教师点评、同学互评的比例,帮助学生更好地进行深入理解、分析,增强表达能力和思辨能力。

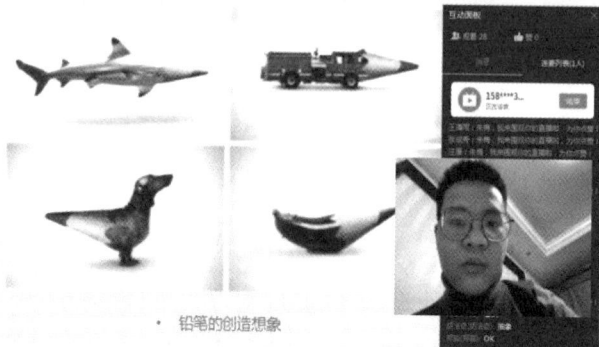

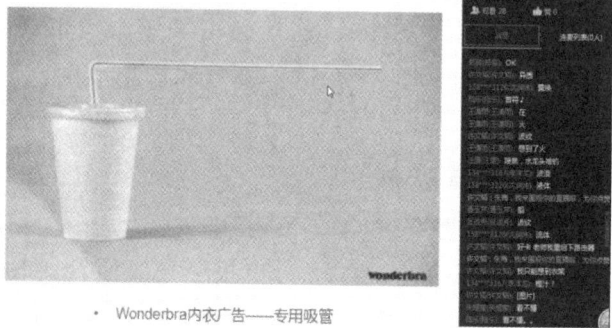

图 1　课前自主学习截图

图 2　在线直播专题训练项目截图

3.课后深入学习

教师课后继续通过各种信息化手段进行任务推送(图 3),项目任务的交流与指导要及时,以保障项目的改进和提升,以此形成良性的学习循环;同时,借助学习通平台的讨论功能,了解学生学习进展情况,对学生进行学习跟踪和指导。课前自主学习、课中探究学习、课后深入学习,环环相扣,是螺旋式上升的学习过程。

序号	学生姓名	学号/工号	课程视频(25%)	章节学习次数(5%)	讨论(10%)	作业(50%)	签到(10%)	综合成绩
1	胡宕宕	163040107	25.0	2.7	1.1	12.67	6.33	47.8
2	曹玉芹	183040101	25.0	3.23	0.9	11.42	6.0	46.55
3	陈升	183040102	25.0	2.63	0.9	11.9	6.33	46.76
4	陈昱积	183040103	25.0	2.5	0.2	12.26	6.67	46.63
5	韩悟成	183040104	25.0	3.27	1.2	11.58	6.67	47.72
6	李格	183040105	25.0	1.73	0.4	12.55	6.0	45.68
7	李凌涛	183040106	25.0	1.77	2.0	12.61	5.67	47.05
8	李雅洁	183040107	25.0	5.0	2.3	12.39	6.67	51.36
9	李注龙	183040108	25.0	5.0	1.8	12.38	6.67	50.85
10	林彬彬	183040109	25.0	4.7	1.4	12.68	6.67	50.45

图 3 课后深入学习截图

(三)教学评价与考核

本课程的考核评价机制是按照广告设计岗位的需求和自身的特点来设定的,考核采用线上线下混合式、过程性考核与完成性考核相结合的方式进行,具体措施如下。

(1)采用线上线下综合评价。"广告设计"课程结合现代信息教育手段,利用网络教学平台,实行混合式教学综合评价(图 4)。学生总成绩 = 课程作业(35%) + 在线学习行为(20%) + 项目化教学(10%) + 线下考核(35%),网络教学平台内学生的线上成绩可以在系统内分配不同的权重值,激励学生在线预习、在线讨论、在线测试和在线提交作业。成绩管理里的"其他"栏目就是线下成绩考评,包括课堂纪律、课堂表现等,均可以分配分值,这样就可以实现混合式教学的综合考评。

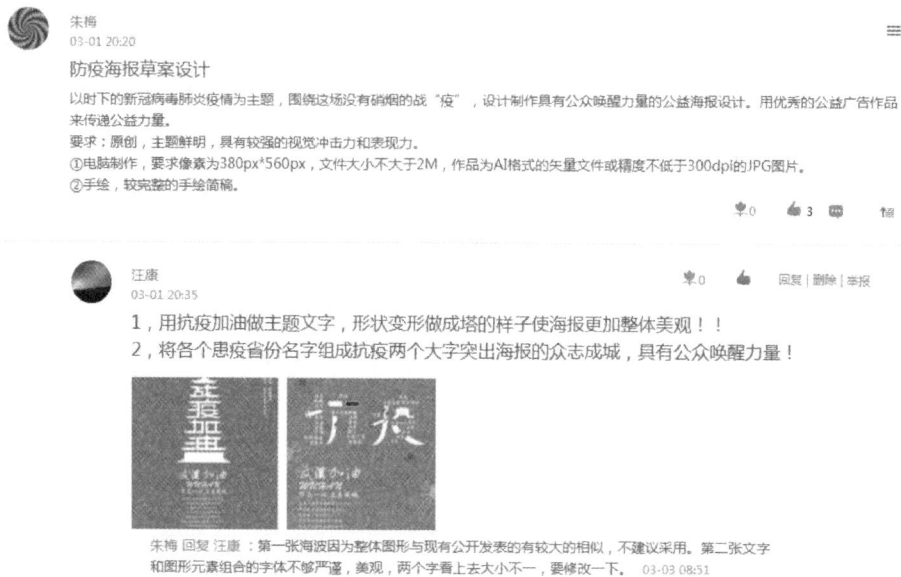

朱梅
03-01 20:20

防疫海报草案设计

以时下的新冠病炎肺炎疫情为主题，围绕这场没有硝烟的战"疫"，设计制作具有公众唤醒力量的公益海报设计。用优秀的公益广告作品来传递公益力量。
要求：原创，主题鲜明，具有较强的视觉冲击力和表现力。
①电脑制作，要求像素为380px*560px，文件大小不大于2M，作品为AI格式的矢量文件或精度不低于300dpi的JPG图片。
②手绘，较完整的手绘简稿。

汪康
03-01 20:35

1，用抗疫加油做主题文字，形状变形做成塔的样子使海报更加整体美观！！
2，将各个患疫省份名字组成抗疫两个大字突出海报的众志成城，具有公众唤醒力量！

朱梅 回复 汪康：第一张海波因为整体图形与现有公开发表的有较大的相似，不建议采用。第二张文字和图形元素组合的字体不够严谨，美观，两个字看上去大小不一，要修改一下。 03-03 08:51

图4 线上线下综合评价截图

(2)开展线上线下综合的"任务—项目—课程"的终端评估，注重学生实践能力的培养。以学生每项专业技能项目、任务、线上测试的完成质量为依据评定学生的课程成绩，并根据线上学习的时长、参与学习情况等综合考评。

(四)教学反思与改进

1.打造专兼结合、梯队式教师队伍

组建有效课程建设团队，打造梯队式、专兼结合、合作型教师团队。研究梯队以课程负责人为主，团队成员和校外专家为辅，结合社会发展需求和关注热点，更新、统筹课程建设进度，不断补充完善不同特点，完善师资结构，长此以往，建设一个良性循环的教学生态圈。

2.不断优化课程实施互动体系

在混合式课程实施过程当中，教师要关注学生知识接纳程度和深度、课堂参与的自主性和主动性，建立多元而又易接受的有效互动性课堂。在课程实施过程中，教师根据授课内容，设计不同情境多角色互动，小组讨论、头脑风暴、外交大使、补充知识点、思维导图等借助线上平台将问答式互动、游戏式互

动、研究式互动、体验式互动融入课堂实施过程,还原课堂的主角,让学生深度参与,主动思考。

三、"广告设计"课程实施效果

此次课程开展正值举国合力对抗新冠病毒的"战疫"中,因此在课程内容设置上紧密结合国情,首先,采用"项目导入、任务驱动"教学模式,引入 2020 第十二届大广赛公益命题"战疫",要求学生根据背景资料完成海报创作(图 5);其次,将此项目分解成多个学习任务,并将课程学习内容或知识点嵌入每一个子任务;最后,学生通过不断修改和总结经验,完成各个子任务,最终形成一个广告作品。

图 5   广告设计课海报创作截图

在"战疫"主题公益广告的实施过程中,任务活动设计尤为重要,要达到课程育人的目的,"知、情、意、行"各个环节必须都要涉及,而最终落脚点则是"行"。在专业课教师的引导下,2018 级艺术设计专业 4 个平行班集体联动,关注时事,聚焦热点,引燃未来"设计师"们的社会责任感,发扬正能量。

由于设计成果喜人,艺术学院联合宁波扬帆美术馆共同推出"网课战疫"在线教学活动,以公益海报创作的方式铭刻历史、致敬英雄。艺术学院及扬帆美术馆公众号上分三期推送"网课战疫"主题知行实践,校新闻网、学生班级公众号以及美篇、微视等途径也纷纷上传、更新海报设计作品,阅读量过万,取得了良好的社会反响。

四、"广告设计"教学案例特色与创新

(一)以赛促学,提高学生广告设计的创意能力和实践能力

参与竞赛是高校人才培养中越来越得到重视和强化的一种教育、培养方式。在本次广告课程的教学实施中,教师把2020第十二届全国大学生广告艺术大赛专题公益命题——战"疫"融入教学实训项目,通过教师有意识的引导和悉心的指导,为学生开阔了创意思路,促进了学生创新能力水平的提高。不论获奖与否,参加不同层级的比赛,学生们可以获得锻炼、展示和自省的机会。

教学中融入实际竞赛项目的教学手段有着鲜明的积极意义,一方面除了使学生能展示自己的创意能力,使知识与技能得到综合运用以外,还能借参赛的机会,增强团队合作意识、养成良性竞争意识;另一方面可以了解业界最新发展动态,为自己找准将来在专业发展上的定位,激发其努力接近行业发展的前沿的强烈愿望。

(二)以课程思政作为抓手,在广告设计课程内容设置上融入爱国主义、理想信念、职业道德、工匠精神等思政教育的核心元素

此次"广告设计"课程通过合理设置教学内容、精心设计教学活动、充分利用专业竞赛平台等手段把思政教育融入课堂。在教学内容的选取上,结合当前社会关注的热点、出现的问题来选取学习内容,如以过年期间爆发的新冠肺炎事件为主题传授公益海报的相关理论知识,培养学生时事敏感度和爱国情怀;在自我推荐主题海报的项目设计上,从大学生注重自我意识和自我表达的诉求点出发,鼓励他们自我剖析、自我推广,通过小组合作的方式,锻炼了学生的团队合作意识、集体意识和组织能力、人际沟通能力;在大广赛的准备和投入期间,通过优秀案例的深入学习、设计方案的不断修改,培养了学生耐心细

致的职业道德和坚守初心、精益求精的工匠精神。

(三)积极做好第二课堂,深化学习成果,发扬正能量

学习不应该仅仅限于在教室的 45 分钟,课堂之外,处处可以学习,要充分发挥第二课堂的作用。比如教师鼓励学生把学习成果转发展示到微博、班级公众号等网络平台,一方面可以引发良好的学情辐射、良性竞争;另一方面,通过观摩、比较,相互学习借鉴,深化了学习成果。本课程进行到第二周期间,18艺术 B 班的班级公众号于 3 月 10 日推出了一期以抗击新冠"战疫"为主题的公益广告设计作品展,合全班学生之力,以爱和责任集结,拿起手中的画笔,致敬抗战一线的英雄,宣传"战疫"知识,引起了校内外广泛的关注,老师和同学们纷纷转发,好评如潮。

五、结语

面对此次疫情大考,"停课不停教、停教不停学","广告设计"课程教师团队通过线上线下混合式教学,充分利用课程资源,合理安排教学环节,结合时事竞赛项目,紧密融入思政元素,帮助学生树立正确的价值观和人生观,取得教学的有效性。

综合手段巧应用助我们"疫"起线上学习

——以"汽车底盘电控系统检修"课程为例

信息与智能工程学院　王志杰①

一、案例背景

遵照宁波城市职业技术学院疫情防控的总体部署,遵守浙江省教育厅"停课不停学"的决定,积极探索与实施"互联网＋教学",以新思路拓展超星等网络教学平台的建设,并能有效地保证疫情期间的教学效果,学校的在线网络课堂应运而生。"汽车底盘电控系统检修"课程将如何有效、有序地开展线上的教育教学活动呢? 这对于老师们来说是一种挑战。围绕这个问题,在开课的前一周我对教学模式和课程程序进行探究和创新,同时积极尝试配合钉钉、微信等工具进行教学内容分享、作品交流分析等实践,通过一系列的努力,探索出了一套钉钉群＋钉钉直播＋学习通的线上线下综合教学模式。

二、具体举措

(一)教学理念与模式

根据学校下发的有关线上教学的相关要求,我采用了学习通与钉钉直播

---

① 王志杰,讲师,毕业于华南理工大学,获得硕士学位。主要从事汽车检测与维修专业相关课程的教学工作。

相结合的形式来进行线上教学。课堂形式的转变,也许会让很多学生不适应,同时也会遇到一些从未有过的问题。因此,在教学过程当中,我们要比平时更多地去关心和了解学生,以学生为主体,及时调整我们的教学设计,用关爱和尊重,去保证课程高质量开展。通过多提问、多交流等多种形式引导学生展开分析、讨论从而掌握知识的启发式教学方法,这种方法的核心是"以人为本",充分尊重学生在学习中的主体地位,有效激发了学生的兴趣,提高了学生的主动性和能动性,创造了师生平等融洽的教学环境。

(二)教学组织与实施

1. 课前发布任务通知到位

按照课程标准的要求在超星学习通上建立了"汽车底盘电控系统检修"在线课程,为了能够使学生掌握各个知识点,每个任务均配备了教学视频和教学PPT。在上课之前,我通过钉钉课程群向学生发送公告及学习任务(表1),以辅助学生探究式自学,便于学生通过课前自习,可有针对性地开展课前任务安排,提出问题,以便课上师生讨论。

表1　课前发布任务清单表

序号	阶段	学习内容	学习方式及时间	学习途径
\multicolumn{5}{c}{"汽车底盘电控系统检修"第2周学习任务表}				
1	课前	轮速传感器检查与更换学习视频及PPT	自主学习 3月3日周二直播之前完成	学习通
2	课中	课程直播	3月3日周二 11:00—11:40	钉钉直播(班级群提前10分钟发布直播消息)
3	课后	作业	3月6日周五 20:00 之前完成	学习通
4	课后	作业反馈交流	截至3月8日周日20:00	学习通
5	考核标准	考核标准	1.完成学习通学习视频任务 2.完成参加直播学习任务 3.完成学习通作业任务 4.完成学习通作业反馈讨论回复任务	

邀请学生进入直播间以后,要对学生的学习实况进行相应的了解,并提醒学生进行课前调试,有问题可以在直播间的讨论区进行说明,以保证学习质量。

2.课中充分调动学生自主性

(1)通过钉钉互动面板观察实时在线人数及学生进入课堂时间,掌握学生学习情况。统计功能可以在系统中直接看到自己的直播时长和观看人数,评估直播效果(图1),并对自己下一次的教学工作提供借鉴,对于没有认真观看直播的学生重点关注和提醒。

序号	学生姓名	学号/工号	课程视频（50%）	访问次数（10%）	讨论（10%）	作业（30%）	综合成绩
1	余峻奇	193030801	50.0	10.0	4.0	29.88	93.88
2	周珂伟	193030802	50.0	10.0	4.6	27.59	92.19
3	黄家浩	193030803	44.44	6.2	0.0	21.09	71.73
4	陈楠	193030804	50.0	8.2	0.5	24.78	83.48
5	施仁科	193030805	50.0	10.0	4.0	27.09	91.09
6	胡鑫东	193030806	44.44	10.0	2.1	30.0	86.54
7	尤磊良	193030807	50.0	7.6	1.0	30.0	88.6
8	张澍	193030808	50.0	10.0	1.6	27.31	88.91
9	黄澄笳	193030809	50.0	10.0	3.5	26.88	90.38
10	程一	193030810	50.0	10.0	4.6	29.0	93.6
11	高英杰	193030811	50.0	10.0	4.6	30.0	94.6
12	徐佳楠	193030812	50.0	9.8	0.0	25.78	85.58

图1　课程中钉钉互动面板截图

(2)利用学习通统计功能成绩管理展示使学生自我及相互提醒(图2)。

图2　学习通成绩统计功能截图

（3）直播时多设置问题让学生在互动面板里回答或抢答，同时对学生的作答情况进行客观的打分评价。

（4）通过不定时发布学习通在线测试功能迅速发现学生的知识掌握情况（图3），直播时还可以就此进行点评。

图3 学习通在线测试功能截图

（5）通过连麦功能（图4），增加直播课堂的互动性，同时监督学生是否有在学习。

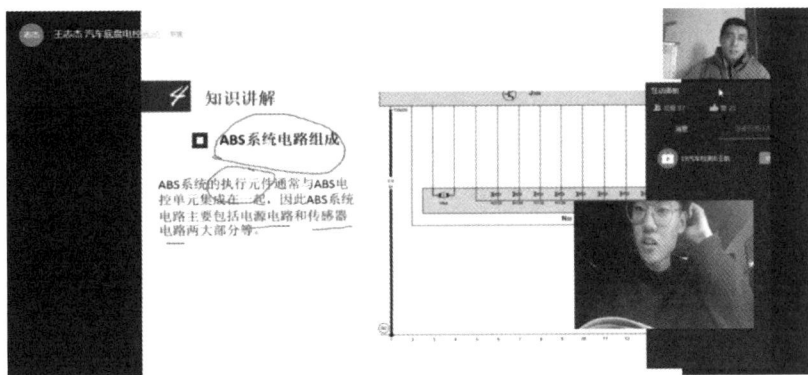

图4 连麦功能截图

3.课后不下线，差异化辅导

课后在学习通布置作业（图5），发起线上讨论。对仍有疑惑的学生，选择在各班微信、QQ群或钉钉群中答疑，解决问题。并总结本讲知识内容授课中出现的问题及学生发帖中暴露的知识弱项，整理每天学生线上学习的相关数据，及时调整、安排下一次课程的授课环节，并对学生未掌握的一些重点、难点做好记录，待学生返校后进行线下教学，帮助学生重新巩固知识。

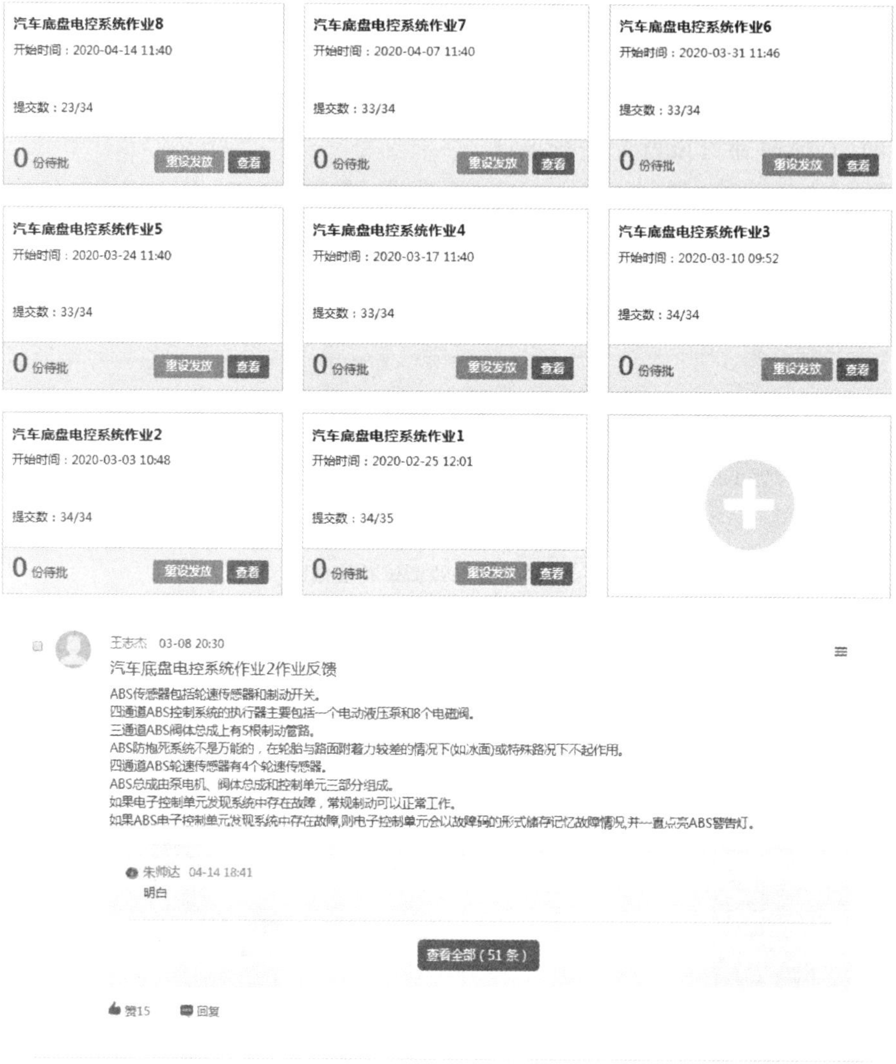
汽车底盘电控系统作业8
开始时间：2020-04-14 11:40
提交数：23/34
0 份待批
重设发放
查看
汽车底盘电控系统作业7
开始时间：2020-04-07 11:40
提交数：33/34
0 份待批
重设发放
查看
汽车底盘电控系统作业6
开始时间：2020-03-31 11:46
提交数：33/34
0 份待批
重设发放
查看
汽车底盘电控系统作业5
开始时间：2020-03-24 11:40
提交数：33/34
0 份待批
重设发放
查看
汽车底盘电控系统作业4
开始时间：2020-03-17 11:40
提交数：33/34
0 份待批
重设发放
查看
汽车底盘电控系统作业3
开始时间：2020-03-10 09:52
提交数：34/34
0 份待批
重设发放
查看
汽车底盘电控系统作业2
开始时间：2020-03-03 10:48
提交数：34/34
0 份待批
重设发放
查看
汽车底盘电控系统作业1
开始时间：2020-02-25 12:01
提交数：34/35
0 份待批
重设发放
查看
王志杰 03-08 20:30
汽车底盘电控系统作业2作业反馈
ABS传感器包括轮速传感器和制动开关。
四通道ABS控制系统的执行器主要包括一个电动液压泵和8个电磁阀。
三通道ABS阀体总成上有5根制动管路。
ABS防抱死系统不是万能的，在轮胎与路面附着力较差的情况下(如冰面)或特殊路况下不起作用。
四通道ABS轮速传感器有4个轮速传感器。
ABS总成由泵电机、阀体总成和控制单元三部分组成。
如果电子控制单元发现系统中存在故障，常规制动可以正常工作。
如果ABS电子控制单元发现系统中存在故障,则电子控制单元会以故障码的形式储存记忆故障情况,并一直点亮ABS警告灯。
朱帅达 04-14 18:41
明白
查看全部（51条）
赞15
回复

图5 课后在线布置作业辅导答疑截图

（三）教学评价与考核

在学习通平台的“课前”要求中，需要学生预习的课件，学习通平台会自动统计学生是否学习；在“课中”活动中，学生的参与数据也会有详细的统计；在“课后”任务中，我会根据学生的完成情况，进行作业的点评与打分评价，并生成统计列表,直接导出(图6)。当课程结束后,在统计分析一栏中会有学生的整堂课的课堂表现,并以分值的形式呈现,可以直接导出,发送到班级群。对于教师自身来说,也可以通过这些数据,整理上课过程中存在的问题,反思课堂中的不足,及时优化课程设计。

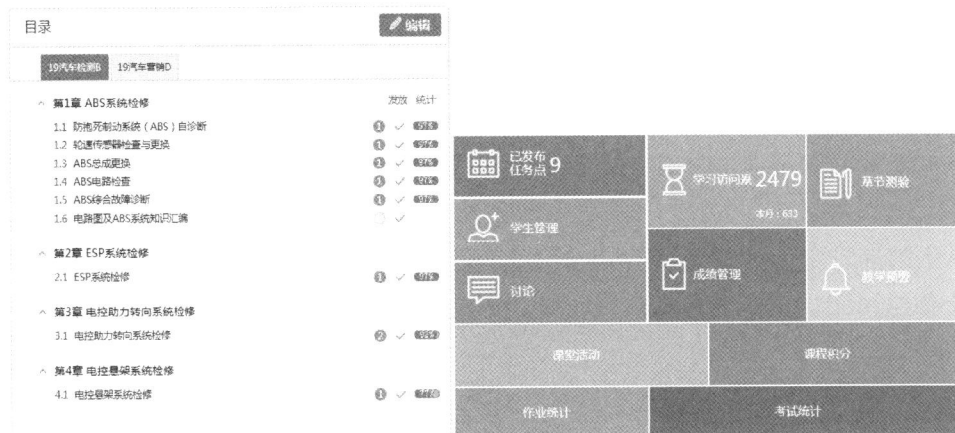

图6 在线评价与考核截图

课程总成绩分平时成绩、理论考试成绩和实操考试成绩,占比分别是30%、30%、40%,即课程总成绩=平时成绩×30%+理论考试成绩×30%+实操考试成绩×40%。

(四)教学反思与改进

之前多次培训学习信息化教学手段时,只是略懂一二。由于实际教学中各种条件的制约,没有机会进行深入研究和实际操作。这次疫情虽然导致延期开学,但却让我熟练地掌握了许多线上教学的方法,并能在网络直播课中学以致用。不仅对眼下有序、高效的组织在线直播课有很大帮助,而且相信也会为以后实施混合课堂教学打下坚实的基础。

通过线上教学,学生体验了与众不同、新颖有趣的线上和线下互动的教学方式,学习兴趣盎然,对于课后老师布置的作业都能认真完成。课上我没有按照自己"想当然"的观点去束缚学生的思维,而是给了学生思维的空间,想象的翅膀。我肯定了学生的见解,鼓励学生畅所欲言,珍视学生的发现,使学生在愉悦的学习氛围中受到鼓舞,得到启发,使学生在轻松的氛围中碰撞出创新思维的火花。

之前课堂上的提问，只能了解到两三个学生的想法和学习状态，现在全部学生都可以发言，所有学生的情况都可以大体了解一遍。在讨论中，最大的感触是学生真有不少提问，而且提的都是真问题，之前课堂教学设计同样的讨论，讨论难热烈、发言难深入。也许是非面对面的交流让学生少了很多心理包袱。换了一种方式与学生交流，师生互动更加频繁，讨论式教学方法更加运用自如。在线教学与面授教学各有优势，本人在疫情结束、学生返校之后，根据自己课程特点确定部分内容延续在线教学、部分内容面授教学，大力开展线上线下混合式教学。

由此可见，线上教学让课堂走向生活，让生活走进课堂，教师和学生在生活化的课堂中平等地对话能调动学生结合生活来学习，切切实实地体现了全员参与、有效参与，也真正体现了课堂因生活而精彩，也充分突显了线上教学的生命力。

三、实施效果

（一）师生关系更加融洽

正式直播前在直播间给学生听一些唯美的音乐，舒缓和驱散大家在这个非常时期产生的不良情绪，并针对学生在讨论区的留言进行类似于"拉家常"似的沟通与交流，与学生聊一聊发生的趣事，从而拉近与学生的距离。

结合直播间讨论区的反馈与学习通上统计数据显示，及时了解学生的状况，对前三名和后三名的同学进行评价，并把未能及时进入直播教室的学生，在讨论区进行一个询问，让学生感受到老师的重视。

在"课中"环节，尽量放慢语速，并根据学生的完成情况及时对作答时间做相应的调整，多等一等，使学生感受到老师的关爱。

（二）互动性强学生发言积极

在直播教学中，互动面板学生发言积极，互动性强。打破了传统课堂上学生无人发言或者不敢发言的心理障碍,促进了师生间平等、活跃交流,师生互动更为频繁直接,教学的针对性更强,教学效果也实现了与课堂教学的同质等效。

(三)分析问题、解决问题能力显著提高

采用学习通自主学习视频打前站、在线直播授课为主线、课堂录屏回播作补充、定期在线答疑来加强的教学模式,为达到良好的教学效果提供了保障。上课过程中学生不再被动等老师"灌输"知识,而是通过独立思考和同学进行探究,在此过程中培养了学生分析问题、解决问题的能力。

四、特色创新

充分利用教师本人在学习通的在线课程及微信、钉钉、QQ群等工具,线上线下充分、紧密结合多平台,运用综合手段助力学生"疫"起线上学习。特色创新之处主要体现在以下两方面。

(1)线上钉钉直播、回放功能使得学生在课后能反复观看、精准播放,保证了良好的教学效果。统计功能可以在系统中直接看到自己的直播时长和观看人数,评估直播效果,并对自己下一次的教学工作提供借鉴,对于没有认真观看直播的学生重点关注和提醒。同时直播时互动面板学生发言积极,互动性强,打破了传统课堂上学生无人发言或者不敢发言的心理障碍,促进了师生间平等、活跃交流,师生互动更为频繁直接,教学的针对性更强,教学效果也实现了与课堂教学的同质等效。学习通在线测试功能迅速发现学生掌握的知识情况,监督学生学习,对于"一课一得"的课堂很有效,直播时还可以就此进行点评,提升知识的掌握。

(2)线下学习通课堂,最大程度发挥学习通对线下课堂的管理,以发放作业、讨论的方式控制课堂节奏,实时检验学生掌握程度,稳步、精准推进课堂教学环节。查看统计数据,发现学生学习投入情况,及时反馈到学生班级微信群,表扬先进,督促落后。

"外贸英语函电"线上教学课程思政案例

商学院　李俊香①

一、案例背景

"外贸英语函电"是国际贸易专业学生的必修课程,同时也是其今后从事外贸相关工作不可缺少的专业技能之一。该课程将基础英语、专业英语和进出口业务知识三者紧密结合,帮助学生系统地学习和掌握"外贸英语函电"的格式、术语、常用句式及其行文方法,提高学生在外贸业务活动中正确运用英语的能力,以及用英语信函处理业务的综合技能与素质。

本课程在进出口业务处理过程中,所具备的重要性毋庸置疑,原本这是一门操作性较强的写作类课程,因为涉及进出口,所以会与世界各国的进、出口商有信函业务往来。但是在今年新冠肺炎疫情特殊情况下,学生只能先居家在线学习,通过钉钉直播和学习通平台完成本课程的学习。学习方式变了,学习环境也不同了,每天又有很多与疫情相关的消息源源不断地进入他们的视野,不能不产生一定的冲击,所以在此特殊背景下,如何能在紧密结合教学单元的知识目标、能力目标、素质目标的同时,兼顾到目前居家在线学习方式带来的一些全新问题,准确找寻切入点,适时融入思政元素,在课堂教学中润物细无声地引导学生树立积极乐观的防疫心态,适时锻炼,以期达到身心健康,学习劲头不松弛。

---

①　李俊香,副教授,商学院骨干教师。主要研究方向:英汉对比、商务英语教学。主持和参与项目十二项,其中省部级五项;出版教材两部;发表论文8篇。主要从事外贸英语函电、外贸英语视听说等课程的教学工作。

二、具体举措

(一)教学理念与模式

在当前"停课不停学""停课不停教"的情况下,本课程根据实际情况,采取钉钉直播和学习通平台在线学习相结合的方式。在直播互动中与学生进行实时沟通,通过学习通平台布置讨论、作业、练习以及自学材料等方式,增强其自学的能力。值得注意的是,在此特殊情况下,如何正确引导学生客观、积极地应对当前疫情下的学习,显得尤为重要。

(二)教学组织与实施

1.教学设备与教学材料准备

在此特殊时期,居家的教与学都是一种全新的体验与尝试,通过功能与效果的对比,最终确定本课程的教学采用钉钉直播的方式,自主学习主要通过学习通在线学习平台。为保证教学的顺利开展,首先需要将钉钉下载到笔记本电脑和手机上,然后建好班级群,方便在群内发布各项通知与要求;同时,将电子教材、课件,以及相关的学习视频材料都上传到学习通平台上,做好居家停课不停教的充分准备。

建立钉钉直播班级群,并在群里提前发布学习任务与注意事项(图1)。

通过钉钉直播,可以有效地进行沟通与提问,同时可以发起抢答,让学生将答案发布到群里,计入课堂参与分数,学生积极性很高(图2)。

在讲授课程的同时,适时地加入几句叮嘱与关心,委婉提醒学生居家抗疫、在线学习需要注意的一些问题,让学生感受到关心,也明了需要注意的事项,效果较好。

2.学习通平台相辅助

本课程学习通线上学习资源丰富(图3、图4),具备在线自主学习的条件,

图 1　钉钉班级群任务发布截图

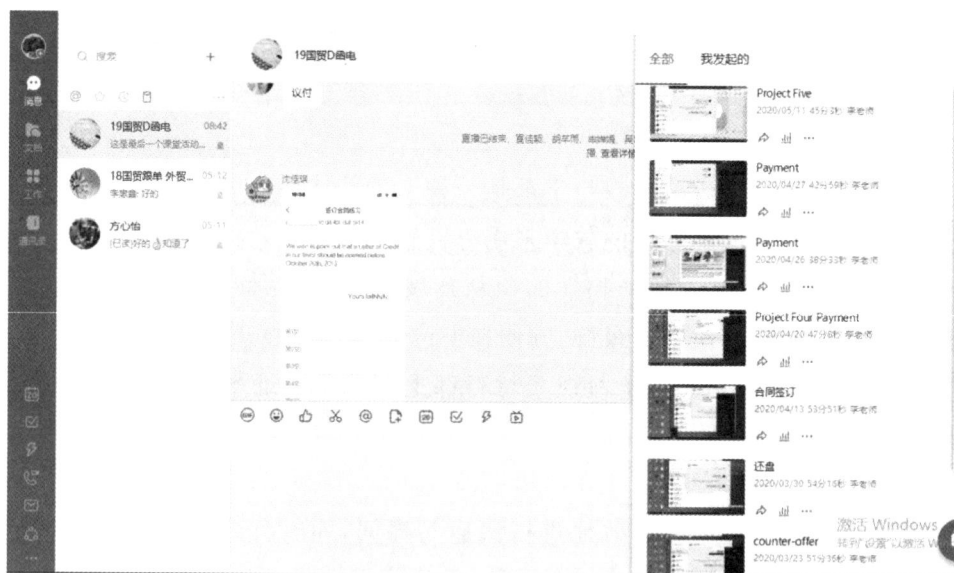

图 2　钉钉直播与回放截图

主要的课程资源都是自建的,同时也会定期推荐学生们一些省级或者国家级精品在线课程学习网站,供学有余力的学生进一步学习。

图 3　学习通课程网站截图

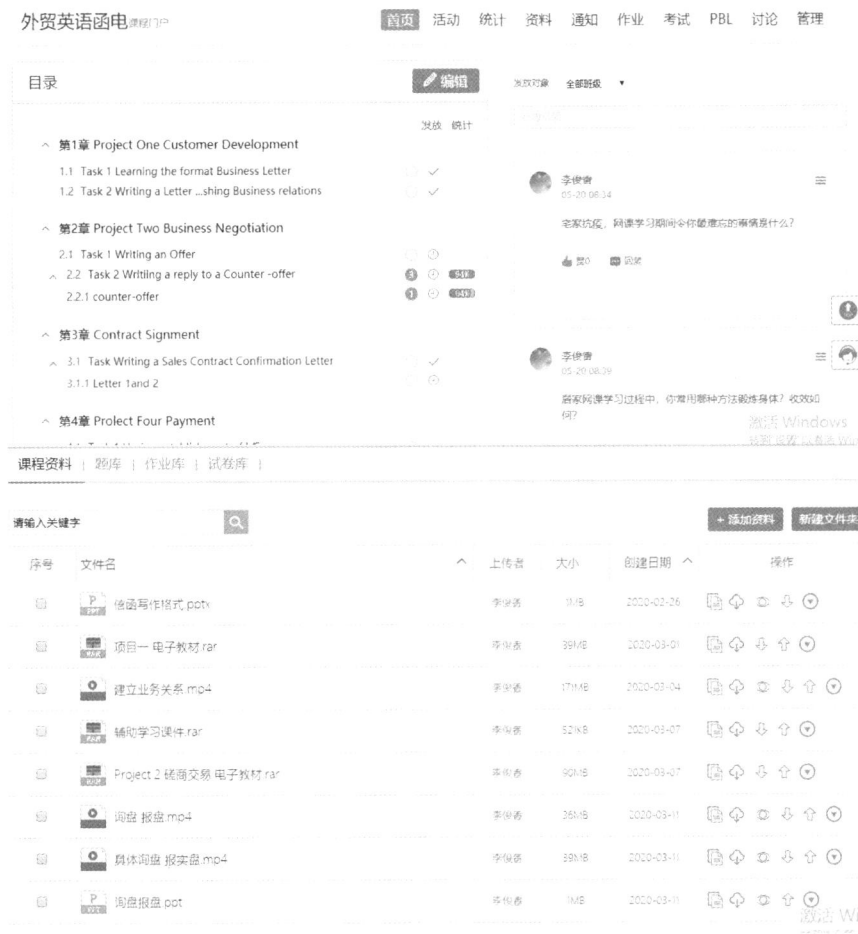

图 4　学习通部分学习资源截图

学习之余,为了缓解学生的心理压力,会在学习通网上发起一些讨论(图5),有引导也有鼓励,同时还适当地加点儿轻松话题,有效调节学生的情绪,助其树立正确的防疫观。

图 5   学习通讨论截图

三、实施效果

本单元教学开展课程思政取得的成效如下。

(一)增强了学生的爱国精神和社会责任感

通过在直播和在线学习的课程思政元素的融入,学生对国家的防疫境况和举措有了更多的关注,在模拟与国外客户的信函往来过程中,能谨慎思考用词和表述方法,处处体现出作为一名中国人的自豪与担当。

通过开展线上课程思政,使得学生在一步步学习了相应知识的同时,更加主动关注国家和自身所在地区的情况,同时在线学习态度也更加认真。

(二)使得学生的心态逐步平和

在经历从未有过的居家在线学习后,学生开始时心态不稳,学习积极性不高,体现在直播时参与度不高,很少在群里发言,作业未交或者延迟的现象屡有发生,每次都要提醒或者将作业时间再一次延长。在渐渐融入思政元素后,学生的心态逐步趋稳,也活泼灵动了许多,作业按时完成,并可以自主学习一些课外内容。当然在这种情况下,简单地说教可能会适得其反,因此可以通过发起话题讨论等方式,引导其思考并做出正确的选择,使得"停课不停学"的效果更加可期。

课程思政的评价融入课程的总体考核,具体体现在学期的平时成绩及其过程考核中。通过记录学生在直播及其学习通在线平台的参与度,如钉钉群里课上的发言、小组作业的参与度、信函完成的质量及其作业展示过程中的细节等,相应给出 A、B、C、D、E 五级考核结果。

四、特色创新

（1）首次尝试使用钉钉直播与学习通在线学习，结合"新冠抗疫"这一具体情况，将热爱祖国、自身防护、居家学习、锻炼身体、关爱周围人和事、积极乐观地对待可能出现的突发事件等思政元素，通过线上讨论的方式，潜移默化地融入学生的学习，培养其积极乐观处世的态度和方法，使得学生在这一特殊时期的课程的学习更加丰富，收效更显著。

（2）课程的教学更加立体化，由于居家在线学习，教学的方式方法都发生了变化，从最初的摸不着头绪，到逐渐得心应手，发现采取直播加上学习通平台辅助的学习，更加拓宽了学习的视野，方法也多样化了，学生自身自主学习的潜能也被最大限度地激发了出来，课堂上腼腆不爱发言的学生，群里发布却很积极，作业也能及时完成。另外通过适时地发起一个话题的讨论，引导学生树立正确的处世方法，渗入思政元素，不能不说是一种全新的教与学的体验，在今后线下的教学中，也可以是一种有益的补充，会使得教学更加综合立体，对学生综合素质的培养，也是一种全新的尝试。

软硬互补、教学迭代、赛教耦合的硬件类 C 语言课程体系探索与实践

——以"嵌入式 C 语言程序设计"课程为例

信息与智能工程学院　　汪宋良[①]

一、案例背景

"嵌入式 C 语言程序设计"是信息与智能工程学院应用电子技术专业岗位群平台课程，面向三年制和五年制学生，在一年级第二学期开设，主要为后续课程单片机技术与应用、电子产品设计及电子类专业竞赛奠定 C 语言编程基础。在学制短、专业性强的情况下，C 语言程序设计能否有效掌握并在后续单片机 C 语言编程开发中熟练应用，是本课程重要的改革动力。C 语言是一门广泛使用的计算机高级语言，各高等院校电子类专业都开设有"C 语言程序设计"课程。目前单片机、DSP、ARM 系统的软件编程都采用 C 语言实现，甚至更高级语言（C＋＋）。因此对于电子类专业来说，C 语言是一门必须掌握的专业基础课，是后续课程的编程基础；同时，针对高职院校的人才培养体系特点，比如：培养年限短（3 年）、生源较本科生差、嵌入式（ARM）课程及更高级语言（C＋＋）难度大，学习单片机和 C 语言对电子类高职生来说是更为重要。随着后续课程的迫切需要，2008 年，课程建设团队将 C 语言安排为第一语言，在高职高专"项目化"课改背景下，如何更加有效提高 C 语言教学效果给团队带来了新的压力和挑战。为实现课程的教学目标，通过与企业的深入合作，共同探索与实践，

---

① 汪宋良，副教授，信息与智能工程学院骨干教师。主要研究方向：嵌入式课程信息化教学改革、混合式教学常态模式。主持与参与省部级两项，厅级三项；主编出版教材一部；发表论文十五篇。主要从事嵌入式 C 语言、智能产品设计及机器人基础课程的教学工作。

在实施"岗位引导、双高双证三体系"的特色人才培养模式基础上，课程建设团队进行课程改革后以 Protues 和 Keil 软件相结合为环境的运行平台，以"项目引导、任务驱动"为教学理念的"嵌入式 C 语言程序设计"课程教学模式，收到良好效果。自 2013 年来，以信息化改革为契机对课程进行现代化慕课、翻转课程建设和改革，成果显著。

本课程团队依托应用电子技术专业全体 8 位教师，其中教授 1 名、副教授 3 名、讲师 4 名，40 岁以上 3 名，40 岁以下 5 名。团队合理、年轻，能专业统筹协调后续课程，更好实现专业人才培养计划，课程内容制定更加符合后期专业能力知识培养，课程教学模式和方法更加信息技术化，结合专业技能竞赛实现任务驱动、竞赛强化等模式。

二、具体举措

(一)教学理念与模式

目前高等学校(本科教育)都把"嵌入式 C 语言程序设计"作为理工科非计算机专业的计算机基础教育课程，而高职院校也基本参照本科院校教育体系，把"嵌入式 C 语言程序设计"作为计算机基础教育课程的一部分进行教学，教学方法并没有考虑高职教育与本科教育、计算机专业与电子类专业等差别，没有针对高职电子类专业特点进行课程体系改革，最终成为非计算机专业学生的"计算机通识教育"课程。通过走访、调研及查阅资料发现，高职电子类专业 C 语言课程教学现状分以下几种。

教学模式 1：按照本科教育课程体系，电子类专业 C 语言课程由计算机专业老师担任，采用标准 C 语言编程的应用软件 Vc＋＋环境为运行平台，以 printf()及 scanf()指令对课程语法及知识进行调试(算法、数据类型、运算符、表达式、顺序结构、选择结构、循环结构、数组、函数、变量类型、预处理命令、指针、结构体与共用体、位运算及文件等)。

教学模式 2：高职院校电子类专业与本科院校教学模式不同，"嵌入式 C 语言程序设计"课程教学存在学习积极性低、学习目的不明确、教学方法未与时俱进、实践教学效果不明显等问题，提出各种"教学做一体""任务驱动""项目化教学"的教学方法和模式。但教学内容跟"教学模式 1"没有本质区别。

教学模式 3：高职电子类专业"嵌入式 C 语言程序设计"教学存在弊端，运用基于工作过程的课程体系开发对课程重构设计，教学目标重新定位，将"单片机原理与应用"课程设为前序课程，"嵌入式 C 语言程序设计"与"单片机 C 语言"合并统称"单片机 C 语言程序设计"，并对之进行基于工作过程的学习情境设计，大胆改革教学内容，采取任务驱动式教学方法，达到高职教育教学目标。

课程以项目化高职高专课改思想为指导，以传统计算机类专业通识"嵌入式 C 语言程序设计"课程和电子类硬件设备相结合为课程改革思路，按照"项目引领、任务驱动"课程教学模式选取十个典型项目，以实践教学为主线构建 C 语言语法教学内容，通过"案例—语法—编程"的规律来组织教学步骤，体现动手实践、解决问题的教学导向，培养学生的能力与素质。

按照《国家中长期教育改革和发展规划纲要》信息技术在教学中的应用，特别是信息技术在实施素质教育、提高教育质量和促进教育公平中的深入应用是推动教育信息化的核心问题。近年来信息化教学工作也全面展开，比如全国职业院校信息化教学大赛、全国高校微课教学比赛等。同时，为实现学校人才培养目标，更新教育教学理念，探索基于信息技术的教育教学模式改革，加快信息技术与教学的融合，鼓励和支持教师不断创新课堂教学形态，进一步落实教学工作，各大高职院校纷纷制订工作方案和管理办法，比如我校出台的《教学形态信息化创新应用工作方案》和《教学形态信息化创新应用项目管理办法（试行）》等。结合学校信息化教学改革实际要求，在"嵌入式 C 语言程序设计"课程项目化改革基础上，2013 年开始课程团队进一步对本课程进行信息化教学改革。

针对电子类专业，"嵌入式 C 语言程序设计"课程在项目化课程改革基础上，结合信息技术的教学手段，对 C 语言进行信息化教学改革尝试，利用网络教学资源平台、校本幕课视频教学及网络互动学习平台实现信息化教学，采用仿真学习软件、交流平台、微课堂、视频及动画等多种信息化手段展开教学。

（二）教学组织与实施

为实现教学目标，课程安排在大一第二学期，将课程的思路及语法基础融入电子类专业具体的案例，通过与单片机仿真软件 Proteus 和 Keil 软件相结合的典型可视化项目,改革"C 语言程序设计"课程的教学内容、教学方法和手段、考核机制等,侧重其在电子专业中的工程应用,使教学更具针对性,为后续"单片机应用与技术""电子竞赛培训"及"嵌入式系统"等课程打下扎实编程基础。

1. Proteus 和 Keil 环境下调试可行性

课改后,以 Proteus 和 Keil 软件相结合为环境的运行平台下编译、调试 C 语言程序,完全去除以标准 C 语言编程的应用软件 Vc++环境为运行平台的教学模式,选取按键、LED 指示灯、数码管、蜂鸣器作为输入和输出设备,替代抽象的 printf()和 scanf()输入输出语法指令,使电子类专业学生能更加生动形象地理解 C 语言与专业关系,这也是该课程最大创新之处。按照课程项目内容,学习 C 语言语法知识并使用指令完成编程训练,在 Keil 编程软件下编译和调试。要求学生能熟练使用 Keil 编程软件及环境下编译、调试的方法,使用 Keil 生成. hex 文件导入 Proteus ISIS 仿真软件实现效果演示。

因为本课程开设前,学生未学对单片机的硬件知识,因此所有编程涉及单片机硬件部分采用整体打包,函数调用方式实现。使学生不用理解单片机硬件基础知识就能在该平台下编程、编译、调试及演示,能直观看到编程效果。比如:点亮第 n 盏 LED 灯时,直接调用函数 LED[n]即可(该函数课堂提供),与单片机引脚无关。而且,课程所有实训项目都在同一个典型 Proteus ISIS电路图下调试完成(Proteus 软件画图不做要求)(图 1)。

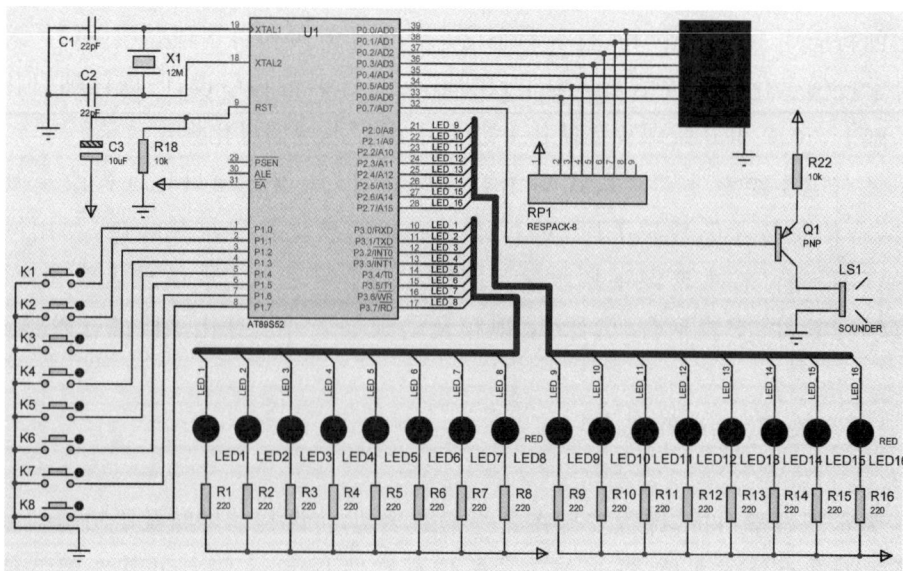

图 1　Proteus ISIS 典型电路图

2."项目引领、任务驱动"课程项目构建

依据"项目引领、任务驱动"课程教学模式的基本理念与电子类专业"C 语言程序设计"课程教学目标的要求,课程组对电子行业基本输入输出设备从常见常用角度进行筛选,按照项目可视化要求最终确定以按键、LED 指示灯、数码管、蜂鸣器等四种输入输出设备使用作为该课程主要内容教学(表 1)。在构建课程教学项目时,考虑到 C 语言课程内容范围广且章节间独立性较强,如果通过某一综合项目串联各部分内容必然会增加项目难度,导致大部分学生无法完成项目,失去对课程学习的信心,所以课程组通过若干个小项目的组合来完成课程教学内容,既控制了项目的难易程度,又包含了 C 语言所有语法知识。

在具体项目设计过程中,课程组牢牢把握为后续课程服务这个角度寻找项目(如输入输出设备等),运用真实性、直观性来调动学生的学习兴趣。此外,课程组对部分难度较大但直观性很强的现实项目进行了教学改造,如数码管替代 LCD 显示屏,降低编程难度,使得大部分学生能够通过努力完成项目,不至于失去信心。

表 1 "项目引导、任务驱动"的"C 语言程序设计"课程教学项目表

教学项目	工作任务	理论知识	教学扩展	课时
1.典型 C 语言程序运行	1.1 认识 C 语言	1.C 语言概述	Proteus ISIS 和 Keil 软件联合调试	4
	1.2 ProteusISIS 软件使用	2.ProteusISIS 软件		
	1.3 Keil 编程软件使用	3.Keil 编程软件		
	1.4 花样流水灯仿真实现			
2.指示灯设计与实现	2.1 指示灯亮灭控制设计实现	1.运算概念及应用	增加指示灯闪烁复杂度编程实现	4
	2.2 指示灯闪烁设计与实现	2.流程图概念及设计		
	2.3 按键控制灯闪烁设计实现	3.C 语言编程规范		
3.彩灯设计与实现	3.1 彩灯闪烁流程图算法设计	1.C 语言基本程序框架	增加彩灯闪烁复杂度编程实现	8
	3.2 彩灯闪烁编程设计	2.顺序结构及语句		
	3.3 彩灯闪烁效果实现	3.选择结构及语句		
4.流水灯设计与实现	4.1 从左到右流水灯设计	1.数据类型概念及应用	增加流水灯复杂度编程实现	4
	4.2 左右来回流水灯设计	2.运算符概念及应用		
	4.3 花样流水灯设计	3.表达式概念及应用		
	4.4 流水灯效果实现	4.变量概念		
5.交通指挥灯设计与实现	5.1 流程图和算法设计	1.while 语句及使用	增加交通指挥灯功能编程实现	12
	5.2 交通指挥灯程序设计	2.for 循环语句及使用		
	5.3 交通指挥灯软件仿真实现	3.do while 循环语句		

教学项目	工作任务	理论知识	教学扩展	课时
6. 音乐演奏器设计与实现	6.1 单个音阶播放设计与实现	1. 位运算概念	增加歌曲难度及按键功能编程实现	8
	6.2 一段音乐程序设计与实现	2. 位运算指令		
	6.3 音乐演奏器程序设计	3. 位运算应用		
	6.4 音乐演奏器软件仿真实现			
7. 数字显示器设计与实现	7.1 数字显示器设计实现	1. 函数概念	增加数字显示内容复杂度编程实现	12
	7.2 数字显示器设计	2. 函数调用概念		
	7.3 数字显示器功能程序设计	3. 函数嵌套		
	7.4 数字显示器设计报告撰写	4. 函数变量		
8. 模拟键盘设计与实现	8.1 键盘控制灯移位设计实现	1. 数组概念	增加模拟键盘复杂度编程实现	8
	8.2 键盘单独控制灯设计	2. 一维数组语句		
	8.3 模拟键盘功能程序设计	3. 一维数组使用		
	8.4 模拟键盘设计报告撰写			
9. 综合实训	集指示灯、音乐演奏、数字显示、键盘于一体的项目编程训练	1. 指针概念及使用	综合性项目实训	4
		2. 预处理命令及使用		
		3. C 语言编程规范总结		

3. 项目化教学实施

课程组对"C 语言程序设计"课程项目化教学实施遵循"案例—语法—编程"的教学规律来组织,每个教学项目都包括效果演示、明确任务、案例程序、编程修改、报告撰写等五个步骤来实现(图 2)。

(1)提出问题——效果演示、明确任务。为激发学生对项目学习与编程的兴趣,该阶段首先通过 Proteus 电路图模拟演示程序运行效果,让学生有直观的认识。然后再明确项目设计的具体功能,从生活中普遍见到的现象叙述,提高项目的可读性。

(2)分析问题——案例程序。在实际教学中,对案例程序进行详细讲解和分析,对案例程序中语法、指令、语句使用、编程习惯等重点阐述,并且要对案例程序中出现的某一指令进行展开理论讲解。比如案例程序中使用了左移运算符(>>),那么就会对所有的运算符(>> & | ~ ^ <<)进行讲解、扩展,使学生们有系统的理论体系。同时要敢于打破传统学科体系的知识结构和教学方法,根据任务要求的先后顺序重新组织理论知识,这也是本文的创新点之一。

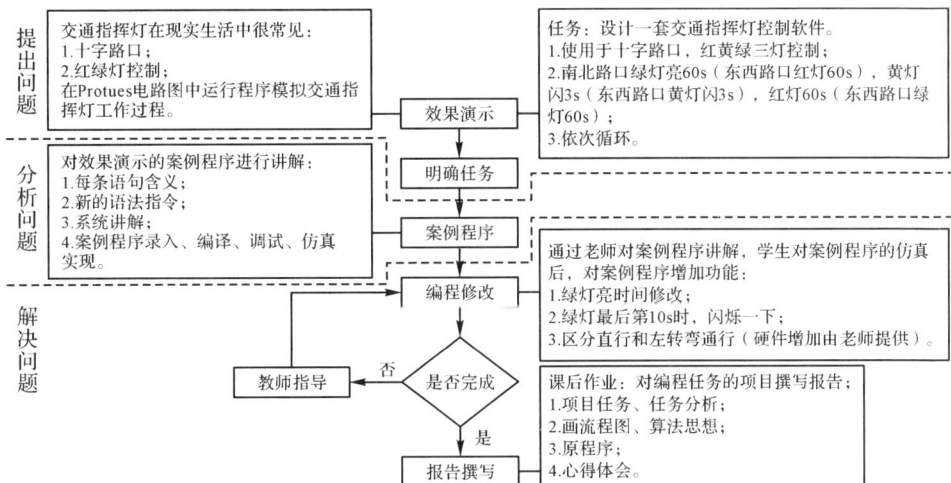

图 2 "交通指挥灯"项目实施流程图

（3）解决问题——编程修改、报告撰写。在本阶段，要以学生为主体开始具体程序的编写，让学生根据案例程序进行修改和功能扩展。教师的主要工作：一方面引导学生从所学语法指令修改原案例程序，培养学生的动脑与动手编程思维能力；另一方面引导学生通过 Protues 软件对 Keil 软件编写程序进行运行、验证及问题解决。此外，教师还要对学生的完成情况进行点评，增强完成者的荣誉感与自信心，形成班级的竞争气氛；对部分提前完成任务的学生要提出更加复杂功能的编程任务，培养更加优秀的学生。

4.信息化教学实施

在教学组织实施上，采用信息化教学手段，将传统课堂课题延展为课前预习、课上学做以及课后强化三个阶段（图 3）。

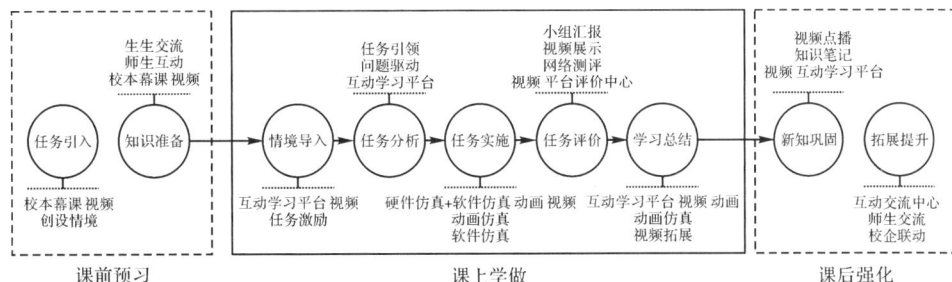

图 3 信息化教学实施过程图

(1)课前预习。

基于校本慕课网络资源进行任务引入和知识准备。任务引入:学生利用班级公共交流平台(比如 QQ 群、微信群等)接收课堂教学任务,配合校本慕课网络资源视频,进行课前教学内容短视频观看,进行知识准备和复习前期所学知识。知识准备:结合网络教学资源平台观看课堂任务情景短视频,给学生创设任务情境。学生在课前登录互动空间,进行生生交流和师生互动,在分享中心上传自己收集的任务应用案例。

(2)课上学做。

根据课程项目和任务要求,遵循学生认知规律,将课堂教学过程分为情境导入、任务分析、任务实施、任务评价和学习总结五大教学环节,不同的教学环节对应不同的信息化教学资源和技术,以及不同的教学方法。

情境导入:利用互动学习平台视频播放功能,突破教学时间和空间上限制,模拟现场体验任务功能,直观形象展现给学生。

任务分析:利用互动学习平台进行任务引领和问题驱动,通过动画和视频讲解任务要求,分解任务过程。

任务实施:利用仿真软件、动画演示、视频播放等多种信息化技术手段,让学生理解和消化课堂任务,以及组内配合与实施。

任务评价:以成果汇报展示、小组成员互评、小组在线测试等方式展现任务实施效果,其中小组在线测试在网络资源平台的评价系统中进行。

学习总结:学习结束后,及时对所学知识进行总结,通过仿真软件、互动学习平台 3D 动画视频和图片以及资源中心往届实物视频巩固知识和加深对实际产品的认识。

(3)课后强化。

利用网络互动学习平台达到课后新知巩固、课堂回访和拓展提升。新知巩固:课后学生登录网络资源的课程,通过课堂笔记和知识标签巩固当天所学知识。课堂回访:利用课堂视频录像和校本慕课视频进行课堂回放和重新学习,加深重点和难点知识的理解。拓展提升:课后可以随时登录互动空间或交流中心与教师或企业技术人员进行多种形式的交流互动。

5.信息化教学模式

在课程教学上,采用理实一体化教学模式,建立创设情境、教师引导、主动探究、协作互动、轨迹追溯和多元化评价反馈的多维度学习环境(图 4)。每次课堂中,首先,由教师根据课堂任务进行情境创设,使学生融入角色理解问题和解决问题。通过教师对任务的分析和引导,使学生理解任务要求,激发学生的主动探究欲望和学习兴趣。再次,根据任务的要求,在特定情境下,要求学生发挥团队合作精神进行协作互动来完成课堂任务,教师根据学生或小组任务情况及时记录成绩。最后,根据每次成绩情况及时跟踪每位学生学习情况,利用网络教学平台实现轨迹追溯,同时根据自我评价、组内互评和教师评价的多元化评价方式核定每位学生期末成绩,具体如图 4 所示。

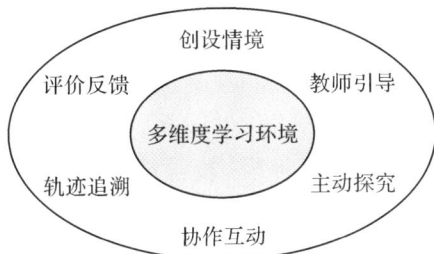

图 4　教学设计思路图

(1)学习内容微重构。

作为微学习的支持者、引导者,教师要将传统的教学资源进行分化,将课程划分成不同的模块,每个学习模块都与知识点相对应,为学生提供一个简单且具有可操作性的学习主题,方便学生在短时间内按学习要求进行有效的自主学习。知识点与知识点之间通过提示法、小结等建立联系,将"松散"知识内容建立成知识结构体系,并使学生在不断的学习中逐渐形成一个隐性连续的结构。微学习内容选用微课、动画等多种形式呈现,并选择多元化的资源推送途径,为学生提供更多的学习选择。通过课前任务设计,给学生带来挑战与动力。难易程度的合理设置也可使学生顺利完成学习任务。

(2)教学活动体系

课程教师通过云班课发布课程预告、重点和难点、课程考核方式等级学习指南。通过教师的引导,学生全方面了解课程的学习目的、学习要求和评价方案。同时,教师定时发送多种微学习资源并根据学生的线上学习情况给予适当的帮助。在学生自主微学习阶段,通过移动设备密切关注教学活动的发布,以"微学习"任务单为导向,利用微课程资源进行有选择学习,完成相应教学的测试并反馈相关学习体验。学生还可以通过同步或者异步的讨论,进行协作学习,有效减少了个人学习的无助感。

线上活动中学生是主体,主要学习线上的教学资源,并完成云平台的练习和讨论。对于不适于使用微内容分解的实践问题,可利用课堂面授教学进行研讨,这有效地弥补了学生网上学习时不能面对面交流的不足。每次面授课之前,任课教师通过平台数据掌握学生的自主学习情况,有针对性地设计教学实施过程。对于面授课堂中不好组织的教学活动,可以利用 SPOC 平台实现,比如让全班学生共同参与回答开放性问题的"头脑风暴"活动、开展课堂小组任务的活动、即时反馈结果的测试活动等。基于 SPOC 的教学设计活动可以贯穿教学的课前、课中、课后。在课堂教学活动中,学习内容都是由一个个微问题组成的,微问题中包含的是微学习过程中的重点、难点、疑点,以及与工作实践相关的微课题。在课后提升阶段,教师把课堂上的重难点以及课堂总结发布到 SPOC 平台,供学生复习与讨论,进一步引导学生进行思考;同时布置一定数量的练习及测试供学生线上完成,进而提高学习效果。充分利用SPOC 平台的移动互联特征,实现教学活动中的师生有效互动,学生在学习过程中遇到任何疑问,可通过平台实时或非实时交流解决。

(3)语言教学中基于 SPOC 翻转课堂教学模式的实践。

提前准备、更新观念。提前开设了学堂在线班课,并向教学班级发布消息,要求所有学生注册用户并使用邀请码加入班课;在云班课开设讨论区,鼓励大家大胆提出对新学期课程的想法、要求,对积极参加的学生给予一定的经验值奖励;上好开学第一课。对课程性质、课程目标、教学内容、教学方式、课程考核等问题进行详细的分析,并告诉学生要改变学习方法、多思多动多实践、注重应用能力的培养。

(三)教学评价与考核

课程考核评价的目的不应是甄别和选拔学生,而是促进学生的发展,促进学生潜能、个性、创造性的发挥,使每个学生具有自信心和持续发展的能力。课程教学过程以学生为主体,因此考核要以形成性考核为主,考查学生在学习任务中表现出来的能力。

1.SPOC 教学模式考核(省平台＋课堂教学)

本课程满分 100 分,及格 60 分。总评成绩由以下部分组成(表2)。

表 2　SPOC 教学模式课程考核总评成绩表

序号	考核内容	子内容		比例
1	在线学习任务	视频学习进度	30%	20%
		单元测验	30%	
		课后作业	30%	
		学习积极性(讨论、笔记、发帖)	10%	
2	线下课堂表现	随堂完成任务情况(80%)、考勤(20%)		40%
3	期末测试	上机开卷编程考试	50%	40%
		在线闭卷知识点考试	50%	

2.MOOC 教学模式考核(爱课程平台)

本课程满分 100 分,及格 60 分。总评成绩由以下部分组成(表3)。

表 3　MOOC 教学模式课程考核总评成绩表

序号	考核内容	子内容		比例
1	在线学习任务	视频学习进度	30%	40%
		单元测验	30%	
		课后作业	30%	
2	学习积极性	包括每周在线集中辅导占 20%(共 4 次每次 1 小时)、周课程讨论活跃度占 50%、学期论坛和即时通信活跃度占 30%、课程学习笔记		20%
3	课程考试	在线考试(客观题和主观题)		40%

(四)教学反思与改进

1.课堂教学设计

通过回顾知识、任务导引、语法知识、任务设计、编程演示、学生演练及案例点评等环节完成教学内容和传授。以生活中常见的电路效果以任务导引,编程实现效果,结合学过知识编程实现,并利用单片机最小系统程序验证和调试,达到 C 语言知识点的现学现用,教与学相结合。老师编程演示,学生动手独立完成,以提问式、启发式引导学生完成课堂任务,发现问题及时讲解,有针对性地解决学生课堂学习碰到的问题和不明白的知识点,同时对旧知识进行巩固和复习。教学过程中利用信息化技术和重难点分析及点评交流,使学生能更加生动形象地理解抽象的程序问题。整堂课教学任务完成,知识传授到位,课堂效果良好。

2.课堂效果

历年教学现象,C 语言课程一直是应电专业学生学习的难点,一来对英语的无理由抵触,二来对于枯燥代码的反感。本课程在教学中更加需要花费心思和技巧。本节课教学中,虽然完成了教学知识点传授,但学生的听课效果还是没有完全达标。在课堂教学互动中,发现部分学生对以前的课程知识巩固不够扎实,学习新知识忘记旧知识,对于新知识的讲解有一定的障碍;上课时都能听懂,学生也反馈良好,可到自己动手编程时脑子却一片空白,无从下手,出现了听得懂、编不出的现象;课堂互动中,学生回答问题不积极,经多次提问才能回答。

针对以上学生反应,分析原因如下。

(1)首先,学生在初学 C 语言时,因为讲解的是比较简单的知识,容易理解,学习的积极性和兴趣度还可以调控和维持,但随着项目内容的深入,有的内容需要记忆、思考,难度增大了,兴趣就减退了,调动不起积极性,觉得学习C 语言很难。

(2)其次,相当多的学生的自觉性不够,在课堂上讲过的东西不会主动在课下复习和巩固,学生对于一些基本语句的使用、语法的规则,掌握不够,也不会主动问。加之随着学习的深入,在旧知识还没有掌握牢固的基础上,学习新知识,新知识掌握了,但是旧知识却遗忘了。通过期中测试发现少数同学对基本的知识仍然不能熟练应用。

(3)再次,C 语言强调的是模块化的思想,而学生习惯于顺序编程的思维方式,加之职业学校学生理解能力普遍偏差,学生对于选择和循环语句理解稍有欠缺,对于数组、函数,理解上更是一次不如一次。而有的学生比较依赖老师,老师讲多少就学多少,不会主动思维,不会主动试着编程,这样会使学生的编程思想嵌入固定的模式,更加的不开放。所以,如何调动学生课后对知识的复习和巩固,需要进一步思考对策。

3.教学改进

本堂课在教学过程中存在不足和问题,有针对性地进行教学反思,具体如下。

(1)进一步提升自身教学水平,提升学生对 C 语言编程的兴趣。教师不仅要认真备课和教学设计,同时要提高自身情商使课堂幽默些,多举生活中的案例使学生理解编程思想;学习网络化教学手段,提高课堂教学效果和手段,提升学生对学习知识的兴趣和热情。

(2)扎实有效地监督好学生课后知识复习,巩固课程知识体系。更加精通地利用信息化技术手段和网络课程进行课后知识体系巩固,以及课后复习和作业的布置,通过网络课程视频复习,加强复习任务的监督。

(3)课堂知识现学现用,尽可能多地让学生进行动手编程练习及案例讲解。在课堂教学中往往出现学生听得懂但下不了手的现象,所以需要更多的时间给学生思考、编程和练习。

三、实施效果

(一)教学资源建设体系完善

2012 年完成课程项目化改革和优化,以十个项目贯穿 C 语言语法知识,以"任务驱动、项目引领"适应高职高专人才培养方案,提出专业动手能力和操作能力,扎实落实语法知识,并由西安交通大学出版社出版项目化《嵌入式 C 语言程序设计》(第一版)教材。2017 年课程团队在项目化教学经验上,继续优化教材并出版《嵌入式 C 语言程序设计》(第二版),按照计划 2020 年出版信息化配套教材第三版。配套完整的电子课件 23 个、案例程序 368 例、单元习题库 2000 余、课后作业 20 题。研究开发适合项目化教学教具(51 单片机最小系统板)和教学方式方法(任务驱动重实操重编程),在课堂中引入硬件概念,提前熟悉 C 语言在硬件电路中的运行原理及过程,熟练掌握 Keil 编程软件、程序下载及硬件运行效果(灯、蜂鸣器、数码管及按键)。

(二)信息化建设初见成效

2013 年教学团队开始课程校本网络教学的建设与应用(学校数字化平台内网中运行),积累了丰富的各种课程教学资料,包括课程标准、教学设计、教学内容、教学视频、互动论坛等等。2015 年,申报校级教材建设并于 2015 年出版《单片机 C 语言设计》配套教材并投入课程使用。2015 年 6 月立项为校级慕课课程,经过 1 年课程建设、视频拍摄和后期编辑、网站素材建设等,已经具备慕课课程要求。从 2016 年 5 月起,慕课资源在爱课程慕课网站(http://www.icourse163.org/)中面向社会开课,累计选课人数达到 15000 人,国内近十所高职院校在线使用,获一致好评。从 2016 年 9 月起在浙江省精品在线开放课程网站开课,至今已经第七次开课,以 MOOC+SPOC 相结合模式,累计选课人数 10000 余人,结合学校专业学生(100 人/年)开展在线学习与课堂教学相结合、翻转课堂等多种方式的课堂教学模式。2018 年被列为宁波市慕课课程,2020 年 3 月被列为浙江省精品在线课程。

(三)教学研究成果显著

课程团队在不断完善教学资源和信息化建设的同时也在不断探索课程改革和教学研究。2013、2015、2018 年公开发表论文《高职电子类"C 语言程序设计"课程改革研究》《信息化教学下"嵌入式 C 语言设计"课改再思考》及《基于 SPOC 的电子类 C 语言课程教学改革与实践》。2019 年获校青年教师教学能力竞赛第一名,2018 年获校青年教师教学能力竞赛三等奖,2014 学年获校级"课堂教学优秀奖"。课程团队不断探索理论深度,为课程建设和改革提供理论基础。

(四)教学效果和技能竞赛突出

课程团队依据项目化改革和信息化改革契机,对专业岗位群平台 C 语言编程课程立体化课程资源、教学方法、教学模式等建设,重点强调课程项目化任务驱动,结合信息化建设资源和教学手段,强化教学课堂效果,切实提高学生的实践操作能力,为后续单片机综合设计课程提供编程基础,解决编程上手慢、遗忘快、应用难等教学困难,在专业技能竞赛中一大批学生脱颖而出,更好地提高人才培养目标,为工作岗位和企业提供基础知识扎实、实践操作熟练、硬件平台顺手等人才。2008 年项目化课程改革后,学生编程能力普遍提升,单片机开发和编程调试水平明显提升,专业技能竞赛获奖次数实现零的突破,并每年稳步提升。2013 年信息化线上线下、课堂翻转模式引入课堂后,学生 C 语言编程知识掌握更加扎实,大二、大三单片机 C 语言编程能力提升显著,在专业技能竞赛中稳步发展,在 2019 年实现突破性的好成绩(图 5)。

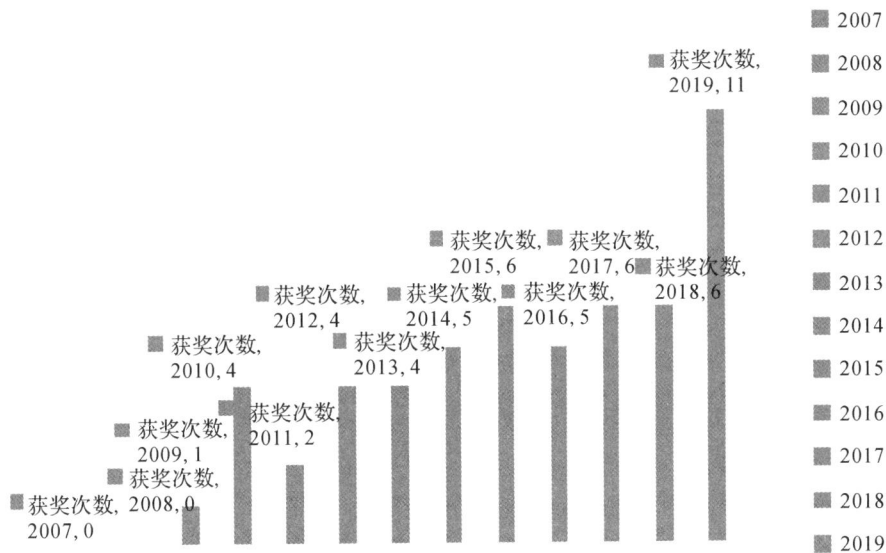

图 5   历年专业技能竞赛获奖情况统计图

四、特色创新

(一)课程创新之处

课程以项目化高职高专课改思想为指导,以传统计算机类专业通识"嵌入式 C 语言程序设计"课程和电子类硬件设备相结合为课程改革思路,按照"项目引领、任务驱动"课程教学模式选取十个典型项目,以实践教学为主线构建

C 语言语法教学内容,通过"案例—语法—编程"的规律来组织教学步骤,体现动手实践、解决问题的教学导向,培养学生的能力与素质。在以 Keil 和 Protues 软件相结合为环境的运行平台下编译、调试 C 语言程序,删除以标准 C 语言编程的应用软件 Vc++环境为运行平台的教学模式,选取按键、LED 指示灯、数码管、蜂鸣器等作为输入和输出设备,替代抽象的 printf()和 scanf ()输入输出视窗语法指令,深入学习算法、数据类型、运算符、表达式、顺序结构、选择结构、循环结构、数组、函数、变量类型、预处理命令、指针、结构体与共用体、位运算及文件等语法知识,这是该课程最大的创新之处。

(二)课程特色

(1)项目引领、任务驱动,项目化教学。选取典型 C 语言认识、C 程序运行、指示灯、警示灯、跑马灯、交通灯、显示器、播放器、键盘及电子琴设计与实现十个典型项目。

(2)硬件平台仿真的教学模式。本课程打破传统教学模式,线下课堂教学采用硬件实验箱为载体,线上运用在线电路仿真软件 Proteus 和编程 Keil 软件进行学习,以电子琴设计与制作为总课程目标,实现线上线下一体化教学。

(3)制订了多元化考核评价方式,将理论测试与操作技能相结合,将学生互评与教师评价相结合,同时注重学生学习过程参与交流互动和资源学习的考核;另外充分考虑到学生的个体差异,设置难易程度不同的程序,学生可以根据自己的掌握程度选择难度系数不同的程序,有效促进学生的学习积极性,营造赶、比、超的学习氛围。

(4)搭建网上实时交流平台,邀请企业一线技术研发工程师参与互动指导,每周固定时间线上指导程序,提高学生的学习积极性,让学生理解从企业产品研发角度考虑程序编写的规范、细节及要求,同时每周固定时间将企业产品程序进行讲解,供学生了解和头脑风暴,并邀请企业工程师进行经验交流分享。

新冠肺炎疫情下的酒店专业课程思政线上教学实践

——以"酒店督导管理"课程为例

旅游学院　何　勇①

一、案例背景

2020 年春的一场新冠肺炎疫情,虽然阻挡着人们出行的脚步,却阻挡不了广大师生停教不停学的心。疫情期间,借助互联网,我们宁波城市职业技术学院依然如期开学,停课不停教,停课不停学,我们实施网上在线直播、线下同步学习,开展混合式教学。

"酒店督导管理"专业课程,是酒店管理专业的一门专业核心课程,通常本课程采取课堂研讨与酒店观摩相结合、专业理论讲授与经典案例分析相结合的方式组织教学,意在培养学生具有酒店前厅、客房、餐饮及人力资源等部门管理人员日常工作所应具备的管理技能、职业能力和职业素质。其中职业素质主要目标是:具有安全、卫生、健康意识,具有礼貌、热情、周到、舒心的服务意识,具有诚信待客、爱岗守纪的职业意识,具有将理论知识和督导管理技能相结合的专业素养,具有团队协作意识和创新精神,具有发现问题、分析问题、解决问题的督导管理问题意识,具有喜欢并热爱旅游酒店行业的专业意识。

---

①　何勇,副教授,酒店管理专业,浙江省星级饭店考评员、文旅部旅游服务质量"万名社会监督员"、餐厅服务高级技师、IPA 高级礼仪师、中文高级导游。主要研究旅游教育。讲授酒店督导管理、宴会策划与设计、餐饮运营实务、康乐管理、旅游概论等课程。发表论文 10 余篇,主持多项课题在获省市等奖,主编《中餐服务》《饭店服务与管理》《甬城之旅》《宁波城市名片》《宁波非国有博物馆导览》《旅游概论》《康乐运营实务》等多部教材。

二、具体举措

(一)教学理念与模式

本课程教学坚持以"学生为中心,教师为主导"的理念。在新冠肺炎疫情背景下,通过线上与线下、个体与团队等形式,从课前、课中、课后等系列活动中,将课程教学内容与举国上下抗击疫情的特殊内容有机融合,促进酒店学生的专业知识、技能与职业素养的学习,使学生对我国在以习近平总书记为核心的中国共产党领导下,走社会主义,成功控制疫情所展现出来的道路自信、理论自信、制度自信、文化自信有更深刻的认识,在潜移默化中培养学生在大灾大疫面前坚持"以人为本,生命第一"的意识,在抗击疫情中所涌现出的担当作为、团结协作、爱岗敬业的职业意识等。

(二)教学组织与实施

为达到将酒店专业课程与思政教育有机结合的教学效果,构建了"任务引领"和"做学合一"的"线上线下"混合式教学模式,开展教学。

1.梳理课程内容与课程思政对接点

为将课程思政教育落到实处,在疫情期间将"酒店督导管理"的课程内容的素养目标与新冠肺炎疫情期间的典型案例进行衔接,有针对性地开展课程思政教育(表1)。

表1 酒店督导课程与抗击新冠肺炎疫情衔接表

课程内容	素养目标	疫情实例	教学实施
认识酒店督导管理	督导管理基本理论素养	疫情期间各地党政领导深入一线督战	相关视频,讨论分析,线下实践
领导风格	爱岗敬业,敢于担当、恰当运用权力、不断进取	疫情期间酒店管理者身先士卒,奋战在抗疫一线	相关案例,讨论分析,线下实践

续表

课程内容	素养目标	疫情实例	教学实施
时间管理	科学合理地运用时间	10天修建火神山和雷神山医院	收集视频,讨论分析,线下实践
沟通能力	与人为善、善于聆听、恰当利用沟通方式	疫情信息及时发布,公开透明,消除疑虑	分析讨论相关案例,线下实践
对客服务	养成良好的酒店服务意识	各地酒店为医护人员提供接待服务	收集案例,分析讨论,线下实践
团队建设	具有团队协作、服从配合意识	成建制的接管武汉防疫医院,对口帮助地市抗疫	收集案例,分析讨论,线下实践

将专业知识与职业素养的课程思政内容有效对接,在课程学习的潜移默化中培养学生的责任担当意识和家国情怀。

2.开展线上专题讲座

针对武汉疫情暴发,波及全国,在部分酒店企业关门停业、员工休假,个别酒店破产倒闭,人心惶恐,感到前途迷茫之时,教师收集资料、梳理信息,在学校网上开学之初,利用钉钉直播了"新冠肺炎疫情给酒店业的挑战与机遇"的专题讲座,重点分析了新冠肺炎疫情给酒店业的挑战和可能带来的机遇,以及可以采取的对应行动。

(1)介绍了新冠肺炎疫情的发生可能与山林野味食品有关,同时结合福建泉州佳欣酒店坍塌事故,分析疫情过后不吃山珍野味,需有安全意识。这与酒店行业注重食品安全,经常开展消防安全演练,关心顾客的人生、财产、心理等安全的要求相对接。

(2)介绍了新冠肺炎疫情期间需要注意做好个人防护卫生,勤洗澡、勤洗手,及时消毒。这与酒店行业注重食品、用具等卫生,讲究个人及环境卫生的要求相呼应。

(3)介绍了武汉及全国的"酒店人"在这次疫情中,冒着染病危险,坚持营业,坚守岗位,竭尽全力地无偿为医护人员解决用餐、住宿问题,力所能及为隔离人员提供食宿服务,无数"酒店人"在这次疫情中所表现出来的勇于担当、甘于奉献的精神。这也体现了酒店服务中"急为客人之所急,想为客人之所想"的对客服务意识。

(4)讲解酒店企业可以借此疫情的闲暇时间,在软件方面进行内部管理制度梳理,服务流程简化,服务规范修订,开展员工培训,组织网上销售,参与社区服务等;在硬件上进行设施设备维修保养,更新、添补物品等。以此培养学生在酒店经营管理中不仅要有问题意识,还要有善于抓住机遇,合理规划,巧妙利用,化解风险的能力。

3.线上教学,线下实践

为提高"酒店督导管理"课程学习的针对性和有效性,课前,布置学习任务,请学生收集与课程学习内容相关的新闻报道、抗疫视频,或参与抗疫活动、每日打卡等;课中,学生展示作业,教师分析点评,讲授课程内容,回答学生提问;课后,学生带着任务,完成作业。作业既有书面的理论学习,也有居家健身、参加家务劳动,或疫情下的社会实践,理论与实践相结合,在做中学,学中做。

(三)教学评价与考核

依据线上教学实际和课程特点,采用多元多角度对学生的学习效果进行评价和考核(表2)。

表2 课程评价考核

评价方式	评价内容	考核等第				
学生自评	及时认真完成作业,准时上课,认真思考	优	良	中	合	差
班组合评	参与小组作业,出谋划策,有担当意识	优	良	中	合	差
家长点评	参与听课学习,反馈学生在家学习效果	优	良	中	合	差
社区参评	学生参与防疫情活动,受到表扬	优	良	中	合	差
教师考评	评价作业质量和数量,打卡到课,课堂互动	优	良	中	合	差

通过以上评价,能够较为全面地反映学生的学习情况,在当下环境中接受课程思政教育的滋养。

(四)教学反思与改进

(1)网络教学技术有待提高。课件制作、视频录制与剪辑技术有待提高,教学平台的使用还不够熟练。为此,我参加了首批全国信息化网络教学教师培训,学到了一些课件制作技术。

（2）课程设计有待提高。网络课程的设计理念还不够明确,课程教学实施方法还不熟悉。针对理论性比较强的课程,如何根据教学内容,在知识性、专业性基础上增加思政教育的趣味性,为此,在课程设计上采用了专题式的模块教学。

（3）网络教学技巧有待提高。网络教学有别于现场教学,网络教学采用教师直播形式,教师看不见学生,不能根据学生的现场表现,做出相应的调整,为此,在授课方式上增加了音乐、视频、游戏、连麦、问答等活动形式激发学生的学习兴趣,增强思政教育效果。

三、实施效果

（一）学生更加珍惜学习机会

通过课程学习案例的讨论,传递国内外抗击新冠肺炎疫情的近况,分析国外美、英、法、意等西方发达国家及亚非不发达国家学生的学习条件,对比国内家庭条件相对困难、网络接收信号不好学生的学习状况,绝大多数学生更加珍惜当前来之不易的学习机会。迟到、缺课的同学日渐趋少,作业质量逐渐提高。

（二）学习更有目标与动力

线上教学期间学生的作业比之前更加认真及时地完成,在作业中表现出对酒店行业的关注,对企业发展前景的关心,相信新冠肺炎疫情之后酒店专业必将迎来更多更好的实习就业及发展机会。

(三)更加具有自信

学生在作业中展现了对在党中央的英明领导下,全国人民在抗击肺冠疫情中所表现出来的强大凝聚力、向心力的高度认可。面对国外新冠肆虐,一些国家抗击不力,人民惨遭生灵涂炭,而国内正逐步恢复正轨的现状,身为中国人而发自内心地感到自豪。疫情发生后,全国人民发扬"一方有难,八方支援"精神,发扬社会主义中国能集中力量办大事、共克时艰的制度优势。充分显示了制度自信和道路自信。疫情发生后,全国人民守望相助,相互支持、相互鼓劲加油,相信疫情只是暂时的阴霾,春天终会到来,坚毅乐观、勇于担当的传统文化淋漓尽致地体现出来了,学生感受到文化自信。

(四)学生敬业与担当意识增强

通过课程的视频学习与讨论,学生了解到在疫情发生后医护人员舍小家为大家,奔赴武汉,逆行抗疫,或在各地的医疗点,坚守岗位,无私奉献;酒店人员坚守在酒店一线,武汉的很多酒店免费为医护人员提供住宿用餐或送餐服务。部分学生也参与到当地社区抗疫活动中,如所任教的 19 酒店 B 班尹树林、钱晨、陈家杙等同学在各自的村庄做志愿者,刘荣玺同学在疫情期间创作歌曲《冬天的温度》,都收到了良好的效果。敬业精神和担当意识明显增强。

(五)培养学生以人为本的意识

通过课程学习,老师讲解,学生明白疫情发生后,党中央、国务院领导全国人民坚守"生命第一,救人为先"的人本理念,以最快的速度建成火神山、雷神山、方舱医院,对患者做到应收尽收。国家承担全部费用,其他一切为救人让道,体现了以人为本的精神,通过讨论分析,学生也明白了酒店顾客至上的服务理念。

四、特色创新

（1）在内容关联上，将酒店专业理论课程的学习内容与全国上下抗击疫情的特殊内容，在时机选择上有机融合，体现专业性、知识性和思想性相结合的特征。

（2）在授课方式上，将线上的理论讲授与线下的实践相结合，采用混合式教学。

（3）在评价方式上，采用学生、班组、家长、社区、老师多元参与，全方位评价的方式，更加全面、客观、真实地反映学生的学习效果。

丘吉尔曾说不要浪费一场危机。危机是大考，更是自我锤炼、谋求更大发展的时机。多难兴邦。在新冠肺炎疫情期间，通过线上教学、网络直播，线下实践、多元参与将酒店专业课程的职业素养与课程思政有机融合，培养学生的专业品质与家国情怀。

传承与创新,传统工艺非遗美学
走进高校公共艺术教育

——以"传统工艺"课程为例

艺术学院　罗　枫①

一、案例背景

(一)非遗具体内容

非物质文化遗产是指各种以非物质形态存在的与群众生活密切相关、世代相承的传统文化表现形式。传统工艺美术属于非物质文化遗产的重要范畴,包括传统绘画工艺、织造工艺、刺绣工艺、印染工艺、陶瓷制作工艺、布艺制作工艺等。它既是物质产品,同时也具有文化精神角度的审美特征。

(二)传统工艺非遗进入高校美育素养课程的重要性

1.高校是坚定文化自信,加强保护传承的重要阵地

高校对保护、传承非物质文化遗产有着重要作用,是文化传承、发展和创

---

① 罗枫,硕士,讲师,2008年毕业于辽宁师范大学,同年入职宁波城市职业技术学院。主要研究方向为装饰艺术,多年来一直从事室内装饰设计相关课程,以及"居住空间设计""家具与陈设"等专业课程和"传统手工艺品制作""生活美学"等美育课程教学工作。主持和参与教科研项目数十项,其中省级项目5项、市级2项、校级若干项。

新的重要平台，是培养创新型人才的高地。在高校开展工艺美术类非物质文化遗产通识素质教育，是将优秀的传统民间作坊式文化引入课堂纳入正规教育体系的过程，这也是我国工艺美术类非物质文化遗产传承与发展最有成效的途径。

2. 高校是将传统工艺融入美育教育的最佳平台

2019 年 3 月教育部印发了《关于切实加强新时代高等学校美育工作的意见》（教体艺〔2019〕2 号），指出学校美育是培根铸魂的工作。传统工艺艺术教育通过公共选修课或专业必修课形式走进高校校园，建构独具特色的高校公共艺术教育课程群，开设具有传统艺术文化特色的相关课程，诸如目前已在全校范围内开课的"传统手工艺品制作"（图 1）、"传统工艺美术鉴赏"（图 2）、"生活美学"（图 3）等美育素质课程，公共通识课可以是校级选修课，授课内容应符合非专业学生的接受水平，向学生展示传统工艺美术的魅力。

3. 高校是将传统工艺非遗从实践提升到系统理论高度的重要场地

高校作为培养人综合素质的平台，非常适合向即将走入社会的学生传播和普及必要的工艺美术知识。将传统文化与艺术精神作为人才培养的重点，加强大学生的非物质文化遗产保护意识。让当代高校学子了解、学习、传承，发挥高校师生传播中国传统民俗传统文化的优越性，使传统文化工艺在当代社会展现新的活力与生机。

图 1　传统工艺课程"传统手工艺品制作"学习通平台截图

图2 传统工艺课程"传统工艺美术鉴赏"学习通平台截图

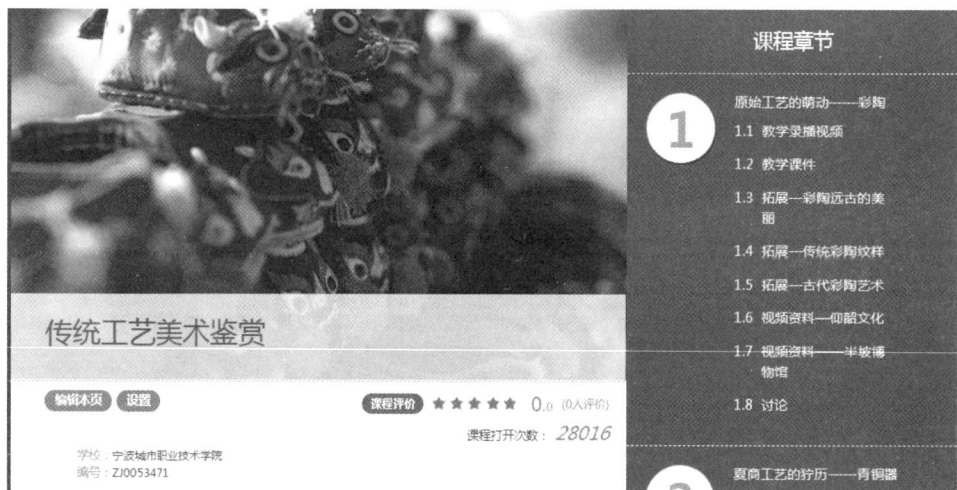

图3 传统工艺和现代设计创新课程"生活美学"学习通平台截图

二、具体举措

(一)教学理念与模式

非遗传统工艺在高校教育中以通识鉴赏和初步制作为主,以深入浅出的讲解联系实际案例,通过音视频、图片、工艺品实物和制作方式,向学生展示传统工艺美术的魅力,主要任务是培养一批高素质的手工艺爱好者和劳动者,"大国工匠"的后备军。学校教育作为传承发展传统手工技艺的体制保障,课程着重于创新教育,在教学模式上,主要采取"传、习、研、新"的策略,变革传统教学模式,实现以技能为主的教学路径,促进大学生对传统工艺的热爱和初步制作技术的提高。主要包括以下四个方面。

1. 传承

传承泛指对某种学问、技艺、教义等在师徒间的传授和继承的过程。在高校进行传统工艺的技艺教学就是一种传承。

2. 习得

习得是指因学习、练习而掌握知识和技能,尤其是技能的掌握需要习得行为参与。传统文化工艺的技艺传承和掌握,需要通过长期、反复的操作和实践积累来获得。通过课堂在线观摩交流和后期建立传统手工艺工作室,作为学生上课和习得的场所。依据课程项目安排(比如民间布艺、剪纸、传统绘画等)分配给学生相应的手工艺作品制作任务,让学生在实际作品制作过程中掌握基本技能。

3. 研究

研究是指主动寻求根本性原因与更高可靠性依据,从而为提高事业或功利的可靠性和稳健性而做的工作。课程中培养大学生对传统手工艺的理论及技法的研究能力是重要教育目标,教育指导学生系统、科学地对传统手工艺进行梳理和调研。通过对传统手工艺的材料、工具、技法的研究,考证传统技艺历史渊源和文化脉络;通过对传统手工艺的图案、样式和寓意的挖掘,剖析传统手工艺的审美和艺术特征;通过对传统手工艺的传承、生产和消费人群的资料收集,诠释传统手工艺的社会和文化价值。课程讲授中,指导学生学会收集、整理传统手工艺的相关实物和文献资料,开展传统手工艺的专项学习和研究。

4. 创新

创新是以新思维、新发明和新描述为特征的,是传统手工艺进高校的终极目标。高校通过课程实施传统工艺创新体现在如下几个方面:一是手工工艺创新,即将传统手工艺与当代科技手段相结合,对传统工艺进行改进与升级,使之既保留传统核心技艺的属性,又提升其工艺的精准性和快捷性;二是民间文化创新,即传统手工艺的当代艺术创作,使民间工艺审美文化融入当代社会文化,共同构建传统手工艺的当代文化特性。

(二)教学组织与实施

教学组织实施上主要通过学习支持服务"四个维度",包括人员支持、资源支持、环境支持、活动支持,通过线上(主要)和线下教学相结合,贯穿整个课程,充分实现以教师为主导、以学生为主体的教学宗旨。具体来说包括以下几个方面。

1.人员支持

课程中的师生关系更倾向于师徒关系,不仅包含传统师徒关系中传授和掌握某一技能,更关注的是面对具体问题时,所具备的创造性思维和能力的传习,教师不仅是引导者,更是创造性思维的培养者,课程中教师结构分为授课教师和民间手艺人相结合的形式,两者商定手工艺课程的教学目标、教学内容、教学时间和教学阶段成果,进行技艺传授,并在教学过程中不断调整完善技艺传授过程。

2.资源支持

"传统工艺"课程资源支持主要包括信息资源服务和学习资源服务两大类,主要通过学习通平台和钉钉群来实现,前者包括课程学习通网站、网络通信等信息资源;后者包括课程根据每个项目(课程项目包括剪纸、布艺、皮影、陶瓷等传统工艺内容)视频影音资料(教师录制视频和网络视频)、PPT课件、多媒体材料学习档案电子包等电子学习资源(图4),以及印刷讲义、教学书籍资料等传统纸质学习资源。

3.环境支持

"传统工艺"课程主要采取线上通信设施环境为学生提供师生或生生双向线上交流通信媒体服务,课程网络环境主要指课程自主学习平台和网络媒体教育途径等,通过学习通课程平台和钉钉直播交流为主,实现课程理论讲授,课堂知识测验、技艺视频观摩、案例在线欣赏等一站式学习支持服务系统实现。通过线上网络环境实现交流、学习、展示、分享等功能,形成教育网络学习结构。

```
                                                    发放  统计
∧ 第1章 原始工艺的萌动——彩陶
    1.1 教学录播视频                                 ④  ✓  78%
    1.2 教学课件                                    ○  ✓
    1.3 拓展—彩陶远古的美丽                           ①  ✓  95%
    1.4 拓展—传统彩陶纹样                            ①  ✓  92%
    1.5 拓展—古代彩陶艺术                            ①  ✓  92%
    1.6 视频资料—仰韶文化                            ①  ✓  85%
    1.7 视频资料——半坡博物馆                          ①  ✓  86%
    1.8 讨论                                       ○  ✓

∧ 第2章 夏商工艺的狞厉——青铜器
    2.1 教学录播视频                                 ①  ✓  77%
    2.2 教学课件                                    ①  ✓  85%
    2.3 拓展—青铜主要造型和纹样                        ①  ✓  96%
    2.4 拓展—青铜艺术鉴赏                            ①  ✓  90%
    2.5 讨论                                       ○  ✓
```

图 4　传统工艺课程单元"剪纸""皮影""彩陶""青铜器"教学章节截图

4. 活动支持

活动服务维度主要包括三方面：研讨式的学，基于项目的做，体验式的创。

（1）以研讨式为主的学习活动。

研讨式即由一话题或问题引起，师生或生生展开研究讨论，各抒己见，产生思维碰撞以激发新的思想。在"传统工艺"课程课堂中在线运用研讨式教学，教师首先将项目内容中的某个问题通过钉钉群等形式抛给学生，学生结组研究探讨，交流切磋，教师在旁侧引导；而后，各组发言叙述研讨结果，生生评价发言结果，教师做最后总结评价。

如以传统工艺鉴赏"皮影头茬阴阳刻"为课堂内容，采用在线研讨式形式教学（图 5）。首先，确定课堂研讨目标：探究皮影头茬阴刻和阳刻的表现形式和人物特点。其次，由师生钉钉群展开课堂问题讨论：皮影头茬种类繁多，造型丰富，角色齐全，通过阴阳刻两种技法可以使面部造型在影窗上显出更大的色彩反差。请学生们探讨"阴阳刻"两种方法的独特表现形式和人物特色的不同体现。学生在线展开研究探讨。再次，各组总结研讨结论，学生评价其发言结果，最后，师生做研讨内容总结及启示。

罗枫
04-07 21:02
置顶 如何传承皮影艺术

皮影戏经历千年发展，一致具有很大的艺术观赏价值。但在近代，却经历了文化改革变迁，走向衰败，在今天也仍然十分小众。请同学们谈一谈你觉得皮影戏在如今应该如何发展和弘扬。

陈泓方
04-07 21:32

1.手工艺人可以结合信息网络技术，在媒体网络平台上推广手艺，让电子屏幕前的人都可以看到皮影戏的手艺；
2.加强创新，内容与时俱进，博人眼球而不失本色，丰富表现形式；
3.从小培养孩子动手能力，可以讲述有关皮影的故事，增强他们的兴趣；
4.开设皮影戏课程，人才向皮影老艺人学习；
5.在旅游业（也可以是各种娱乐活动）中加入皮影文化，加大皮影戏的宣传。

罗枫
02-20 18:06
置顶 生活中的皮影

同学们在日常生活中是否听闻过皮影戏呢？请谈一谈你所了解的皮影戏的主要内容和特色？

奢商埠 置顶
03-03 14:13

皮影戏虽然种类繁多，但区别主要在声腔和剧目方面，至于影人制作和表演技术则大同小异。影人一般是先将牛皮或驴皮、羊皮刮去毛血，加工成半透明状后再刻制上彩，其雕镂工艺讲究刀工精致，造型通真。

影人一般分头、身、四肢等几部分，均为侧影，头部附有盔帽，身部、四肢皆着服饰，涂油彩后用火砖烘烤压平即成。

姿亮杰 置顶
03-03 14:18

道具主要是影窗，俗称"亮子"，一般高3尺，宽5尺，最高不过4尺，宽不过6尺，以白纸作幕，以便单人操作。其次为油灯一盏，用以映射影人和表演动作。演皮影的设备非常轻便，所以戏班流动演出的优势很强。不论在剧场里还是在大厅、广场、庭院以至普通室内，架起影窗布帐和灯箱就能开戏。

陈祥艳 置顶
03-03 14:22

最早的皮影戏的人物，是用白色的纸先制作成一个小小的人，再根据不同的表演角色，画上脸，再画上衣服穿在小纸人外面，或直接画在纸上。后来随着技术的提升，手艺人发现用动物的皮代纸制作的时候，皮影的人小人在制作的时候，头部的眼睛用头发丝细微擦刻的，眼处都是公开…

罗枫
02-20 19:45
置顶 剪纸作品鉴赏

剪纸意识悠久，精妙绝伦，像其它民间艺术一样，它也有着独特的鉴赏技巧和标准。请同学们谈一谈我们应该如何鉴赏一幅优秀的剪纸作品。

张梨 置顶
03-06 14:52

1.纸感与刀味：一幅优质的剪纸艺术作品必须要具备剪纸艺术自己应有的风格和特点。如版画要有"刀味"，国画要有"墨韵"一样。剪纸是一种民间艺术形式，它的材料是纸，工具是剪刀，"纸感"就是它的艺术特色。
2.玲珑剔透：剪纸艺术语言很重要的一个特点，就是所有形象都是玲珑剔透的。这除了剪纸的工具和材料性能以外，主要是要求剪纸具有"透"的实用需要。剪纸其实就是一种平面的镂花艺术，它用图、刻来装饰作品。力求玲珑剔透，虚实相生，黑白分明。
3.强调装饰：一副优秀的剪纸艺术作品应该讲调装饰味。构图平视、对称，画面均衡、美观大方，线条粗细相宜，色彩鲜明，柔和协调等都是形成装饰风格的重要因素。
4.变形夸张：剪纸艺术作品应该强调造型夸张和菁婷影像的优美。任何物象都存在着一些美和丑的地方，艺术夸张的目的就是强化突出美的因素，缩小和简化丑的因素，经过夸张处理后的画面会使人赏心悦目。
5、欣赏剪纸，还要看创作者如何构图来表现剪纸的主题。

翁鹏
03-03 18:28

1.纸感和刀味
2.玲珑剔透
3.强调装饰
…

图5 传统工艺单元项目"剪纸""皮影戏"课堂研讨环节截图

（2）以项目为主线的实践教学模式。

传统工艺鉴赏类课程选取彩中国远古彩陶、青铜器、唐三彩、宋代瓷器等不同历史阶段典型的艺术发展的基本脉络和工艺美术历史为基本教学项目（图6、图7），传统工艺制作类课程选取以中国传统皮影戏、剪纸、布艺香囊以及年画等民间艺术形式为主的教学内容，在课中通过录播讲授、简单通俗的制作方式让学生深刻理解文化的精髓，将朴实的中国文化元素融入教学中，身临其境让学生来理解民间艺术，依靠文化影响感染学生，提升大学生群体的文化素养。

图6　传统工艺课程单元"原始彩陶"课堂彩陶图案随堂绘画截图

如以传统工艺制作类课程项目之一"民间剪纸"为课堂内容，采用线上教

二.其它 (共1题,50.0分)

1　请大家从下面三张青铜器纹样中,挑选一张进行绘制
　　要求:用黑色水笔画在A4白纸上,画面工整,态度认真。
　　拍照电子图片上传即可。

图7　单元"青铜器艺术"随堂作业和学生临摹图

授和实践操作教学结合举例(图8):首先,确定课堂教学目标——学和制作民间剪纸;其次,设计课堂内容——教师为学生介绍剪纸发展历史、南北流派、装饰分类、如何欣赏剪纸文化以及剪纸艺术和新科技的创新形式等基础知识,针对理论环节进行随堂小测验和讨论环节;再次,对二方连续剪纸实践操作,教师做示范,学生跟随练习展示作品;最后,师生做课堂总结及启示。

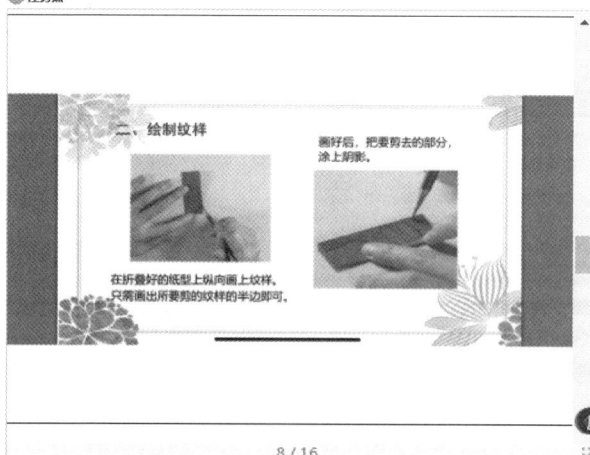

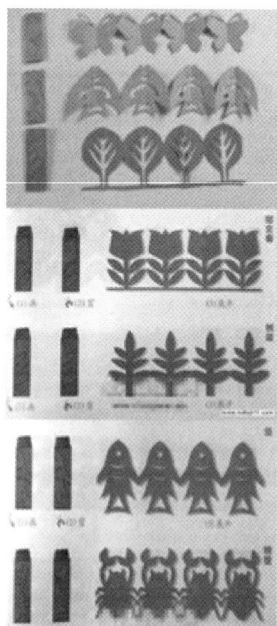

图8　二方连续剪纸纹样课堂教师示范随堂练习截图

（3）以体验式为主的创造性学习活动设计。

以体验式为主的创造性学习活动设计是"传统工艺"课程中最后最复杂的一部分,它以研讨式的学习活动和以项目主线的实践学习活动为基础,也是两个前期活动的提升和深化。学生在这样的传统艺术项目体验过程中,根据实际组成协作团体,团体的每个成员都有某个特长和某个感兴趣的领域,在实践创作中,共同学习,得到提升和互补。

如在上述的"皮影"和"民间剪纸"文化的理论和实践基础上,学生形成团队在后期可以进行更高一层次的自行设计和再创作(图 9)。

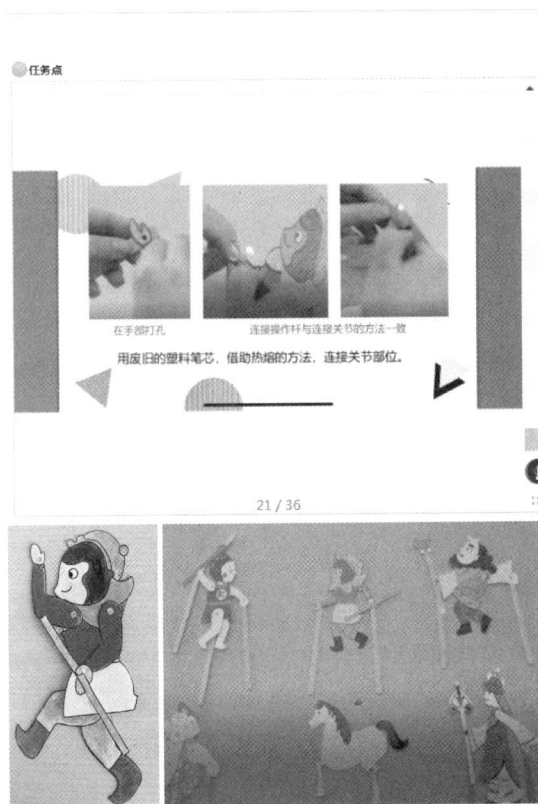

图 9 项目"皮影戏"教学平台制作视频和学生作业截图

（三）教学评价与考核

"传统工艺"课程采用多元化评价考核方式,评价内容应基于上述的研讨式学习活动、项目主线的实践活动、体验式的创造性学习活动三个活动主体,包括评价内容、评价主体和评价原则三方面。

评价主体采用学生自评、学生小组组内互评、组间互评以及教师评价等多元化评价体系,全面地进行"做"的实践活动评价,突出高阶思维能力的培养。评价原则兼顾过程性和终结性评价的统一,既要关注学生实践作品质量,更要关注学生在创造性活动过程中的总体表现。过程性评价主要包括学习活动中对学生的观察和反思,终结性评价主要包括学习行为结束后对学生作品的评价。

图 10　项目课堂作业和随堂测验题目截图

如在传统工艺制作课程"民间布艺"单元环节评价中，采用课前预习考核、课堂随堂测验(图 10)、交流环节、课后理论和实践作业等方式给予综合打分，实践作业采取生生组内、组间和教师评价等多元体系，对学生自主制作作业"布艺香囊"从质量到创意性表现综合考虑打分。每个单元项目综合分即课程学期末成绩。

(四)教学反思与改进

针对目前课程中存在的理论讲授多、实践操作少，师资缺乏，形式较单一，传统工艺制作类课程教学内容和现实生活需求脱节等方面的弊端，要做好以下四方面的改进。

(1)在教学体系中，要正确定位传统工艺课程的位置，认清传统工艺的实用性，避免脱离现实生活的学习和创作。

(2)在教学模式上，要将传统文化和当代潮流相融合，结合地域文化资源，凸显地方特色。

(3)在教学内容安排上，要重视提高学生的实践能力，进行教学实践上的创新，积极宣扬传统工艺，在传承的基础上促进发展。

(4)在教学方法上，要运用多种教学手段，促进学生自主学习，让学生在高校课堂上接受原汁原味的当地传统工艺文化的教育。最终达成让大学生能活态传承传统工艺，活学活用于现实生活中，进行创造。这是传统手工艺进高校的至高境界。

三、实施效果

目前已开设的"传统工艺美育素养"课程结合自身教师资源，制定了具有自身特色的通识艺术，课程包括"传统手工艺品制作""传统工艺美术鉴赏""生活美学"，将理论知识融入实践操作，提升学生的兴趣和参与度，拓宽学生视野，满足学生个性化需求。在课程项目中包含一系列传统工艺非遗课程，如"剪纸""布艺""民间印染""刺绣""皮影"等单元内容，课程以"知识学习＋技能训练＋素质培养＋创新实践"为培养目标，明确课程定位，选择课程内容，确定教学方式,建立科学的教学评价体系。

在课程"传统手工艺品制作"中,分别设有"影视的鼻祖——皮影""人文历史的综合——剪纸""瑰丽千年——民间布艺香囊"等民间传统工艺美术内容,在"传统工艺美术鉴赏"课程中,设有"原始工艺的萌动——彩陶""夏商工艺的狞厉——青铜器""文化大融合——六朝陶瓷艺术"等典型时期工艺美术鉴赏,在每个项目中设有理论教学、实践制作和创新提高等模块,通过钉钉理论直播、教学录播视频、工艺在线观摩等形式提供给学生电子学习资源,以达到最佳学习效果。

在"生活美学"课程中,将传统文化和现代创新设计理念相融合,提出"新中式"风格,将中式传统元素和现代材质巧妙兼糅,从软装美学这个和学生日常生活息息相关的角度出发,把美学作为一种态度和生活方式,让传统文化在该课程中进一步得到提高升华,在当前时代背景下演绎,让传统艺术在当今社会得到合适的体现。课程中通过理论讲授,教师带学生鉴赏软装美学视频、案例和图片,学生通过"美间"软件,设计出符合中式传统韵味的软装设计,让学生热爱一切美好的事物,尝试非艺术专业类学生动手设计,学生也喜欢上了这门关于美的课程(图11)。

图 11 传统文化和现代设计再创作课程项目"新中式文化"作业和学生作品截图

四、特色创新

"传统工艺"课程所体现的特色创新主要通过以下三方面来呈现。

(一)"技—艺—道"三重培养目标

分出三个层次，即从"技"到"艺"最后升华到"道"。基础目标是"技"，这里的"技"指理论和实践双重技能，能通晓最基本的技艺方法和原理，这是教学重点，在教学中要加强手工艺的基本理论和实践的双重操作训练；中间目标是"艺"，磨炼才干，即方法、策略和知识的研习，指才能、技能、技术，是富有创造性的方式、方法和途径；最终目标是"道"，推陈出新，即培养大学生积极的情感体验，热爱中国传统手艺，激发创造力。

(二)"理论＋技能"双重培养过程

在高校"传统工艺"课程的教学，是一个循序渐进的理论和技能的教与学的过程，在课程中基本理论和技法要领必须采取讲授方法，但在运用过程中，可灵活运用自学、讨论、辨析等方法融入，达到以讲授为主线，调动学生积极学习的过程。临摹过程也是带着问题思考方法的过程，不能机械式地模仿、重复式地练习。创新设计制作是教学过程的最终目标。在掌握基本技能的基础上，制作类课程可以注重创新元素融入，体现其作品的外形特征的创新，色彩搭配的创新，工具材料的创新和产品功能的创新等，教师与时俱进，指导学生完成创作任务。

(三)"启发式＋探究式"结合培养方法

完成由思维的启发到精髓的领悟再上升到探究式的发掘。在课程中运用启发式教学方法，教师在传统工艺教学中从学生的实际出发，以启发学生的思维为核心，促使他们生动活泼地学习和掌握技艺的原理、操作步骤。"传统工艺"课程教学要让学生遵循学习规律，让学生悟出传统工艺的精髓，找到最好的工艺学习方法。传统工艺教学的理想方法是探究式教学，教师通过操作示范，重点技法演示讲解，然后提出问题，让学生自己通过观察、试验、讨论等途径去主动探究，在"做中学，学中悟"，从而总结方法和步骤，使学生的主体地位、主动能力得到加强，能设计制造出具有独特的创新性认识的作品。

云上之经济法基础

——以"经济法基础"课程为例

财会金融学院　吴曙霞[①]

一、案例背景

在抗疫攻坚的关键时刻,本着"延迟开学不停教、不停学"的原则,根据《宁波城市职业技术学院关于进一步加强领导全力打赢疫情防控阻击战的通知》与《宁波城市职业技术学院疫情防控期间 2019—2020 学年第二学期教学工作开学预案》文件要求,结合本课程的实际情况,特制订了线上教学模式和课程计划。

本课程采用的教材是初级考证教材《经济法基础》,该教材有东奥的在线学习平台"会计云课堂"。考虑到网络可能出现的负载压力和课程特点,本课程准备的教学工具主要包括"云班课+钉钉",采用轻直播、自主学习、线上测评、网络直播相结合的教学模式。

本课程教学对象为财会金融学院会计专业一年级专科生,共 80 人。本课程是岗位群平台课程,主要帮助学生通过全国初级会计资格考试。任课教师具有多年的本课程课堂教学经验。不同于传统课堂教学,如何通过网上教学平台精准传达教学内容、如何把握学生知识点掌握情况、如何进行有效的师生互动、如何调动学生的学习积极性等问题摆在任课教师面前。在这样的背景下,积极调整教学思路与模式、积极准备教学工具和教学资源、积极与学生进行课前沟通和交流,才能在线上教学模式下取得较好的教学效果。

---

① 吴曙霞,讲师,2006 年毕业于浙江大学会计学专业,获得硕士学位,注册会计师。主要从事经济法基础、管理会计课程的教学,曾获得宁波城市职业技术学院青年教坛之星。

二、具体举措

(一)教学理念与模式

本课程是为了适应高职教育发展的趋势,适应社会对财经人才的多样化需求和学生对经济法律法规知识的渴望。而开设的"经济法基础"课程是会计专业职业资格考证辅导课程之一,是对会计专业主干课程的综合运用和提高。

作为一门专业必修课,依据初级会计资格考试大纲要求,主要考核会计法律制度、支付结算法律制度、增值税消费税法律制度、企业所得税个人所得税法律制度、其他税收法律制度、税收征收管理法律制度、劳动合同与社会保险法律制度。本课程是培养"双证制"高素质人才的重要环节,对促进会计专业人才职业能力层次提高具有重要意义。

(二)教学组织与实施

1.云班课授课

本课程主要的上课平台在云班课(图 1)。在正式教学前,教师需要提前在云班课上建课,学生需要提前在手机上安装 App,或者通过电脑登录网站,加入班级。教师在建课后,可上传相关资源。学生通过阅读相关文件或者资源,为上课做好准备。

图 1　云班课资源截图

每次上课前，通过云班课进行签到（图 2）。

企业所得税
2020-02-22 18:10:50 ｜ 2 经验 ｜ 32 人已查看

2020第五章企业所得税个人所得税法律制度.pptx
11.55 MB ｜ 2020-02-16 17:09:37 ｜ 2 经验 ｜ 31 人已查看

2020初级经济法基础轻松过关一下册.pdf
50.44 MB ｜ 2020-02-14 18:26:27 ｜ 2 经验 ｜ 31 人已查看

2020经济法基础轻松过关一上册.pdf
28.47 MB ｜ 2020-02-14 18:25:52 ｜ 2 经验 ｜ 32 人已查看

图 2　云班课签到截图

在上课的时候，可以充分利用云班课的各项功能，如投票问卷、头脑风暴、轻直播/讨论、测试活动、作业/小组任务等开展各项教学活动（图 3）。

投票问卷　头脑风暴　轻直播/讨论　测试活动　作业/小组任务　云教材学习　课堂表现

图 3　云班课功能截图

比如在第一次上课前，为了让学生正确下载使用"会计云课堂"，就设计了一次投票问卷（图 4）。

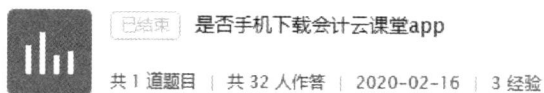

[已结束] **是否手机下载会计云课堂app**
共 1 道题目 ｜ 共 32 人作答 ｜ 2020-02-16 ｜ 3 经验

图 4　云班课投票问卷截图

平时可以布置各项作业（图 5）。

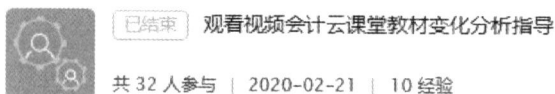

[已结束] **观看视频会计云课堂教材变化分析指导**
共 32 人参与 ｜ 2020-02-21 ｜ 10 经验

图 5　云班课作业截图

为了保持教学活动的连贯性,主要的教学活动是在轻直播中完成的。课程开始的时候会进行前面章节的复习(图6)。

老师 吴曙霞

昨天我们学习了企业所得税的第一单元,企业所得税基础

老师 吴曙霞

首先让我们复习一下这块内容

老师 吴曙霞

企业所得税的纳税人有哪两种,回答前3名的有经验值加分

图 6　轻直播复习截图

学生非常积极地进行了回复(图7)。

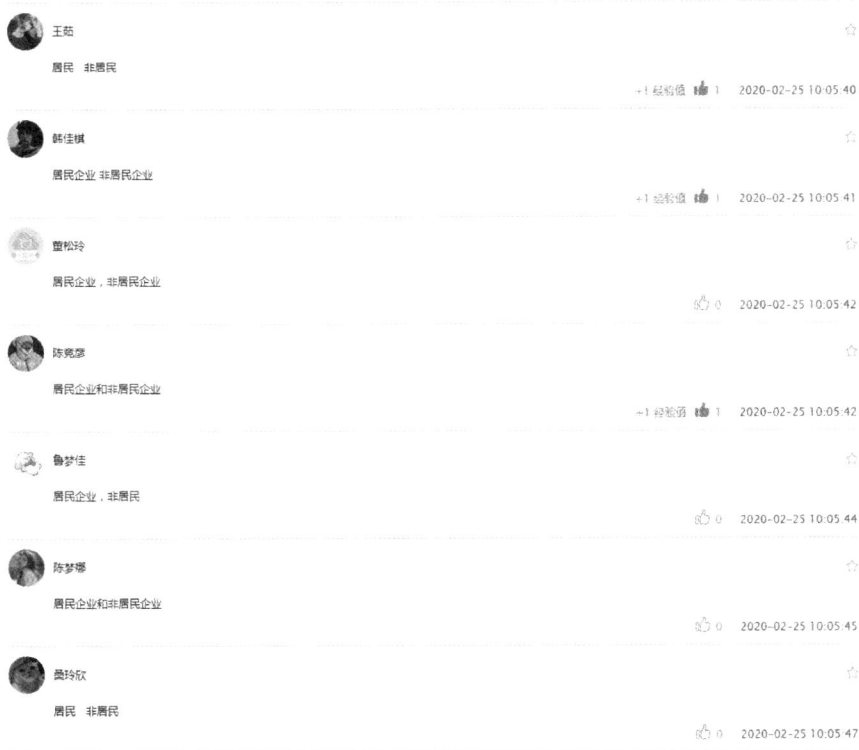

王茹
居民　非居民
　　　　　　　+1 经验值 👍 1　2020-02-25 10:05:40

韩佳棋
居民企业 非居民企业
　　　　　　　+1 经验值 👍 1　2020-02-25 10:05:41

查松玲
居民企业、非居民企业
　　　　　　　👍 0　2020-02-25 10:05:42

陈竞彦
居民企业和非居民企业
　　　　　　　+1 经验值 👍 1　2020-02-25 10:05:42

鲁梦佳
居民企业、非居民
　　　　　　　👍 0　2020-02-25 10:05:44

陈梦娜
居民企业和非居民企业
　　　　　　　👍 0　2020-02-25 10:05:45

吴玲欣
居民　非居民
　　　　　　　👍 0　2020-02-25 10:05:47

图 7　学生的回复截图

教师可以用图片、小视频、语音等多种方式进行讲解(图 8)。

课后有作业的布置(图 9)。

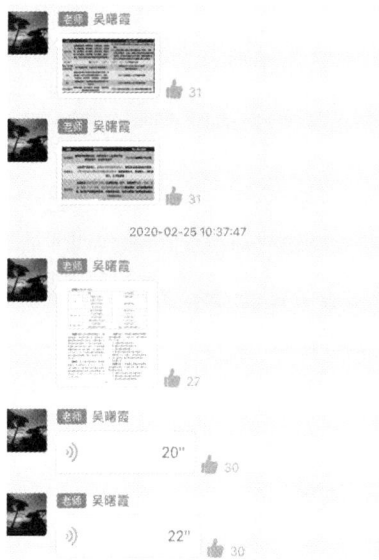

图 8 教师的讲解截图

图 9 布置的作业及解答截图

2. 钉钉授课

当云班课网络拥堵的时候,钉钉是本课程的备选方案。在钉钉授课前,需要在钉钉建群,邀请学生进群。在群直播模式下,学生在家也犹如在教室一样通过老师的讲授进行学习。如果碰到上课听不懂的问题,还可以用直播回放来巩固学习(图 10)。另外,教师可以通过数据分析,了解学生在课堂上的学习情况(图 11)。

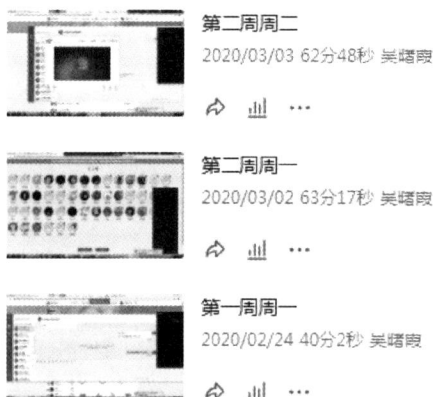

图 10 钉钉群直播截图

图 11 钉钉群直播数据截图

（三）教学评价与考核

教学评价与考核主要采用云班课的课堂表现、头脑风暴、在线测试多种形式。

1.课堂表现（图 12）

图 12　课堂表现截图

2.头脑风暴（图 13）

图 13　头脑风暴截图

3.在线测试(图 14)

图 14　在线测试截图

4.每位学生都有一份学习报告(图 15)

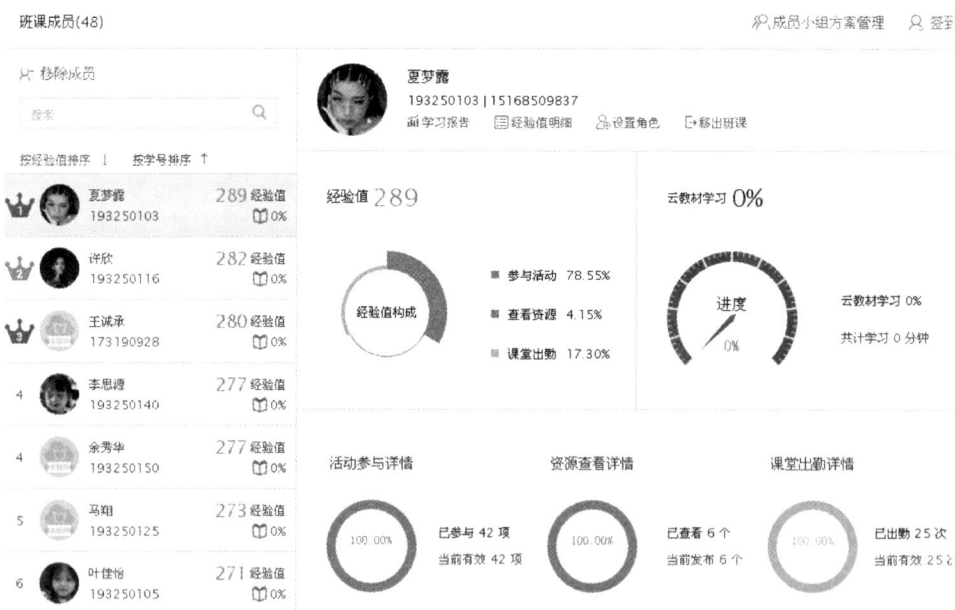

图 15　学生过程性考核成绩截图

（四）教学反思与改进

"经济法基础"课程理论性较强，有较多的法律条文需要识记，如会计法律制度、税收征收管理制度，税法部分涉及较多的计算，需要在理解的基础上计算应纳税额，如果仅用云班课进行授课，教学进度较慢，采用钉钉直播以后，可以让教学过程显得完整连贯，结合云班课进行课前、课中、课后的辅助教学，效果较好。

三、实施效果

考虑到有可能出现的网络压力，本课程采用云班课和钉钉直播相结合的方式，规避高峰时平台可能遇到的压力。在上述模式下，经过几周的教学，取得了较好的教学效果。通过平台后台数据分析，每次课上线率均为100%；随堂练习完成率达到98%，全对率达到82.5%。

根据初级会计职称考证科目"经济法基础"考试大纲，结合会计职业岗位所需要的知识、能力和素质要求，"经济法基础"教学内容共包含三个知识模块。一是基本模块，综述经济法律制度及基本原则；二是实务模块，重点介绍会计法律制度与支付结算法律制度；三是专业模块，包括增值税、消费税法律制度、企业所得税、个人所得税法律制度、税收征收管理法律制度、劳动合同与社会保险法律制度等各种税收法律制度。专业模块是本门课的重点，很多税种涉及计算，对于一个初学经济法的学生来说有较大的难度，同时该部分内容又是财经专业学生必须掌握的知识和具备的能力，因此根据重难点结合初级会计职称考证的分值占比分配的学时也相应较多。

云班课通过课前自学、课中测试、课后作业复习。由于线上教学时间有限，对于简单的知识点，一般通过云班课课前进行推送，如会计法律制度会计档案的保管、税收法律制度中减免税的相关规定，学生通过自我阅读就可以掌握知识点，无须再进行课堂讲授；课中通过讨论土地出让与转让的区别，学生可以明确土地增值税的征税范畴；课后通过测试作业，进一步强化相关知识点，解决教学重点、难点部分内容。学生反馈较好。

钉钉直播互动可以在教学活动过程中更好地采用启发式、探究式、体验式等方式,同时也能及时发现学生在学习中的问题并予以解决。对较难的知识点可以通过观看直播回放或者查看历史记录,进一步巩固。学生学习积极性较高。

四、特色创新

"既要做好'主播',又要当好'导演',这就是教师在'线上'教学中的角色",教师要提前把问题布置给学生,让学生带着问题预习,课前教师对问题进行解析。一方面,师生全面参与融入课堂,增强了"线上"教学的互动性,也提升了学生的自学能力。另一方面,要发挥好"线上"的优势,让抽象的概念理论鲜活起来,让学生更容易理解接受。直播回放是线上教学一大特色,学生们可以在课后进行复习时,对课堂进行"复盘",查漏补缺,做到有的放矢、事半功倍。

(一)改革考核方式

本课程对考核方式进行了改革。为保证学习效果,督促学生积极完成线上自主学习,将线上自主学习成绩纳入期末总评成绩,线上学习考核占50%,包括在线学习参与度、课堂表现、在线随堂测验、在线单元测验以及在线考试成绩。

为了提高学生的初级会计专业技术资格考试的通过率,可实行"以证代考",学生通过报名参加全国初级会计专业技术资格考试,若"经济法基础"科目考试成绩合格,则该门课程的期末成绩为85分以上。

(二)关注学生学习状况

及时关注学生的学习状况,每节课通过网络系统数据分析及时掌握学生的在线学习动向,如平台学习参与度、在线视频课程完成情况、在线测验成绩等,及时把握学生学习中出现的问题,及时反馈、评价督促,适当增加学生的学习压力,每节课课前对学习情况进行整体评价,对表现突出的学习小组和个人进行表扬,树立榜样、增强学习动力。

　　线下的教学活动主要围绕学生线上学习中存在的主要问题、主要的考点、知识点进行设计。为充分发挥学生的主体作用,调动学生的积极性和主动性,可通过知识抢答、知识点精讲、难点讨论、拓展练习等教学活动,让学生在整个面授课堂中高度参与,全程主动积极,对于一些难度不是很大的知识点,可以由学习能力强的学生进行讲解,对于弱一点的学生,只要积极参与了抢答、参与了讨论,都可以加分,这样让全班学生都积极参与到学习中,由过去的被动听课,变成了想学习、爱学习,盼着上课,教学效果非常显著。

网络教学背景下"五位一体"
教学模式的构建与应用

——以"经济应用数学二"课程为例

思想政治理论课教学部/基础课教学部　陈玫伊①

一、案例背景

在疫情期间,为了响应国家"停课不停学"的号召,保证新学期教学活动的正常开展,教师开始各尽所能,希望能以网络课程的方式同样完成教学任务达到设定的教学目标。本学期针对商贸、经管类专业的学生,我校开设了数学类课程"经济应用数学二",这门课程合计 32 学时,即每周 2 课时,通过 16 周的学习掌握线性代数的相关内容,具体包括行列式、矩阵及线性方程组的知识。

为了保证课程能够顺利进行,方便学生学习,我借助了智慧职教及钉钉这两个网络平台(图 1)。在智慧职教平台上,我建立了"经济应用数学二"这一门课程,由于过去坚持线下授课,没有现成的学习资源,因此在学期初期我选择引用平台上其他教师上传的教学视频,并在之后录制、上传与本学期教学内容相匹配的视频及配套习题,丰富了原有的教学资源。而在钉钉上,我以班级为单位建立了班级群,方便了师生间的交流和联系,同时定期开展教学直播活动。

---

①　陈玫伊,毕业于英国拉夫堡大学,获得硕士研究生学位。主要从事经济应用数学一、经济应用数学二、工程数学等数学类课程的教学工作,曾获得校青年教师教学技能竞赛三等奖、校级教学能力比赛二等奖等。

二、具体举措

(一)教学理念与模式

数学课程本身具有高度的抽象性和严密的逻辑性,对于原本数学基础就相对薄弱的高职学生来说学习起来难度较大。过去,在众多课程实施混合式教学、翻转课堂时,我和同事们担心线上学习效果不佳,仍然坚持线下授课。因此,在疫情期间第一次接触网络授课,如何顺利完成教学目标成了我们最大的挑战。

首先,参照混合式教学的方法,我们讨论之后将教学调整为"线上自学"+"直播"的模式。学生先在网上学习相关的视频材料,获得初步知识,之后在直播时教师会有针对性地进行答疑讲解。

其次,我们重新梳理了本学期的知识点,调整了教学内容,考虑到网络授课教学效果不等同于课堂授课,便适当删减了部分难度较大、应用性不高的章节。

再次,我们根据单周直播、双周自学的时间安排适当调整了学习的进度,将难度较大的内容尽量安排在单周直播时进行讲授,在双周安排相对简单易懂的知识点方便学生自学。

最后,结合前几点我们重新讨论、撰写了新的课程设计方案,修改了课堂教学活动以更好地适应网络教学。

(二)教学组织与实施

1.课前学生自主学习

课前,我在智慧职教上发布当周课程知识点的微课教学视频及对应教学PPT,在钉钉群里提供课程电子教材及其他课程相关的教学材料,要求学生自行安排空余时间进行学习,并完成相应的课后作业。

通过几周的学习,大部分学生已经很好地适应这种教学模式,但是仍有部分学生反馈,认为视频学习难度较大。那是因为微课视频大概时长在十分钟左右,呈现的多为经压缩、删减的碎片化知识,内容过于精简,对于数学基础普遍一般的高职学生来说自学起来难度较大。

大部分学生认为,相较于理论讲解的内容,他们更希望能够看到怎样做题的方法和步骤,因此我根据这一情况有针对性地拍摄讲解小视频,将重点、难点尽可能地细化、简化,着重对案例进行分析讲解,帮助学生更好地理解和掌握(图 2)。

图 2　课前自主学习情况截图

2.课堂教师直播教学

针对学生的学习需求,我每隔一周进行一次直播教学。为了更好地适应直播教学的要求,我重新设计了课堂教学的环节,并对原有的教学 PPT 进行了精心修改。直播的前五分钟通常为课前反馈,针对学生课前的学习和作业完成情况进行简单的点评。对于一些比较典型或者学生会犯的通病问题则截图之后进行展示(图 3),以直观的方式帮助他们认识问题、改正问题。

在之后的授课过程中,我重新设计了学生练习的环节,增加了选择题、判断题,并将一些计算解答题改成了填空题的形式,方便学生用手机或者电脑直接在评论区进行回答;同时,我也会通过直播中的连麦功能来挑选学生回答问题,这样能更好地吸引学生的注意力,活跃课堂教学的氛围。

3.课后群内讲解讨论

课后,我在智慧职教上发布作业,题型主要为选择题和解答题(图 4)。选

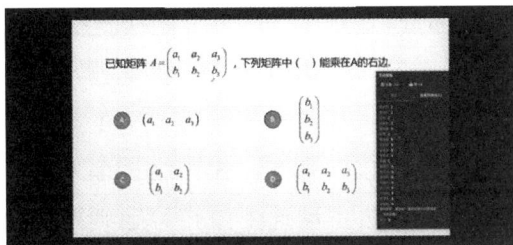

图 3　课堂教学直播截图

择题主要为一些简单的、概念性的问题,学生在提交答案之后即刻可以看到自己的成绩及正确答案,而解答题则需要学生答题之后拍照上传,在教师批改之后才能收到成绩与反馈。通过对作业的批阅,我可以大致了解学生的学习掌握情况,同时可以及时发现他们在概念理解上或是在书写格式上出现的问题。如果是个别情况,那么就单独与学生进行沟通交流;如果是较为普遍的通病,则在钉钉群上直接有针对性地进行讲解。同时,我也鼓励学生有问题及时反馈,在群里交流学习心得,互相分享学习体会。

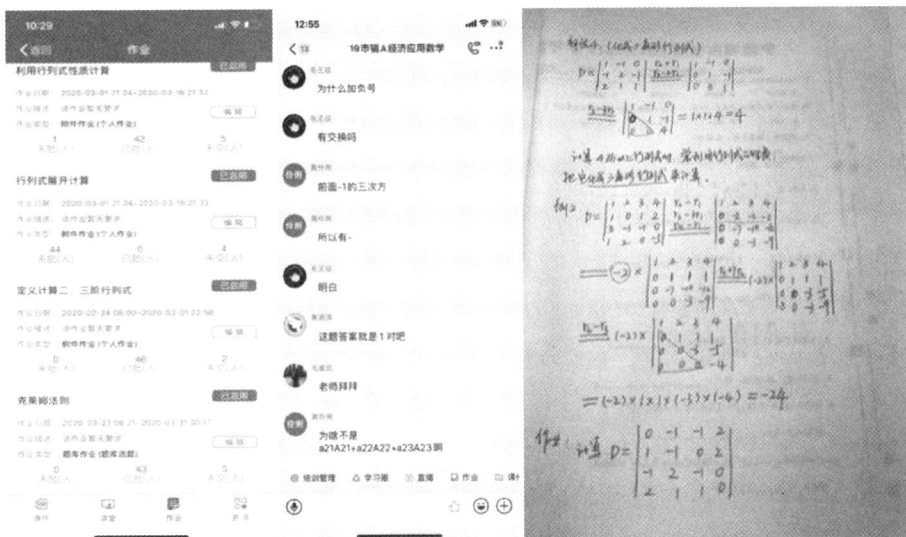

图 4　课后群内讲解讨论截图

(三)教学评价与考核

本学期的考核分为平时与期末两部分,其中平时包括了出勤、课后作业及课堂表现。出勤分为两部分,在单周直播时,根据直播的数据来进行统计;而在双周自学时,则在课表原定的上课时间进行签到,若没签到视作旷课。课后作业分为选择题和解答题两种,其中解答题需要学生写在纸上后拍照上传,之后进行给分,最后以平台导出数据为准。在网络授课期间,课堂表现主要参考直播过程中的答题情况,若学生主动连麦申请答题则酌情加分(图5)。

图 5　在线教学评价与考核截图

(四)教学反思与改进

通过近三个月的网络授课,我发现其实线上授课并没有原来设想的那么糟,可以反复学习的视频及资源在很大程度地缓解了学生在课堂上短时间内无法完全理解的状况,同时课前的预习,可以使课堂上有更多的时间来进行练习、答疑。然而,网络授课仍然存在着一些问题。首先,线上学习非常考验学生的自觉性,容易使得学生之间的学习掌握程度差异较大;其次,网络教学对教师的信息技术要求较高;最后,数学课程比较看重计算、演算过程,在没有黑板的情况下,如何将每一步都展现在学生面前也是需要解决的问题。

针对以上这几点,我认为首先需要根据课程的需要及面临的问题选择合适的平台、软件,例如选择智慧职教主要是看中可以直接引用其他老师的资源这一特点,解决了学期初期没有自建的学习资源这一问题。选择好合适的平台软件之后,提高自身的信息化水平便显得非常重要。

疫情期间,通过学校的网络公开课及一些老师的经验分享,我了解了不同网络平台各自的优势、劣势,认识了不少的软件、程序有助于更好地提升课程的信息化程度,有助于学生更好地学习;同时,我也会根据课程的需求、学生的意见不断改进自己上课的 PPT、上课的方式方法,调整课程的知识点和侧重点,反复录制学习视频,突出对题目的演练过程,适当减弱理论的讲解部分。

在整个网络授课期间,我也在不断更新自己的授课工具,在学期初期我主要借助白板来进行解题过程的演示,但是很难同时展现定义、概念,于是后面购入了数位板,可以在 PPT 讲解过程中直接进行手写演算,比较适合数学课程的授课。

三、实施效果

我通过课后与学生的聊天发现,学生普遍对当前的这种网络学习模式比较认可。学习时间比较灵活,并且学生可以根据自己的实际情况有针对性地反复观看视频、直播回放进行学习。同时在网络上,学生说话更加放松,师生之间交流沟通更加频繁。通过平时的作业及课堂表现来看,大部分学生基本达成了预定的学习目标,更有部分同学通过网络资源超前完成了整个学期的学习任务。

四、特色创新——"学、教、演、练、导"五位一体教学模式

(1)学:学生自主学习,教师搭建教学平台,组建学习社区(图 6),丰富网络学习资源,包括授课视频、练习测试、讨论交流等,为学生开展自主学习提供保障。

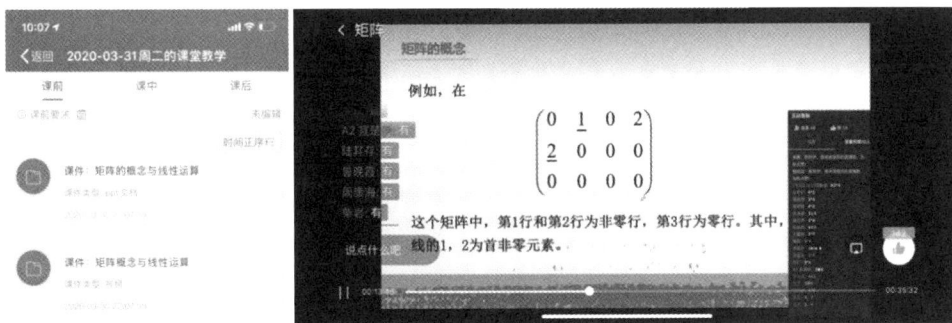

图 6 学生自主学习截图

(2)教:教师直播教学,借助直播软件围绕授课视频进行复习、巩固、拓展,有针对性地进行讨论、答疑,使学生整体把握教学内容,疏通逻辑关系,理解并明确学习重点、难点。

(3)演:借助数位板就教学重点、难点进行详细演示(图 7),作为直播教学

的重要组成部分,这是课堂现场教学在直播过程中的再现,为学生学习扫除障碍,切实攻克教学重点、难点。

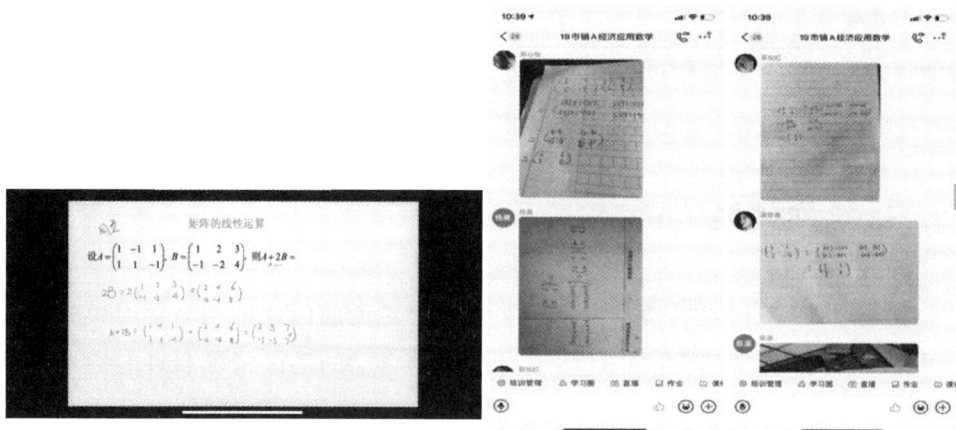

图 7　借助数位板演示截图

(4)练:线上集中练习,这也是直播过程中的重要环节,通过练习掌握学生学习情况,对仍有困难的学生开展集中辅导,以解决共性问题。

(5)导:对个别学生进行指导,课后教师借助网络平台上的测试题进一步发现学生存在的学习问题,并通过微信、QQ 等聊天软件进行课后个别交流(图 8),以解决个性问题。

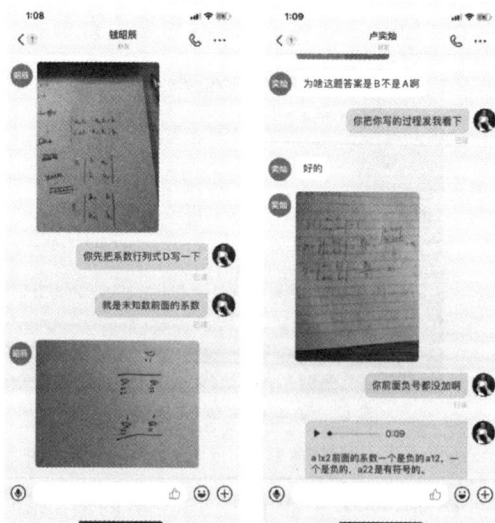

图 8　课后个别交流截图

以"学"为中心的"七学"模式探索与应用

——以"大学语文"课程为例

思想政治理论课教学部/基础课教学部　宁业勤[①]

一、案例背景

"大学语文"课程是我校三年制学生必修的一门文化素质教育类课程,每年修习的学生约 2500 人;现有专任教师 5 人、校内兼课教师 3 人、外聘教师 2 人。经多年的慕课建设与应用,"大学语文"课程已成为宁波市数字图书馆高校网络课程、浙江省高等学校精品在线开放课程,已在学校网络教学平台、浙江省高校在线开放课程共享平台、爱课程中国大学 MOOC 等平台上线运行,在面向在校生开放应用的同时面向社会开放,2020 年春季一期共 8000 余社会人员选课学习。

"大学语文"在网络教学平台运行过程中,任课教师积极探索基于网络慕课平台的线上线下混合式教学,大胆引进信息技术,创新教学形态,提升课程教学质量。在疫情期间,为贯彻落实"停课不停教,停课不停学"总要求及"教学任务不减、教学质量不降"总目标,"大学语文"课程组积极探究"平台+直播"网络教学实践,已形成了较有特色且效果良好的以"学"为中心的"七学"模式。

---

① 宁业勤,副教授,公共基础课教学部骨干教师。多年来一直从事"大学语文"等素质类课程的教学工作,主持编写《大学语文》《职业素质与职业发展》等教材。

二、具体举措

(一)教学理念与模式

在实践中,我们本着以下理念开展"平台＋直播"网络教学。

1.行为主义与建构主义相结合

行为主义理论主要体现在要求学生学习传统上以教师讲授为主的授课视频,并通过复习、测验予以强化等;建构主义理论主要体现在整个学习过程中,学生自主探究并相互讨论,在问题解决中构建知识并养成素质。这两个原本对立的理念在此得到紧密结合。

2.教师主导与学生主体相统一

传统上以教师为中心的教学结构已不复存在,教师的教学功能发生了重大变化,教师已成为学生学习的指导者、学生知识构建的促进者。相应地,学生不再是围绕着教师转,学生成为教学主体,是真正的自主学习者,在网络教学中这一地位得到了充分的突显。两者的有机统一,完全革新了传统教学的"教师中心论"。

3.个性化与社会化培养目标相融合

学生观看教学视频可以养成个人的学习习惯,掌握看视频摘笔记、提问题、参与分享等学习策略;学生能以一种适合自己的、有意义的方式积极建构知识,提升学生的创造创新能力。同时,互动与互助成为在线教学常态,日常生活中的交往成为获得知识的重要途径,学生的责任意识、纪律意识与自觉性等素质能得到有效提升。个性化与社会化是教育的两大培养目标,在此得到了有机融合。

本着上述理论,在网络教学实践中,我们形成了以"学"为中心的"七学"教学模式(图1)。

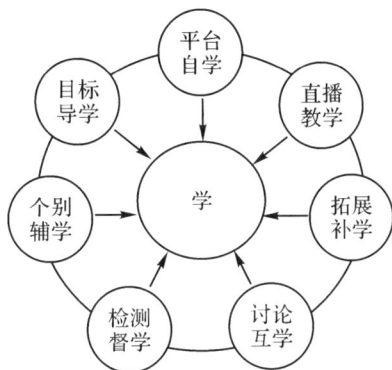

图1 以"学"为中心的"七学"模式示意图

(二)教学组织与实施

我们在原有平台的基础上,围绕教学目标,进一步丰富网络教学资源,为开展"平台＋直播"的有效运行奠定基础,为学生网络学习搭建良好互动空间。为了熟练掌握网络平台与直播软件的应用,课程组教师积极参加相关软件与平台的操作培训,包括腾讯课堂、钉钉、学习通、职教云、企业微信等,为直播教学做好充分准备。课程组教师通过 QQ 或微信与任教班级组建联系群组,为在教学开展中及时沟通信息搭建平台。在"平台＋直播"教学中,教师开展了积极探索,形成了按以下教学活动推进的教学模式。

(1)目标导学:师生明确学习目标与任务要求,这既是学生学习的导向,也是检验学习效果的依据。由任课教师课前通过学习平台或通信软件发布。

(2)平台自学:学生按照要求按时完成网络教学平台上的各项学习任务,特别是授课视频,这是学习的重点所在,也是直播与其他后续学习的前提。

(3)直播教学:任课教师通过软件如钉钉、腾讯课堂、学习通等在规定的时间里对学生开展教学,就视频中的教学内容做进一步巩固复习。

(4)拓展补学:学生在学习平台上对教师提供的拓展学习材料做进一步自主补充学习,以延伸单元学习内容,拓展知识。

(5)讨论互学:学生在学习平台上对教师提供的开放式问题,结合教学主题发表各自看法,让学生在相互学习中养成正确的价值观与人生观。

(6)检测督学:教师借助平台、直播软件及通信工具等对学生学习进行全程监控,通过学生测试发现教学问题,回答学生疑问,确保教学运行平稳、高效。

(7)个别辅学:在监控中发现学生学习上存在问题后对学生进行个别辅导,以确保全体学生达成教学目标,共同提高。

(三)教学评价与考核

1.考核原则

根据"大学语文"网络教学特点,本课程按照过程考核为主、结果考核为辅,线上考核为主、线下考核为辅,思想态度价值观等素质考核为主、语文知识与相关能力考核为辅等考核原则,坚持多样性与多元化,综合评定学生成绩。

2.考核要求

(1)线上考核:学生自主学习授课视频,后台根据学习进度自动评分,测试主要考查学生知识习得情况,多以客观题为主,每单元一次,围绕单元主题展开;视频学习按时完成,教师通过网站后台监控完成情况;在教学过程中,结合教学内容和项目主题设计作业,每学期1—2次作业,以巩固或拓展所学;作业题评分时侧重思想认识和价值取向上的正确性与深度,同时关注创新性。

(2)直播考核:课堂考核主要考查学生在直播教学中表现,包括互动参与度、课堂练习、考勤等。

(3)期末测试:综合考查学生的学习所得,其中客观题借助网络完成,主观题纸质完成。

3.考核形式与成绩构成

依据上述要求,本课程考核成绩构成如下(表1)。

表1 "大学语文"课程网络教学考核成绩构成表

考察领域	平台学习(40%)				直播教学(30%)			期末考核(30%)	
考察内容	学习视频	讨论	测验	作业	课堂参与	课堂练习	考勤	网络考	纸质考
分值	20分	5分	10分	5分	10分	15分	5分	20分	10分

（四）教学反思与改进

在应用"七学"教学模式开展"大学语文"课程教学中，只有把握以下两点，才能真正达成预期目标。

1.加强互动，引导形成正确的"三观"

"大学语文"课程的一个重要培养目标在于培养学生思想道德素质，养成积极向上的"三观"，提升人文素质与职业素质。为此，教师应通过学习平台和直播软件，无论是在讨论社区还是在直播教学，都必须围绕教学主题，精心设计问题，引导学生回答，积极与学生展开互动；同时引起学生间相互点评，达到相互促进相互学习的目的。教师对部分观点进行点赞评论，以此树立正确的思想态度价值观，或加以启示，引导学生树立正确的人生观、价值观和世界观。

2.紧贴现实，传承中华优秀传统文化

传承优秀传统文化是语文课教学的一个重要使命。在教学中，必须对优秀经典作品进行准确解读，抓住其中任何一个文化因子，紧贴学生现实生活与社会实际，将作品中相关人与事的记述中蕴含的文化现象与现实生活进行比对，加深学生理解，做到润物细无声，潜移默化地影响学生，在提升学习者的审美水平、陶冶情操、完善人格的同时，传承民族精神，提升人文素养。文化教育主要通过授课视频与直播教学开展，社区讨论也是一个重要的相互教育与影响的平台。

应用"七学"教学模式，还必须按照各教学环节渐次有序地开展，以目标为指引，借助信息技术的监控作用，在督促与激励的双重作用下，激发学生积极主动投入学习过程，完成各项学习任务。

三、实施效果

从整个教学过程来看，教师在"平台＋直播"中采用"七学"模式取得了较好的效果，达成了课程培养目标。

（1）网络平台上布置的学习任务，学生能及时完成，包括授课视频、自我检查测验等。在教师指定的期限内,约95%的学生完成了教学任务。

(2)学生积极参与平台交流讨论,就问题发表各自观点,每单元人均5个发帖/回帖,实现了在思想碰撞中相互学习的目的;同时,教师开展了积极引导,为学生形成正确的思想态度价值观创造了积极的讨论氛围。

(3)学生按时参加直播教学,教学中互动积极热烈,回答问题踊跃,参与度高,有效推进了直播教学的开展。

(4)网络学习平台上学生综合成绩能随着教学进度的推进不断增长,更有部分学生积极超前学习。从整体上来看,10%—20%的学生超前学习,70%的学生能及时跟上进度,只有极少数学生在教师的督促下完成。

四、特色创新

本课程在"七学"教学模式中,特色与创新主要体现在以下两个方面。

1. 任务驱动、自我激励的动力机制

学生围绕单元学习目标,依次完成各项学习任务。通过平台评价功能、教师点评、学习成果的及时反馈以及师生、生生之间的相互学习、相互促进等,应用以问题为中心的积极学习策略,有效激发学生自觉、认真地投入网络学习,积极完成各项网络任务,从而达成学习目标。

2. 过程监控、技术支撑的质保机制

在整个网络教学过程中,教师借助信息技术保持对学生实时监控,以及发现问题后的及时交流。在此过程中,教师致力于督促学生按时完成学习任务,及时解决学生端在网络技术上存在的问题,通过测验成绩分析学情并对个别学生进行指导,对照单元学习目标考量学生达成情况,努力提升学生直播教学中的参与度等。通过信息技术,主动监测、及时发现问题并有效解决,以此确保课程教学质量。